Actuellement

Edited by Donald Barnes
Senior Tutor,
Formerly Head of Modern Languages, Cheltenham College

Stanley Thornes (Publishers) Ltd

First published in 1990 by:
Stanley Thornes (Publishers) Ltd
Old Station Drive
Leckhampton
CHELTENHAM GL53 0DN
England

British Library Cataloguing in Publication Data

Actuellement – New edition Student's book
1. French language
I. Barnes, D.W.   II. En avant les jeunes
440
ISBN 0-7487-0126-5

Typeset by Tech-Set, Gateshead, Tyne & Wear
Printed and bound in Great Britain at The Bath Press, Avon

ACKNOWLEDGEMENTS

The editor and publishers are grateful to the following for supplying text materials and photographs for this edition:

Text Materials

Figaro, 'Un splendide coup de filet' and '19h 55: Les hommes du RAID donnent l'assaut' (pages 64–6); *France-Soir*, 'La retraite: cauchemar ou nouvelle vie' (page 106); *L'Hebdo*, 'Une vie effacée' (page 82); *Libération*, 'La ville avale la voiture de travers' (page 42); *Le Matin*, 'Pollution : la carte de France de la bronchite' (pages 23–4); *Nord-Eclair*, 'terrorisme quotidien' (page 63); *Le Parisien*, 'C'est le baby-boom. . .' (page 165); *Le Point*, 'Francophonie: les champs de bataille du francais' (pages 16–17) and 'Menaces climatiques sur la Terre' (pages 28–9); *Prima* 'Fast Foods' (page 13); *Le Quotidien de Paris*, '15 millions de Migrants en 15 Jours' (page 7).

Photographs

ABC Press Antwerp (pages 53, 129); Ambassade de France, Brussels (pages 20, 168); A.P. Paris (page 181); Archives Photographiques – Paris (page 72 top); BN-Paris (page 111); Eurocamp (page 6); Bridget Evans (page 165), Films A.7.A – Brussels (page 72 bottom); Friends of the Earth (page 18); G.V.A. – Antwerp (page 87); Editions Gallimard – Paris (pages 46, 57, 59); Keith Gibson (pages 49 bottom, 80, 83, 113, 153); Mary Glasgow Publications (pages 10, 49, 153, 169); Ed. B. Grasset – Paris (page 82); Holzmann – Poland (page 182); I.C.I.C. – Brussels (page 131); ORTF – Paris (page 116); Radio Times Hulton (page 8); Service Francais de Tourisme – Brussels (page 11 top); F.Tas – Antwerp (pages 11, 14, 47, 67, 68 and 179).

Artwork

Kartoenale – Heist (pages 25 and 125); A. Pepermans (pages 136, 138, 139, 141, 142, 150, 176 and 178); Punch (pages 124 and 160); remaining illustrations by J Van Dijck.

Every effort has been made to contact copyright holders and we apologise if any have been overlooked. We would be pleased to recognise sources in the normal way if approached subsequently.

CONTENTS

INTRODUCTION

Actuellement seeks to meet some of the requirements and philosophy of the redesigned Advanced and Advanced Supplementary Levels, keeping in mind their renewed emphasis on the communicative approach to language learning and testing. The course is topic-based and covers areas of current as well as more lasting concern which, it is hoped, will interest the young and encourage them to respond to these subjects. At the same time it will inform them of contemporary French ways and attitudes to these questions, many of which will have relevance beyond the frontiers of the Hexagon. The dossiers include material on holidays, food and drink, the environment, urban life, violence, childhood, middle-age and old-age, the law, crime and punishment, advertising and the consumer society, love and marriage, and some aspects of our place and purpose in the world.

Each dossier contains a choice of texts, ranging in register from the literary to the conversational or journalese; treatment of vocabulary in context with explanations and examples in French along with related words and expressions; exploitation of the text at various levels, ranging from simple comprehension questions and short oral exercises and role-play situations for class or language laboratory use to suggestions for written summary (*Synthèse*) or essay-work using the text as a point of departure (*Rédaction, Au-delà du texte*). There are possibilities for dramatic presentation (*Place aux acteurs*) or group discussion (*Débat, Discussion*).

The *micro-conversations* lend themselves to pair-work; based on a construction or turn of phrase taken from the text, they involve the substitution by one or both of the partners of successive *clés*, to reconstitute short conversational exchanges within a carefully regulated structure. Pupils could be encouraged to add further *clés* of their own, once the format has been mastered.

Recorded extracts, marked in the text, give for each new unit either a formal presentation of the topic or a more informal introductory conversation. There are *Table Ronde* discussions, interviews and extracts from plays, all of which may be used for unseen comprehension (*Audition du texte*) and, at the teacher's discretion, for more intensive exploitation (*Réflexion critique, Elargissement*). All the material has been developed in a wide variety of ways, which includes suggestions for discussion and analysis (*Analyse, Votre avis?*) and individual or team research and presentation (*Enquête, Elocution, Travaux d'équipe*).

The general purpose of *Actuellement* is to encourage pupils to listen and read with close attention, to talk, discuss and argue and finally to write about present-day issues. In order to formulate and express their ideas in French by means of the spoken or written word, many pupils need first to build their confidence on structures well-rehearsed in, for example, the more straightforward exercises and *micro-conversations*. We would hope that they are then in a much stronger position to embark on more ambitious discussions and a more fluent presentation of ideas.

Le rabot = plane   provenir = come from
La scie = saw   = be result of

une allumeuse = girl turning on men!

filiforme = in the shape of

le plafonnier = light on ceiling

la veilleuse = night light, low light, pilot light

rien mais rien = absolutely nothing!

déborder = overflow., boil over (milk)
être débordé = snowed under,

une toux = cough
piller = pillage, plunder
naguère = formerly

une faute de frappe   } misprint.
on   une faute d'impression }

ratisser = to rake
rouler = to roll
rafistoler = to patch up /repair.
la literie = bedding / bed linen.

une armoire
= wardrobe   déchirer = to tear./
un hoquet = hiccup.
hoquer. = to hiccup
péter = to fart /(slang) to break (down)
                 to burst.
songer = think / dream.

ne serait = were it not for(?)

Hôtel simple mais confortable

L'hôtel n'est pas tout à fait sur la mer. Il n'ose pas. Il se maintient respectueusement en retrait de la première ligne des colosses classés en catégorie "exceptionnelle". On dit qu'il est "simple mais confortable", un peu comme on vous avertit d'une femme: "Ce n'est pas une Vénus, mais elle a de beaux yeux." Dans les deux cas, on sait qu'il va falloir passer sur certains détails essentiels.

Il y a peut-être des gens assez heureux pour arriver à l'hôtel-simple-mais-confortable l'année où tout marche simplement, confortablement. Moi non. Mais, en fait, de quoi me plaindrais-je? L'an dernier, il y avait un excellent chef. Tellement bon que le *Carlton* l'a pris pour lui cette année! Son second ne le vaut pas, mais il faut le temps, n'est-ce pas? (Le temps, en l'occurrence, c'est moi.) Le tennis est en friche, envahi par les ronces et les mauvaises herbes. Mais on doit le refaire l'an prochain. Il y aura même, dit-on, un tournoi... La pelouse n'est pas tondue, mais avec l'été les jardiniers sont débordés. Impossible d'en faire venir un! La tranquillité du lieu est divine — ne serait le bruit de marteaux, de rabots, de scies qui provient, huit heures par jour seulement, de l'annexe voisine, pillée naguère et qu'il faut remettre en état. Vais-je entraver les efforts de la reconstruction? Dans une quinzaine, d'ailleurs, ce sera le tour des peintres, et les peintres, s'ils sifflent, font moins de bruit.

— Il ne fallait pas, dit Sonia, tomber sur cette quinzaine-là, voilà tout! Évidemment.

Il ne me reste plus qu'à rêver du jour, assez proche en somme, où tout sera terminé. Le jardin ratissé, le tennis roulé, le chef devenu vraiment cuisinier, l'annexe rafistolée. Les armoires s'ouvriront sans grincer, la literie sera rembourrée; l'eau chaude coulera moins froide et n'aura plus ces déchirants hoquets pour être délivrée.

Étendu sur le lit de l'hôtel-simple-mais-confortable, je songe, tandis qu'une fois encore j'entends Sonia se plaindre (c'est pourtant elle qui a choisi) qu'il n'y a *rienmaisrien* pour pendre ses affaires. Ah! qui chantera de la France hôtelière, la grande misère des cintres, du cintre — ce cintre chétif et filiforme qui se balance mélancoliquement dans l'armoire avec un petit camarade dépareillé?

Une poire subsiste pour ma soif: celle de l'électricité. C'est une poire étrange, une grosse poire blanche qui pend, sans doute depuis 1900, à la tête du lit tout blanc. Une poire à deux boutons, qui commande à la fois la lumière et la ca'mériste. Ce qui fait que l'on ne sait jamais très bien si l'on va sonner l'électricité ou allumer la femme de chambre. L'appréhension est de courte durée — la femme de chambre, trop occupée pour vous répondre, vous laissant presque toujours seul avec l'électricité. Un coup: le plafonnier. Un autre: la veilleuse, plus de plafonnier. Un troisième: la lampe de toilette sans *veilleuse* ni plafonnier. Assez amusant les premiers temps. Puis lassant.

supporter = to put up with to stand

Restent les gens. Il y a des gens charmants dans les hôtels quand on arrive. Ce sont, hélas! très souvent, ceux qui s'en vont deux jours plus tard. Demeurent les autres, desquels il faut bien s'accommoder. Je me suis souvent demandé si c'est précisément parce que les premiers partent qu'ils semblent (ou se font) plus sympathiques. Ou si c'est parce que les seconds restent, et qu'ils ont les meilleures tables (près des fenêtres), les meilleures chambres (avec balcon), les plats avant vous (et plus abondants), qu'ils paraissent moins supportables . . . Mais c'est là un tel *casse-tête* que je ne veux plus y penser.

brain teaser

Pierre Daninos, *Tout Sonia*

desquels il faut bien s'accomoder.
with whom you've got to get along

Vocabulaire

En l'occurence c'est moi qui paie. (**une occurence**)	**Dans le cas présent**	
C'est un champ **en friche**.	**abandonné; non entretenu**	rester en friche
Je suis débordé avec tout ce travail!	**J'ai trop de travail!**	déborder
		le débordement
On passe le **rabot** sur un parquet.	**outil de menuisier servant à aplanir le bois**	raboter
		le rabotage
Les **scies** mécaniques font beaucoup de bruit. (**la scie**)	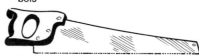	raboteux(!)
		scier
		le scieur
		la scierie
On arrive à haïr ce qu'on aimait **naguère**. (*Hugo*)	**il y a quelque temps**	
Une voiture en double file **entrave** la circulation.	**apporte un obstacle à**	une entrave entravant
Le jardinier **ratisse** le gravier.	**nettoie et unit à l'aide d'un râteau**	le ratissage râteler
		le râtelage
Il a **rafistolé** le livre déchiré.	**raccommodé, réparé grossièrement**	le rafistolage
Elle a des jambes **filiformes**.	**minces comme un fil**	le fil, le filage filer
Je trouve toujours des chaussettes **dépareillées.**	**qui ne sont pas pareilles, semblables**	pareil pareillement
La **caMériste** nettoie la chambre	**la femme de chambre**	
La **veilleuse** est à côté du lit.	une lampe qu'on laisse allumée pendant la nuit	veiller la veillée la veille le veilleur se réveiller
C'est un **casse-tête**.	**un problème très difficile**	

Compréhension du texte

1 Où se trouve cet hôtel exactement?
2 Expliquez la comparaison entre l'hôtel et une femme.
3 Pourquoi l'auteur pense-t-il que les autres ont plus de chance que lui?
4 Faites une liste des défauts de l'hôtel. Quelles sont les excuses que trouve la direction?
5 Pourquoi l'hôtel sera-t-il plus tranquille dans une quinzaine?
6 Quel défaut irrite surtout Sonia dans la chambre? Quelles «affaires» a-t-elle sans doute apportées?

7 Devant quel problème se voit-on posé par la «poire»? Comment est-il résolu?

8 Est-ce qu'on peut allumer deux lampes en même temps dans la chambre? Pourquoi est-ce que cela serait arrangé ainsi?

9 Les gens qui partent après deux jours semblent plus sympathiques que ceux qui restent. Pourquoi?

10 Et les autres, à cause de quoi sont-ils si antipathiques?

Synthèse

1 Qu'est-ce que l'auteur nous dit en substance sur les hôtels «simples mais confortables»?

2 De quelle façon nous le dit-il?

Exercices

1 *Modèle*
Il est venu habiter ici en 1950.
Il habite ici depuis 1950.

1 Nous sommes arrivés à l'école vers 8 h.
2 Il est tombé malade jeudi dernier.
3 Le salon de l'auto s'est ouvert le 10 octobre.
4 L'exposition a fermé ses portes le 30 septembre.
5 Nous le lui avons raconté ce matin.

2 *Répondez librement en utilisant* à partir de.

1 Quand est-ce que l'hôtel sera ouvert?
2 A quelle heure est-ce qu'on sert le petit déjeuner?
3 Quand est-ce que le tennis sera utilisable?
4 Est-ce qu'on peut sonner la femme de chambre le matin?
5 Quand est-ce que la salle de lecture est ouverte?
6 Est-ce que les clients viennent très tôt?

3 *Complétez en utilisant* depuis *ou* à partir de *selon le sens de la phrase.*

1 Le tennis est en friche. . .
2 Les murs n'ont plus été peints. . .
3 Le dimanche, le déjeuner est servi. . .
4 Nous aurons un nouveau chef. . .
5 L'eau chaude coule froide. . .
6 La pelouse sera tondue. . .
7 Nous sommes installés ici. . .
8 Nous irons au «Carlton». . .

4 *Remplacez les termes en italique par les termes appropriés.*

1 La pelouse est *très petite*.
2 La porte *fait un bruit désagréable*.
3 Nous devons *couper* le gazon.
4 Ils *disent qu'ils ne sont pas contents* de leur collègue.

5 Ce champ *n'est pas entretenu*.
6 Cela me fait du bien et du mal *en même temps*.
7 Il est temps de *mettre fin à* ce problème.
8 C'est un *problème très difficile*.
9 Il y a deux *lampes au plafond*.
10 On m'a servi un plat *bien plein*.

5 *Les excuses du patron*

Un élève jouera le rôle du patron et répondra, en s'excusant, aux critiques des autres.
Exemple
Client: Votre tennis est vraiment en friche, Monsieur.
Patron: Je suis désolé M., on doit le refaire l'an prochain.
– La pelouse n'est pas tondue, Monsieur.
– La chambre. . .
– Le lit. . .
– Les portes des armoires. . .
– L'eau chaude. . .
– La cuisine (le chef). . .
– La femme de chambre. . .
– etc. . . .

P. Daninos (né en 1913)
Ecrivain humoristique. Peintre très fin des côtés comiques de la vie quotidienne et des petits côtés de l'homme. Tous les Français ont lu son livre célèbre *Les Carnets du Major Thompson*, où l'auteur se met dans la peau d'un major anglais pour décrire avec ironie et pourtant avec tendresse les défauts des Français.

Annonce
On demande jeune homme pour manipuler dynamite.
Doit être prêt à partir n'importe où.

Les joies du camping

1   Les deux tentes des Pinson, installées de chaque côté d'un pin et non à
l'ombre d'un cyprès, étaient au soleil durant la presque totalité du jour.
La Panhard, heureusement, leur offrait un abri pour les repas et la sieste.
Le marchepied servait même de siège aux enfants.

5   L'espace vital des Pinson était plutôt petit. Coincés entre des châteaux
de toile, toute la journée, ils devaient sauter par-dessus des fils de
tension, se glisser entre des voitures parquées autour d'eux.
La tente la plus proche appartenait à un petit industriel qui menait grand
train dans sa villa de toile équipée du confort moderne: électricité prise à

10 la batterie d'une Cadillac, glacière, lits de camp, matelas, rocking-chairs.
L'industriel et sa femme n'avaient guère de rapports avec leurs voisins.
Ils partaient au volant de leur voiture sans regarder personne, allaient se
baigner sur les plages à la mode, fréquentaient les casinos.
Un autre voisin des Pinson était patron chiffonnier place Maubert, à

15 Paris. Il avait une Mercedes et une caravane ultra-moderne avec télévision
en couleurs et douche chaude.
Il y avait encore dans les environs une famille lyonnaise de douze
personnes, un groupe de Marseillais qui se disputaient toute la journée,
un camionneur dont les enfants faisaient leurs besoins à côté des tentes,

20 des Suisses riches en voiture américaine, qui passaient leur temps à
balayer la poussière devant leur maison de toile, des Belges qui restaient
deux heures à table, matin et soir, et un ménage anglais qui partait se
baigner à cinq heures du matin.
On était au mois d'août et les campeurs arrivaient sans cesse: bourgeois,

25 petits-bourgeois, prolétaires, en voiture, à moto, à bicyclette ou sac au
dos. Les dernières places vides du camping se remplissaient. Le tas
d'ordures au milieu de l'ex-prairie grossissait à vue d'œil, dès le lever du
soleil les gens faisaient la queue devant les six waters pour deux mille
personnes, l'eau se faisait rare, la douche symbolique ne fonctionnait

30 plus, mais il restait pour toute cette libre humanité le soleil et la mer.

D'après Anne Drouet, *Ces Sacrées Vacances (*Grand Prix du roman drôle)

Le manchepied = running board
L'espace vital = living space (breathing).
appartenir à = belongs to
coincé = jammed

Expliquez en français

1 l'espace vital des Pinson (ligne 5)
2 coincés entre des châteaux de toile (lignes 5/6)
3 des fils de tension (lignes 6/7)
4 menait grand train (lignes 8/9)
5 n'avaient guère de rapports (ligne 11)
6 patron chiffonnier (ligne 14)
7 faisaient leurs besoins (ligne 19)
8 prolétaires (ligne 25)
9 grossissait à vue d'oeil (ligne 27)
10 l'eau se faisait rare (ligne 29)

un glaçon = ice cube
Surgelé
un chiffonier = rag-and-bone man.

Compréhension du texte

1 Qu'est qui semble prouver que les Pinson n'ont pas l'habitude de camper?
2 Expliquez les termes «des châteaux de toile» et «sa villa de toile».
3 Est-ce que les Pinson sont à leur aise au camping?
4 Quelle opposition comique remarquez-vous au début du troisième alinéa?
5 Où est-ce que l'industriel et sa femme auraient pu loger? Alors, pourquoi sont-ils au camping?
6 Quelle opposition comique remarquez-vous au début du quatrième alinéa?
7 L'auteur semble suggérer que les familles lyonnaises sont en général nombreuses. Qu'est-ce qu'il suggère pour les autres gens énumérés au quatrième alinéa?
8 Quels sont les moyens de transport utilisés respectivement par les bourgeois, les petits-bourgeois, les prolétaires?
9 Expliquez: «l'ex-prairie».
10 Pourquoi le propriétaire aurait-il fait installer si peu de waters et de douches?
11 Qu'est-ce qu'une «douche symbolique»?
12 Quelle est l'ironie contenue dans les mots «cette libre humanité»?

parler chiffon = making "girl talk"

Synthèse par écrit

1 Quels inconvénients du camping (de certains campings) est-ce que l'auteur a mis en relief?
2 De quelle façon est-ce qu'il l'a fait? Citez un grand nombre d'exemples.
3 Qu'est-ce qui vous frappe dans le comportement des divers campeurs?

balayer la poussière = sweep the dust

Au-delà du texte

1 Est-ce qu'il y a du vrai dans la description donnée par l'auteur? (Question s'adressant à ceux qui ont déjà séjourné dans un camping)
2 Pourquoi est-ce qu'on va camper?
3 Est-ce que le camping répond à ce qu'on en attend? (d'après ce texte, d'après votre propre expérience)
4 Est-ce que les gens changent de vie quand ils sont installés dans un camping? (d'après le texte, d'après votre propre expérience)

"mener grand train" = hustle, about.

ELOCUTION

Si vous avez déjà campé, racontez vos expériences à la classe.

Un 2 CV = un sac au dos moteur !

une toile = canvas, cloth
ne... guère = hardly

Exercices

1 *Complétez.*

Pour aller camper, j'ai le meilleur _____.
J'ai même une _____ pour conserver la nourriture au frais. Avant le départ, je contrôle la toile et les fils de _____. Je m'assieds par terre, je n'ai pas besoin de _____. Je n'aime pas les matelas pneumatiques, j'ai un _____ (lit pour camper). Je n'aime pas que ma tente soit _____ entre d'autres tentes, alors mon _____ (place dont j'ai besoin pour vivre) n'est pas assez grand.

2 *Dites le contraire.*

1 Notre tente était *au soleil*.
2 La tente la plus *éloignée*.
3 Il *maigrit* à vue d'œil.
4 Le *coucher* du soleil
5 C'est une caravane *très simple*.
6 Ils *quittent* le camping. (!)
7 Ils se disputent *rarement*.
8 Il est six heures *de l'après-midi*.
9 La télévision en *noir et blanc*.
10 Nous sommes des *bourgeois*.

radio battery
une pile
"pile ou" face
= "heads or tails"

3 *Employez le mot exact.*

a *se disputer/discuter (à la forme qui convient)*
1 Nous en _____ plus tard.
2 Au début, ils étaient de bons amis, mais très vite ils ont commencé à _____
3 Hier, en classe, nous _____ de problèmes sérieux.
4 Hier, ils _____, mais ajourd'hui ils ont fait la paix.

b *rare/bizarre*
1 Les vrais amis sont _____.
2 Pourquoi as-tu cet air _____?
3 Il a toujours été un homme _____.
4 Il peignait avec soin ses _____ cheveux.

une couette = "duvet"

c *équipe/équipement/équipage*
1 Les deux _____ se préparaient au match.
2 Les terroristes menaçaient l'_____ de leurs mitraillettes.
3 Je n'ai jamais vu d'_____ aussi perfectionné.
4 L'_____ entier était malade.
5 Est-ce que votre _____ favorite a gagné?

d *environ/environs (les environs, aux environs)*
1 Quel âge a-t-il _____?
2 Il est parti il y a _____ deux ans.
3 Nous habitions _____ de Lyon.
4 Il y a plus d'usines dans cette région qu'_____ de Paris.

4 *Employez: «passer son temps à _____»*
Exemple
Il y avait toujours de la poussière devant leur tente.
Ils passaient leur temps à balayer.

1 Ils avaient toujours faim.
2 Nous ne sommes jamais d'accord.
3 Ils étaient des esclaves de la télévision.
4 Ils avaient toujours sommeil.
5 Il a toujours soif.
6 Elle voulait garder sa maison très propre.
7 Elle aimait beaucoup la musique.
8 Notre voiture était toujours en panne.

5 *Micro-conversation*

A Je trouve qu'il n'y a pas assez de *place* dans ce camping.
B Là, je suis tout à fait d'accord.
C Heureusement, *les voisins sont sympathiques.*
D C'est toujours ça.

Clés:

A		C	
1	confort	**1**	il y a une belle plage
2	douches	**2**	il y a une piscine
3	waters	**3**	ils sont propres
4	variation	**4**	il fait très beau
5	jeunes	**5**	tout le monde est gentil
6	distractions	**6**	le disco-bar est chouette

On compte plus de 8 millions de campeurs en France aujourd'hui. Plus de 7,500 terrains classés sont mis à leur disposition.

flux / (not pronounced) le flux et le reflux = ebb & flow, flood, incoming tide. RbB

SAMEDI 27, DIMANCHE 28 JUIN 1987, LE QUOTIDIEN DE PARIS

VACANCES: LE GRAND DEPART

15 MILLIONS DE MIGRANTS EN 15 JOURS

lit: stoppers

Ces jours-ci, quinze millions de Français vont partir en vacances. Le début du mois ne coïncidant pas avec un week-end, les bouchons ne devraient pas être gigantesques. Froidement, les statistiques prévoient un millier de morts pour le mois de juillet.

Du 1er au 15 juillet, quinze millions de vacanciers vont se retrouver sur les routes, et comme chaque année ils vont rencontrer un certain nombre de difficultés, même si cette fois-ci il devrait y avoir un peu moins d'embouteillages.

1 ● L'étalement des départs en vacances est devenu une réalité. Les habitudes économiques se sont modifiées de telle sorte que de nombreux vacanciers partent au cours du premier ou du second week-end du mois, et non plus auto-
10 matiquement le 1er juillet. De plus cette année les vacances commencent en milieu de semaine, ce qui évite le chevauchement avec le flux du week-end. Ce qui fait dire aux responsables de la sécurité routière que juillet ne présentera pas d'énormes difficultés, si ce n'est les éternels bouchons à des endroits bien précis, et les accidents imprévisibles. Trois jours vont être pourtant assez chauds: le 1er juillet, et surtout les 4 et 11 juillet.
Huit cent cinquante mille Français vont
20 prendre la route le premier du mois, ils seront rejoints ce jour-là par plus de 100 000 venant principalement de RFA, Belgique et Pays-Bas. Malgré un trafic dense en direction des littorals atlantiques et méditerranéens, les difficultés seront cependant peu nombreuses. Mais

des embouteillages se produiront en matinée et jusqu'au milieu de l'après-midi, en particulier dans la région lyon-
30 naise et plus au sud sur l'autoroute A7 (Lyon-Marseille). C'est pourquoi Bison futé conseille de prendre la route de pré-férence en matinée ou en début d'après-midi pour ceux qui quittent l'Ile-de-France ou la moitié nord du pays. Bison futé, comme chaque année depuis près de dix ans, prévoit des itinéraires de délestage autour des deux grands pôles brûlants de la circulation en cette
40 période, soit le carrefour de Beaune qui fait la jonction entre les autoroutes A6 (Paris-Lyon), A36 (Mulhouse-Beaune) et A31 (Metz-Beaune) et le point de Lyon-Fourbiere qui est le passage obligé pour tout vacancier du nord de la Loire qui se rend vers le sud par l'autoroute. A ceux-ci s'ajouteront de petites bretelles mises en place par Bison futé suivant la situation du moment, et dont les usagers pourront
50 prendre connaissance grâce au Minitel, en faisant le 36-15 et en tapant le code «route». Si le 1er juillet est considéré par la direction de la sécurité et de la circula-tion routière comme faisant partie de la période orange, soit la plus faible par rap-port aux périodes rouges et noires, il n'en est pas de même pour les 4 et 11 juillet, classés rouges. Ces deux jours, qui corres-pondent aux deux premiers week-ends

60 du mois, rassembleront près de 6 millions de vacanciers sur les routes.
Tant de monde en si **A** de temps, l'af-fluence va inéluctablement être à l'origine de **B** accidents, le **C** de juillet étant traditionnellement le plus **D** de l'année avec plus de 1 000 **E** . C'est la raison pour **F** la gendarmerie sera particulière-ment présente durant ces deux journées **G** le ministère de la Défense,
70 **H** elle dépend, a mis sur pied le plan «Primevère» qui répartira sur les routes 25 000 gendarmes, dont 3 000 motards. Ils seront présents sur les grands **I** routiers que sont les **J** du Soleil, de Normandie et du Nord (Lille-Paris); **K** tâche sera principalement de faire respec-ter les limitations de vitesse, cause **L** des accidents avec la fatigue, les vacan-ciers **M** trop pressés d'arriver.
80 **N** à ce week-end, **O** problème majeur n'est prévu mais le trafic sera plus **P** que d' **Q** surtout aujourd'hui en direction du sud avec des risques de dif-ficultés en **R** lyonnaise dans la matinée, d'ou le conseil de Bison futé d' **S** de rentrer demain dans les grandes mét-ropoles et surtont à Paris **T** 17 heures et 21 heures, et d'éviter de traverser la région lyonnaise aujourd'hui entre 8 heures et 12
90 heures.

Laurent CHAFFARD

---

1 *Expliquez en français le sens des locutions suivantes:*

1 les bouchons ne devraient pas être gigantesques
2 l'étalement des départs en vacances (ligne 1)
3 ce qui évite le chevauchement (lignes 9–10)
4 les accidents imprévisibles (ligne 15)
5 les littorals atlantiques (lignes 24–5)
6 des itinéraires de délestage (lignes 37–8)
7 de petites bretelles (ligne 47)
8 par rapport à (lignes 55–6)
9 il n'en est pas de même pour (lignes 56–7)
10 inélectablement (ligne 63)

2 *Dans les deux derniers paragraphes trouvez (pour chacun des blancs) un seul mot français qui complète le sens. Choisissez dans la liste suivante:*

ordinaire	quant	dont	aucun
laquelle	puisque	entre	autoroutes
première	axes	mois	région
nombreux	peu	victimes	étant
éviter	leur	dense	meurtrier

3 *Jeu de rôle*

«Bison futé» conseille les automobilistes qui partent en vacances. Quels conseils donne-t-il ce weekend du 27 au 28 juin? Jouez le rôle de «Bison futé» pour votre région/ville. Quels conseils donneriez-vous aux automobilistes aux heures d'affluence?

Le caractère français

Le gentil pays de la méfiance

Persécuté par ses ennemis qui lui font la guerre, par ses alliés qui font la paix sur son dos, par le monde entier qui lui prend ses inventions (les Français ne savent qu'inventer pour se plaindre ensuite qu'on le leur a pris), le Français se sent également persécuté par les Français: par le gouvernement qui se paie sa tête, par le fisc qui lui fait payer trop d'impôts, par son patron qui paie bon marché ses services, par les commerçants qui font fortune à ses dépens, par le voisin qui dit du mal de lui, bref, par *anybody*...

Cet état de menace où sans cesse il se croit acculé semble le mobiliser dans un état permanent de *self-defense*. C'est ce qui ressort clairement quand deux Français se demandent de leurs nouvelles. A l'étranger, on va bien, on va mal, on va. En France: «On se défend...»

Il y a dans le «Je me défends comme je peux» du Français moyen le cas d'un perpétuel assiégé.

Qui donc investit le gentil Français?

Un mot très bref de son vocabulaire, sur lequel mon si dévoué collaborateur et ami a bien voulu attirer mon attention, m'a livré la secrète identité des assiégeants: c'est *ils*. Et *ils* c'est tout le monde: les patrons pour les employés, les employés pour les patrons, les domestiques pour les maîtres de maison, les maîtres de maison pour les domestiques, les automobilistes pour les piétons, les piétons pour les automobilistes, et, pour les uns comme pour les autres, les grands ennemis communs: l'Etat, le fisc, l'étranger.

Environné d'ennemis comme l'Anglais d'eau, harcelé par d'insatiables poursuivants qui en veulent à son beau pays, à son portefeuille, à sa liberté, à ses droits, à son honneur, à sa femme, le Français, on le concevra aisément, demeure sur ses gardes.

Il est méfiant.

Puis-je même dire qu'il naît méfiant, grandit méfiant, se marie méfiant, fait carrière dans la méfiance et meurt d'autant plus méfiant qu'à l'instar de ces timides qui ont des accès d'audace, il a été à diverses reprises victime d'attaques foudroyantes de crédulité?

De quoi donc se méfie le Français? *Yes, of what exactly?*

De tout.

Dès qu'il s'assied dans un restaurant, lui qui vit dans le pays où l'on mange les meilleures choses du monde, M. Taupin commence par se méfier de ce qu'on va lui servir. Des huîtres, oui.

«Mais, dit-il au maître d'hôtel, sont-elles vraiment bien? Vous me les garantissez?»

Je n'ai encore jamais entendu un maître d'hôtel répondre:

«Non, je ne vous les garantis pas!»

Pierre Daninos, *Les Carnets du Major Thompson*

Vocabulaire

Je n'aime pas **le fisc**.	l'administration chargée de recouvrer les impôts	fiscal la fiscalité les impôts directs et indirects
Je dois payer 10 000 francs d'**impôts** cette année (**un impôt**)	la partie de mon argent que je dois donner à l'Etat	
Les troupes ont **investi** le château.	**entouré**	l'investissement
On n'a pas cessé de **harceler** l'ennemi.	importuner, fatiguer par des attaques répétées	le harcèlement harcelant harceleur
Cet homme **m'en veut**. (en vouloir à quelqu'un)	reste fâché contre moi	
Il en veut à mon argent.	Il veut me prendre mon argent	
Il vit **à l'instar de** ses parents.	à la manière de, comme	

Lisons attentivement.

1 Par quels étrangers le Français est-il persécuté?
2 Qu'est-ce qui se passe quand un Français fait une invention? Comment peut-on voler une invention?
3 Quels sont les Français qui persécutent le Français? Que lui font-ils?
4 Dans quel état est-il donc toujours, le Français?
5 De quoi le Major Thompson déduit-il cela?
6 Quel est le mot qui désigne les agresseurs?
7 «Ils», qui est-ce? Donnez des exemples.
8 De quoi un Anglais est-il entouré? et un Français?
9 Qu'est-ce que ses ennemis veulent lui prendre?
10 Comment le Français est-il par conséquent?
11 Montrez que cette méfiance est permanente.
12 Quel exemple concret de cette méfiance nous donne-t-on?

Exercices

1 *Relisez le premier alinéa, puis complétez sans regarder le texte.*
1 Ses ennemis lui font la guerre.
2 Ses alliés. . .
3 Le monde entier. . .
4 Le gouvernement. . .
5 Le fisc. . .
6 Son patron. . .
7 Les commerçants. . .
8 Ses voisins. . .

2 *Que pourraient répondre les «accusés»?*
Exemple
Les ennemis: La France a souvent commencé elle-même la guerre.
1 Les alliés:
2 Le gouvernement:
3 Le fisc:
4 Les patrons:
5 Les commerçants:
6 Les voisins:

3 *Les ennemis*
Ceux qui veulent prendre au Français son beau pays, ce sont les étrangers. Et qui veut lui prendre:
1 son portefeuille?
2 sa liberté?
3 ses droits?
4 ses inventions?
5 sa femme?
6 sa bonne réputation?

4 *Exemple*
«Il naît *méfiant*, fait carrière dans la *méfiance* et meurt *méfiant*.»
1 nonchalant
2 curieux
3 léger
4 enthousiaste
5 naïf
6 chauvin

5 *La méfiance de M. Taupin*
a Racontez l'exemple de M. Taupin et les huîtres
b Imaginez d'autres exemples.
1 Que demande-t-il quand le garçon lui apporte une bouteille de vin?
2 Que demande-t-il au garçon quand celui-ci lui apporte l'addition?
3 Que demande-t-il à sa femme quand elle sort pour faire une course?
4 Que demande-t-il au boucher quand il achète de la viande?
5 Que fait-il quand il reçoit son salaire?
6 Que dit-il quand il reçoit sa feuille d'impôts?

7 Que se demande-t-il quand il reçoit un paquet par la poste?
8 Que pense-t-il quand il reçoit une lettre de son fils qui est à l'étranger?
9 Que dit-il quand il voit un article très bon marché dans la vitrine d'un magasin?
10 Que dit-il quand il voit un article très cher?

Synthèse

1 Quelle est, d'après ce texte, l'attitude caractéristique des Français?
2 De qui et de quoi le Français se méfie-t-il?
3 Montrez que la méfiance du Français se retrouve dans son langage et dans ses habitudes.
4 Quel procédé rend le texte humoristique?
5 Relevez les divers traits d'humour.

La gastronomie française

'C'est avec raison que la gastronomie française est réputée l'une des meilleures du monde; et il va de soi que les Français la considèrent comme la seule digne de ce nom. Mieux encore, la gastronomie française est un signe de haute civilisation. La première chose qu'on enseigne aux enfants est de savoir reconnaître un bon vin à son bouquet et à son âge pour faire d'eux justement des hommes civilisés qui vivent pour déguster les mets et les boissons plutôt que d'enfourner à seule fin de manger pour vivre.'

Mario Costa[1], Les Français sont comme ça

Table ronde

La présentatrice: Chers auditeurs, vous aussi entendez sans doute répéter que la cuisine française n'est plus ce qu'elle était autrefois. Nous aimerions connaître l'avis de deux spécialistes en la matière: Claude Bitou, un de nos plus grands chefs, et Pierre Roseray, auteur du fameux 'Tour de France gastronomique'.

Pierre Roseray: Permettez-moi tout d'abord de remarquer que rien n'est plus comme autrefois. Tout change et c'est normal. Bien sûr, nous ne mangeons pas comme nos ancêtres les Gaulois, ni même comme Victor Hugo[2].

La présentatrice: D'accord, d'accord, mais je pensais surtout à la qualité de la cuisine française, qui aurait baissé sensiblement depuis la dernière guerre.

Claude Bitou: Il ne faut pas perdre de vue que la cuisine française comprend trois cuisines très distinctes: il y a la cuisine disons familiale ou bourgeoise, il y a la cuisine de restaurant moyen et il y a aussi ce que j'appellerais la haute cuisine. On peut dire que les trois souffrent de la moindre qualité de la nourriture en général.

1 *Auteur italien.*
2 *Chef de l'école romantique en France (19ème siècle).*

La présentatrice: C'est une chose indéniable, mais croyez-vous que ce soit là seul facteur?

Claude Bitou: Non, en premier lieu, il y a le fait que la société change. Les gens sont trop pressés. Surtout en ville ils n'ont plus le temps de déjeuner à la française. Comme vous savez, la pause de midi se réduit souvent à moins d'une heure. Alors on est obligé d'aller à la cantine, de déjeuner d'un sandwich au café ou encore d'aller manger un hamburger au snack.

Pierre Roseray: Et on appelle ça manger!

La présentatrice: D'après vous, le succès des self-services, snack-bars et autres quick-grills s'expliquerait donc par le manque de temps?

Claude Bitou: Oui, bien sûr, et le même facteur joue pour la cuisine familiale. Les femmes vont travailler et emploient de plus en plus de conserves et de produits surgelés pour préparer en toute hâte un repas médiocre.

La présentatrice: Et la haute cuisine, comme vous l'appelez, comment se porte-t-elle?

Claude Bitou: Voilà une question à laquelle je préfère ne pas répondre moi-même.

La présentatrice: M. Roseray?

Pierre Roseray: Je vous garantis que la haute cuisine, la vraie cuisine française, existe toujours et qu'elle se porte très bien.

La présentatrice: Voilà qui est nettement plus positif. On prétend aussi que le Français moyen attache toujours beaucoup d'importance à la bonne cuisine. N'est-il pas vrai qu'il continue à aller au restaurant beaucoup plus souvent que les autres Européens?

Pierre Roseray: Sans aucun doute, mais il y va beaucoup moins souvent qu'autrefois. De nombreux restaurateurs sont obligés de fermer parce qu'ils n'ont presque plus de clients à midi. M. Bitou vous a déjà expliqué pourquoi. Mais même le soir, il y a beaucoup de gens qui préfèrent les

nouveaux restaurants à la mode, où on leur fait griller leur côtelette sous le nez, où la cuisine spectaculaire a pris la place de la cuisine de qualité.

La présentatrice: En somme, on pourrait conclure que les Français attachent toujours beaucoup d'importance à la bonne cuisine, qu'on mange toujours mieux en France que n'importe où ailleurs, mais que le niveau moyen descend à cause de la vie moderne en général et des influences anglo-saxonnes en particulier.

Claude Bitou: Je crois que nous sommes d'accord là-dessus.

Ecoutons attentivement.

1 Quel sujet traitera-t-on dans cette table ronde?
2 Pourquoi est-ce que la présentatrice appelle Claude Bitou et Pierre Roseray spécialistes en matière de cuisine?
3 Quelle remarque générale est-ce que Pierre Roseray fait d'abord?
4 Comment est-ce que la présentatrice précise le problème?
5 Quelles sont les trois cuisines françaises que Claude Bitou distingue?
6 De quoi souffrent toutes ces cuisines d'après lui?
7 Quel est cependant le facteur le plus important?
8 Où est-ce que les Français vont déjeuner, surtout quand ils travaillent en ville?
9 De quels établissements est-ce que le manque de temps a assuré le succès?
10 Quelles sont les conséquences du manque de temps pour la cuisine familiale?
11 Quelle est la situation de la haute cuisine?
12 Que constate-t-on en comparant le Français moyen aux autres Européens, en ce qui concerne l'importance attachée à la bonne cuisine?
13 Que répond Pierre Roseray quand la présentatrice fait remarquer que les Français vont plus souvent au restaurant que les autres Européens?
14 Pourquoi de nombreux restaurateurs ont-ils dû fermer?
15 Quelle est la conclusion de la présentatrice?

Exercice

Micro-conversation
A *La cuisine* n'est plus comme autrefois.
B Rien n'est plus comme autrefois et c'est normal.
A Trouvez-vous normal *qu'on emploie tant de conserves et de produits surgelés?*
B Là, évidemment, c'est moins normal.

Clés:

A		B	
1	La viande	1	qu'elle contienne des hormones
2	Le poulet	2	qu'il contienne 15% d'eau
3	Le vin	3	qu'on importe des vins étrangers en France
4	Les restaurants	4	qu'on emploie des conserves et des produits surgelés
5	Le goût du public	5	que les «boîtes à manger» anglo-saxonnes aient tant de succès

Synthèse

1 Quel est le problème qu'on traite dans cette table ronde?
2 Quelles sont les cuisines françaises qu'on distingue?
3 Quelle est la situation de chacune de ces trois cuisines?

4 Quels sont les facteurs qui jouent un rôle?
5 Que conclut la présentatrice en parlant de l'importance que les Français attachent à la bonne cuisine?

Travaux divers

1 Que pensez-vous de ce qu'on dit dans cette table ronde?
2 Quelles différences voyez-vous entre:
   a la cuisine française et la cuisine de votre pays;
   b les habitudes de table des Français et les vôtres;
   c les Français et vous en ce qui concerne l'importance attachée à la bonne cuisine?
3 Présentez à la classe une ou plusieurs recettes bien françaises. Vous en trouverez sûrement dans des magazines comme «Elle», «Jours de France», «Marie-Claire», etc.
4 Avez-vous déjà (bien) mangé en France? Racontez votre expérience à la classe.

FAST-FOODS
A quoi tient leur succès?

A peine cent en 1980, ils étaient plus de mille en 1986. Cette forme très particulière de restauration n'a pas fini de conquérir la France, bouleversant au passage les habitudes alimentaires des Français pourtant longtemps récalcitrants. Est-ce un bien ou un mal?

Vous avez dit fast-food? Ce mot américain, jusqu'alors approximativement francisé en «restauration rapide» (et très récemment __A__ «restaupouce» par le Commissariat général de la langue française, __B__ de la sauvegarde de notre langue), recouvre en fait de multiples réalités, bien difficiles à regrouper sous un seul vocable. Car — ô surprise! — le __C__ «burger» américain, symbole même du fast-food pour la majorité d'entre nous, ne représente en fait qu'un peu plus de la moitié du marché (52% en 1985). Il est suivi de près par les «viennoiseries», ces fast-foods bien français qui vendent croissants, brioches et feuilletés, et occupent 34% du terrain. Les 14% restants se partagent, __D__ , entre pizzerias, sandwicheries, fast-foods régionaux, __E__ ou même kasher (c'est-à-dire conformes aux rites de la loi juive).

Aussi, pour rendre compte de cette réalité multiple qu'est le fast-food, la meilleure définition est-elle peut-être: «Vite préparé, vite __F__ , vite mangé.» Mais, a la différence de notre bon vieux bistro, ancêtre de la restauration rapide avec son «jambon-beurre», on peut y rester trois heures sans rien commander...

Notre manière de vivre a changé

Le triomphe des fast-foods correspond à des changements __G__ du mode de vie des Français depuis une quinzaine d'années: généralisation de la journée continue, travail des femmes, éloignement du lieu de travail bien sûr, mais aussi, développement du temps __H__ aux loisirs et éclatement de la cellule familiale.

Tous ces facteurs ont fait que le nombre de gens qui déjeunaient à l'extérieur a augmenté. Du coup, notre comportement __I__ a changé. Dorénavant, le repas de midi se réduit souvent à satisfaire sa faim au plus vite (et à moindres frais), le plaisir du «bien manger» se reportant sur le repas du soir ou des week-ends.

Dans le même temps, surtout en ville, la consommation alimentaire a connu une __J__ évolution: on achète moins de produits bruts, légumes __K__ par exemple, pour donner la préférence aux produits élaborés, légumes tout coupés, conserves et surgelés. Enfin, l'industrie agro-alimentaire offre de plus en plus de plats prêts à réchauffer. Signe caractéristique: selon certaines enquêtes, de trois heures par jour dans les années trente, le temps de préparation des repas est passé aujourd'hui à trente minutes en moyenne.

Une évolution __L__ dans la capitale, et rapidement suivie par la province, où sont maintenant implantés deux fast-foods sur trois. Ils grignotent le terrain autrefois occupé par les bistros et le traditionnel casse-croûte.

Des reproches pas toujours justifiés

On a souvent critiqué, sur le plan de l'équilibre alimentaire, la nourriture des fast-foods: «Trop de graisses, trop de sucres, pas assez de vitamines.» En fait, on peut faire ce reproche à toute la cuisine française en général et au sacrosaint steak frites en particulier. Car, même dans nos chaumières, nous sommes bien loin de respecter les consignes __M__ par notre bible nationale en la matière (Les Apports nutritionnels conseillés pour la population française), soit 12% de protides, 30 à 35% de lipides (les graisses) et 50 à 55% de glucides (les sucres), à répartir sur nos trois repas de la journée.

Rétablir l'équilibre sur la journée

Si l'on se réfère à nos menus types de tout à l'heure, les trois formules majoritaires du «burger» sont trop riches pour les femmes, mais __N__ pour les hommes et surtoùt les adolescents. Cependant, les formules à la

française sont hypocaloriques (à condition évidemment de ne pas manger trois croque-monsieur à la file...). Finalement, manger dans un fast-food à midi, si notre rythme de vie ou notre porte-monnaie nous y contraignent, ce n'est peut être pas le Pérou, mais ce n'est pas non plus la Bérézina. Et comme l'équilibre nutritionnel se calcule sur la journée, le conseil de notre diététicienne est d'abord de bien choisir son menu, puis de ne pas prendre deux repas de suite au fast-food, et enfin de compenser sur les manques ou les excédents du déjeuner.

Reste que les fast-foods provoquent souvent des réactions __O__ : on adore ou on abhorre. Et chacun campe sur ses positions. «Rapidité et prix», clament les inconditionnels. Ainsi Stéphane, un jeune employé: «J'y déjeune à toute vitesse pour pas trop cher, et si j'ai des courses à faire, je peux même avaler mon hamburger en marchant.» Corinne, 16 ans, y voit d'autres avantages: «Je peux satisfaire une petite faim à toute heure, dans un cadre __P__ : où je retrouve plein de jeunes.»

Si l'évolution de ce mode de restauration est sans doute __Q__ , il ne fait pas, loin de là, l'unanimité. Et gourmets de tout poil aussi bien que partisans du «jambon-beurre» au coin du zinc font chorus. Pour ceux-là, fast-food rime avec cuisine de Cro-Magnon: «C'est de la cuisine de survie, aseptisée, __R__ et sans âme!», s'exclame Jacqueline qui préfère emporter une salade composée «faite maison» pour s'offrir deux fois par semaine un vrai petit restaurant. Même son de cloche chez Gérard: «Qui dit fast-food dit rapidité, comme si le repas était un mauvais moment dont il faut se débarrasser le plus vite possible. Le cadre est d'ailleurs si __S__ qu'on n'a pas envie d'y rester longtemps! Où sont donc alors les plaisirs de la table?»

Positions __T__ ? Pas sûr! Car l'expérience le prouve: ceux qui boudaient hier les fast-foods les fréquentent aujourd'hui, et de nombreux jeunes en découvrent les délices.

Prima, Novembre 1987

Exercices

1 *Choisissez un des adjectifs dans la liste suivante pour remplir les blancs dans le texte. Attention! Tous les adjectifs ci-dessous ne sont pas utilisés.*

standardisée	contrôlé
profonds	soucieux
exotiques	inconciliables
prescrites	énorme
moderne	consacré
américains	émiettés
servi	passionnelles
exacte	frais
rebaptisé	hachée
irréversible	insuffisantes
alimentaire	traditionnel
clinquant	amorcée

2 *Avez vous bien compris les détails?*
Expliquez en français le sens de cinq des locutions suivantes, soulignées dans le texte:
  1 éclatement de la cellule familiale
  2 à moindres frais

3 Ils grignotent le terrain autrefois occupé par les bistros
4 si notre rythme de vie ou notre porte-monnaie nous y contraignent
5 chacun campe sur ses positions
6 il ne fait pas, loin de là, l'unanimité
7 gourmets de tout poil
8 Même son de cloche chez Gérard

3 *Exploitation*
Relevez dans le texte les arguments pour et contre les fast-foods. Considérez:
  le cadre et l'ambiance
  la cuisine
  la clientèle
  les prix
  la rapidité
  Pouvez-vous ajouter d'autres avantages ou inconvénients?
  Quel est votre avis sur les fast-foods?
  Faites la comparaison entre un fast-food et un restaurant traditionnel que vous connaissez.

De la vigne au vin

C'est Dieu qui créa l'eau, mais l'homme fit le vin.

(Victor Hugo)

Le vin est la grande richesse agricole de la France. Elle en produit autant que l'Italie et l'Espagne réunies, c'est-à-dire à peu près 55 millions d'hectolitres par an.

De vigne . . . en grappe. Regardez la carte des vins. Il y a en France plusieurs régions où l'on cultive la vigne. Partout, avec beaucoup d'amour, les vignerons soignent leurs vignes: ils les taillent, ils arrachent les mauvaises herbes, ils chassent les maladies . . . Enfin leur récompense arrive: à la fin de l'été, les belles grappes dorées ou rouge foncé sont prêtes à être coupées.

De grappe . . . en cuve. Alors c'est la saison des vendanges. Quelle fête! Il n'y a sûrement pas de récolte plus joyeuse que celle du raisin. Il faut dire qu'au siècle de la machine, les vendanges se font souvent encore comme autrefois, à la main, grappe par grappe.

De cuve . . . en cave. Dans la cuve, les grappes sont écrasées et perdent très vite leur forme; un liquide

coloré qui 'bout' doucement apparaît: le vin nouveau est né! Mais ce vin n'est pas encore bon à boire. Il va passer les mois d'hiver dans des tonneaux en bois jusqu'à ce qu'il devienne clair. Ensuite, on le mettra dans d'autres tonneaux, ou dans des bouteilles. Alors, on attend que, dans l'ombre des caves, il soit devenu un très bon vin. Oh! on lui laisse le temps, des mois, souvent des années . . .

De cave . . . en verre. Tous les vins n'ont pas la même histoire! Les vins ordinaires sont vendus les premiers (ceux du Languedoc, par exemple). Les vins fins sont mis dans de jolies bouteilles. Comment les reconnaître? La forme des bouteilles donne déjà une idée de leur provenance. Mais il faut surtout lire avec attention les étiquettes. Certaines portent le nom du village où le vin a été préparé, et les mots 'Appellation contrôlée'. Ce sont les meilleurs vins. Sur d'autres étiquettes, vous pouvez lire le nom de la région et les lettres V.D.Q.S., ce qui veut dire 'Vin délimité de qualité supérieure'. Ce sont également de très bons vins. Dernier renseignement: l'année, c'est important, il y a de bonnes années de vin . . . et de moins bonnes!

De verre . . . en bouche. Voilà, maintenant il ne vous reste plus qu'à boire ou plutôt déguster le vin. C'est tout un art! Ne buvez pas tout de suite celui que l'on vient de verser dans votre verre. Comme le vigneron l'a fait lui-même, regardez-le, admirez sa belle couleur. Joie des yeux. Vous voulez goûter maintenant? Non, pas encore! Faites tourner un peu le verre dans vos mains et respirez son parfum, son 'bouquet'. Fermez les yeux un instant: le vin vous plaît-il? Eh bien, buvez maintenant!

Le vin est la boisson courante des Français. 'Un repas sans vin est comme une journée sans soleil' proclament le long des routes de France de grands panneaux-réclame.

d'après *Passe-Partout* et F. Denoeu, *Petit miroir de la Civilisation Française*

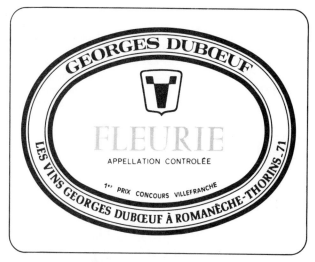

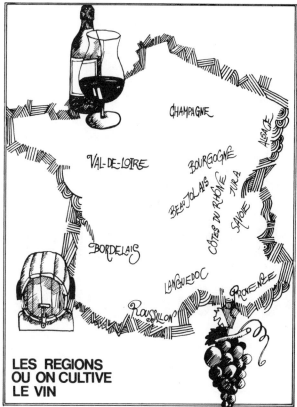

LES REGIONS OU ON CULTIVE LE VIN

Petit vocabulaire du vin

La cuve	grand récipient de bois utilisé pour la fermentation du raisin
un cru	un ensemble de terres plantées de vignes (cf. un vignoble); le vin produit á cet endroit déterminé
la dégustation	l'action de déguster (= goûter) le vin (pour savoir s'il est bon)
la grappe de raisin	

le pressoir	la machine qui sert à presser le raisin pour en faire sortir le jus
le raisin	le fruit qui produit le vin

la taille	l'action de tailler la vigne (= en couper certaines parties) pour que le raisin soit assez gros la saison suivante
les vendanges (f. pl.)	l'action de cueillir le raisin, à la fin de l'été, pour en faire du vin
la vigne	la plante qui porte le raisin (signifie parfois aussi le vignoble)
	la personne qui cultive la vigne, fait le vin
	plantation de vignes, l'ensemble des vignes d'une région
le vigneron	la personne qui cultive la vigne, fait le vin
un vignoble	plantation de vignes, l'ensemble des vignes d'une région

Exercice

L'histoire du vin

Relisez d'abord le texte. Racontez ensuite l'histoire du vin, oralement et/ou par écrit. Ne regardez plus le texte mais les dessins ci-dessous:

1

2

3

4

5

6

7

Francophonie: les champs de bataille du français

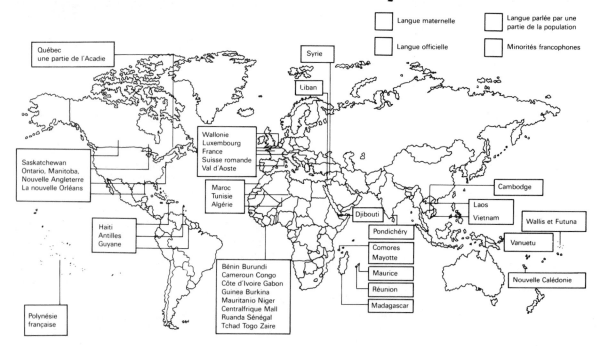

La francophonie se porte bien, et entend en faire la démonstration, cette semaine à Québec, lors du deuxième sommet des «pays ayant en commun l'usage du français», qui va réunir quarante et une délégations, représentant cent vingt-cinq millions de «parlant français», selon l'expression canadienne.

Une francophonie qui a connu une formidable évolution ces dernières années. On recense aujourd'hui plus de francophones hors de France que dans l'Hexagone. Près de la moitié se trouvent dans le tiers monde, surtout en Afrique noire et dans le Maghreb, et cette tendance ne pourra qu'être accentuée par les effets conjugués de la démographie et de la scolarisation croissante dans les pays en voie de développement. «*A ce rythme*, affirme Maurice Druon, secrétaire perpétuel de l'Académie française et ardent défenseur de la francophonie, *il y aura, dans les premières décennies du XXIe siècle, quelque cinq cents millions de francophones.*»

Le monde francophone frappe également par sa diversité. Géographique, d'abord, puisque le français est, avec l'anglais, la seule langue parlée sur les cinq continents, mais aussi politique, culturelle, économique. Sur les bancs de l'Assemblée nationale du Québec, se côtoieront des Belges et des Béninois, des Libanais et des Laotiens, des Monégasques et des Mélanésiens du Vanuatu.

Depuis le lancement du concept francophone, au début des années soixante, par le Sénégalais Léopold Senghor, le Tunisien Habib Bourguiba, le Cambodgien Norodom Sihanouk et le Nigérien Hamani Diori, l'un des plus grands obstacles avait été l'indifférence de l'opinion publique française. Or il semble qu'à présent la francophonie intéresse les Français: un sondage réalisé l'année dernière pour le Haut Conseil de la francophonie révèle que 88 Français sur 100 jugent «important» de développer l'usage du français dans le monde. Les institutions francophones à Paris, comme la seconde commission permanente de l'Académie, créée l'année dernière, reçoivent de plus en plus de lettres réclamant des informations sur le rôle international du français.

Autre exemple de cet intérêt croissant pour la francophonie, le sommet de Québec sera très largement couvert par Radio France Internationale (RFI): pendant les trois jours du sommet, RFI diffusera depuis les bords du Saint-Laurent sept heures d'émissions quotidiennes. «*Notre station est un véritable force de frappe de la francophonie*, dit le directeur des programmes, Philippe Sainteny, *et ce sommet est une belle occasion pour confirmer notre statut de premier média francophone.*»

Cet essor nouveau se reflète également dans les ambitions des participants.«*Pour la francophonie*, déclarait récemment un dirigeant africain, *le temps des poètes, c'est fini.*» Au-delà des moyens d'accroître le rayonnement de la langue, en effet, les débats du sommet francophone porteront en large mesure sur le dialogue Nord-Sud, sur les problèmes de développement économique des membres les plus démunis, sur l'aide que pourront leur apporter la France, la Belgique, le Canada et le Québec. Il y a également une dimension politique importante, que résume d'une phrase le ministre d'Etat égyptien aux Affaires étrangères, Boutros Ghali: «*Le français est une langue non alignée.*» L'objectif est clair: faire des sommets francophones un forum international de première importance, à l'instar du Commonwealth.

Le Point 31 âout 1987

Le désir du privilège et le gout de l'égalité, passions dominantes et contradictoires des français de toute époque.

Charles de Gaulle

Tout homme a deux pays, le sien et puis la France.

H. de Bornier

Avez-vous bien compris?

1 Quel événement important aura lieu à Québec cette semaine?

2 De quelle façon est-ce que le nombre de francophones a changé récemment?

3 Qu'est-ce qui contribuera sans doute à cette tendance dans les pays sous-développés?

4 Que prévoit Maurice Druon?

5 Nommez six régions illustrant la diversité de la communauté francophone.

6 Quand a-t-on conçu l'idée de la francophonie mondiale et pourquoi a-t-elle fait peu de progrès jusqu'à présent?

7 Donnez deux exemples pratiques de l'intérêt renouvelé des autorités françaises au concept francophone.

8 «Pour la francophonie, le temps des poètes, c'est fini». A votre avis, qu'est-ce que cela veut dire?

9 Donnez un exemple du fonctionnement de cette nouvelle attitude.

10 «Le français est une langue non alignée». Pourquoi cela sera-t-il important pour la francophonie?

DOSSIER 2: L'Environnement

Qu'avons-nous fait de ce

PARADIS?

je salis
tu pollues
il dégrade
nous tuons
vous détruisez
ils empoisonnent

Plus tragique que la bombe atomique, plus inquiétant que le cancer . . . il y a la pollution, la dégradation de notre monde: cette terre, cet air, cette eau, cette nature sans laquelle nous ne saurions vivre.

Ce qu'au cours de millions d'années aucune espèce animale n'avait pu faire, l'homme l'a fait: il a mis la nature à son service.

Mais à un certain moment, sans le savoir, nous sommes allés trop loin: après avoir mis la nature à notre service, nous avons commencé à la détruire. Et voilà que nous sommes arrivés à un point critique.

Des centaines d'espèces animales sont déjà disparues, souvent par la faute de l'homme. D'autres espèces, comme l'ours ou le buffle, ne comptent plus qu'un petit nombre de bêtes. Et que deviennent tous les animaux rares chassés pour leur fourrure? Il y en a de moins en moins.

Les espèces végétales sont moins nombreuses chaque année. En France, la forêt couvre encore 13 millions d'hectares, mais chaque année 30,000 hectares brûlent ou sont détruits. Et autour des villes, les déserts gagnent toujours du terrain. Serons-nous bientôt condamnés à vivre dans un monde où toute végétation aura disparu et où les chants d'oiseaux seront remplacés par des bruits mécaniques?

En détruisant la forêt, l'homme détruit la terre. Sur un sol sans arbres, l'eau coule plus vite et bientôt emporte la terre. Celle-ci est aussi dégradée, depuis longtemps, par de mauvaises méthodes d'exploitation, comme la monoculture.

Avant notre époque, l'eau restait claire, l'air restait pur et la nature restait propre, car elle se nettoyait elle-même. Or, que voyons-nous aujourd'hui? L'eau de nos rivières ne mérite plus ce nom. La mer, qui nous donne de l'oxygène et de la nourriture, est empoisonnée par les détergents, les produits pétroliers et chimiques, la radio-activité, les insecticides, etc. Une grande partie des pollutions de la terre se jettent dans la mer.

Notre air ne vaut pas mieux que notre eau. Si cela continue, les habitants des grandes villes porteront bientôt des masques à gaz pour pouvoir respirer.

La nature ne peut plus se défendre contre les énormes quantités de déchets de toutes sortes rejetés par nos usines et nos villes. Notre planète est en train de devenir une poubelle.

Ce qui aggrave encore la situation, c'est le problème angoissant de la surpopulation. Serons-nous bientôt si nombreux qu'il nous faudra vivre et mourir debout? Et puis, est-ce que la terre dégradée pourra nourrir encore longtemps les hommes de plus en plus nombreux?

D'après *Fêtes et Saisons et Passe-partout*

Lisons attentivement.

1 Quelles comparaisons fait-on au début du texte?
2 Pourquoi la dégradation de la nature est-elle si grave?
3 Comment l'homme a-t-il montré qu'il est supérieur aux animaux?
4 Quelle faute a-t-il commise à un certain moment?
5 Qu'est-ce qu'on dit des espèces animales?
6 Qu'est-ce qu'on dit des espèces végétales?
7 Qu'est-ce qu'on dit des forêts en France?
8 Que voit-on autour des villes?
9 Quelle question angoissante pose-t-on après toutes ces constatations?
10 Quelles sont les deux façons dont l'homme dégrade le sol?
11 Quelles formes de pollution n'existaient pour ainsi dire pas avant notre époque?
12 Comment est l'eau de nos rivières?
13 Pourquoi est-il particulièrement grave de polluer la mer?
14 Comment est-ce que la mer est polluée?
15 Que dit-on pour montrer que la pollution de l'air est déjà très avancée?
16 Qu'est-ce qui aggrave encore la situation?
17 Quelles sont les deux questions qu'on pose à propos de la surpopulation?

Synthèse

Rédigez une liste des diverses formes de destruction de la nature citées ci-dessus.

Exercices

Par groupes de deux: un(e) étudiant(e) lit la phrase, l'autre répond sans regarder dans le livre.

1 *Modèle*
   Quand il détruit la forêt, l'homme détruit la terre.
   En détruisant la forêt, l'homme détruit la terre.
1 Quand il détruit la forêt, l'homme détruit la terre.
2 Quand il détruit les arbres, l'homme tue les animaux.
3 Quand il jette du pétrole dans la mer, l'homme salit l'eau.
4 Quand il salit l'eau, l'homme tue les poissons.
5 Quand il emploie trop d'insecticides, l'homme empoisonne les plantes.
6 Quand il tue les animaux et les plantes, l'homme dégrade la nature.
7 Quand il dégrade la nature, l'homme se détruit lui-même.
8 Quand il protège la nature, l'homme se protège lui-même.

2 *Exemple*
   La nature est *polluée*.
   N'est-ce pas nous qui la *polluons*?
1 Les bois sont *sales*.
2 La mer est *empoisonnée*.
3 Les bois sont *détruits*.
4 La terre est *dégradée*.
5 Certains animaux sont *condamnés* à disparaître.
6 Le sol est mal *exploité*.
7 Les voisins sont *inquiets*.

3 *Formulez des remarques.*
   Exemple
   L'homme a besoin de la nature.
   Mais il la détruit.
1 L'homme aime la mer.
2 Il exploite la terre.
3 Il a besoin d'air frais.
4 Il aime les oiseaux.
5 Il aime se promener dans les bois.
6 Il admire les animaux rares.
7 Il a besoin d'eau pure.

Travail d'équipe ou exercice d'élocution

Les formes de destruction de la nature dont souffre votre ville, votre région, (dont souffre votre village, dont vous êtes victime vous-même).

Lectures complémentaires

Les Français sont-ils conscients du danger?

Neuf Français sur dix trouvent très inquiétants:
– la pollution des rivières (93%)
– la pollution de l'air (90%)
– l'emploi de produits chimiques en agriculture (88%)

Huit sur dix trouvent très inquiétants:
– la pollution des mers (83%)
– toutes ces ordures laissées en pleine nature (83%)
– le bruit (79%).

Sept sur dix jugent inquiétants:
– la diminution des zones verte (75%)
– le manque de place (72%).

Cinq à six sur dix s'inquiètent de:
– la disparition de certaines espèces animales (61%)
– l'enlaidissement des villes (54%)
– la transformation des campagnes (54%).

D'après une enquête réalisée par l'IFOP

Une tonne d'ordures par famille

En France, comme ailleurs, le poids des ordures est passé en dix ans de 260 à 360 kilos par habitant et par an: une tonne par famille!
Mises en tas sur la place de la Concorde, les ordures produites en un jour par les 8 millions d'habitants de Paris et de la région parisienne monteraient trois fois plus haut que l'obélisque. Cela ferait 70 mètres.
L'usine d'Ivry, près de Paris, brûle 600,000 tonnes d'ordures par an; elle est la plus grosse usine du monde de cette sorte. Mais elle ne suffit déjà plus.

D'après Passe-partout

Antoine de Saint-Exupéry, L'eau

Eau, tu n'as ni goût, ni couleur, ni arôme, on ne peut pas te définir, on te goûte, sans te connaître. Tu n'es pas nécessaire à la vie: tu es la vie. Tu nous pénètres d'un plaisir qui ne s'explique point par les sens... Tu es la plus grande richesse qui soit au monde, et tu es aussi la plus délicate, toi si pure au ventre de la Terre... On peut mourir à deux pas d'un lac d'eau salée. On peut mourir malgré deux litres de rosée qui contiennent quelques sels. Tu n'acceptes point de mélange... Mais tu répands en nous un bonheur infiniment simple.

D'après Antoine de Saint-Exupéry, *Terre des Hommes*

Antoine de Saint-Exupéry (1900–1944)
L'œuvre d'Antoine de Saint-Exupéry est une méditation sur son métier: celui de pilote de ligne. Il a été un des pionniers de l'aviation et il a fait de celle-ci un thème littéraire. Dans toutes ses œuvres, il insiste sur le courage, sur la camaraderie, sur la valeur de l'homme, sur sa lutte avec la nature. Sa plus belle œuvre est un conte poétique: *Le petit Prince.*

TABLE RONDE SUR LES PROBLEMES DE l'environnement

Participants:
– un reporter;
– une zoologiste;
– un biologiste qui fait des recherches pour le ministère de la Santé publique;
– une sociologue;
– un journaliste.

Reporter: *On a dit que grâce à son intelligence supérieure, l'homme peut s'adapter à tout. Qu'en pensent les zoologistes?*

Zoologiste: L'homme, avec son intelligence supérieure, a oublié qu'il est aussi un animal, qu'il ne peut pas vivre n'importe où, en respirant n'importe quoi et en mangeant n'importe quelle chose. D'ailleurs, l'homme a certains besoins psychologiques qui sont aussi ceux d'un animal. C'est en tant que zoologiste que je crois que l'homme ne saurait vivre dans un univers fait exclusivement de béton et d'asphalte.

Reporter: *Très souvent, on a l'impression que tout le monde sait ce qu'il y a à faire, mais que rien ne change. Pourquoi le ministère de la Santé publique n'agit-il pas plus vite?*

Biologiste: Le plus souvent, il ne peut agir qu'en co-ordination avec d'autres ministères. C'est ce qui explique la lenteur des décisions. Très souvent aussi, il faut une coordination sur le plan international. Nous pouvons dépolluer nos côtes, mais nous ne pouvons dépolluer celles de nos voisins. Alors là, une action concertée est absolument indispensable, ce qui ne va pas du jour au lendemain.

Reporter: *Est-ce que tous les problèmes seront résolus le jour où il y aura des lois par lesquelles on pourra mettre fin à la pollution industrielle?*

Sociologue: Il serait injuste de mettre tous les problèmes sur le seul dos de l'industrie. Ce n'est pas la civilisation industrielle qui est reponsable, mais la civilisation tout court et pour commencer l'amélioration des conditions de vie, dont nous profitons tous. Pensons par exemple au chauffage central, aux détergents et à la civilisation des loisirs dont souffrent les plages, les dunes, les bois. Et surtout, ce qui est plus grave, le grand public n'est pas spontanément respectueux de la nature. On jette de vieilles casseroles et toutes sortes d'ordures dans les rivières, on se débarrasse de son vieux matelas ou d'un vieux fauteuil en les jetant quelque part dans un bois. C'est là le problème le plus sérieux. Le jour où nous aurons les lois empêchant l'industrie de polluer la nature, la lutte ne sera pas encore gagnée. Il faudra alors éduquer le public, tâche qui me paraît particulièrement difficile.

Reporter: *L'information et l'éducation du public sont donc de première importance. Nous aimerions connaître l'opinion d'un journaliste spécialisé.*

Journaliste: Il reste beaucoup à faire dans ce domaine. Si on veut obtenir une information sérieuse, il faut s'adresser aux hommes de science. Or ceux-ci, très souvent, ne sont pas sûrs d'eux-mêmes et surtout, ils emploient un langage très obscur.

Les milieux politiques, eux, n'aiment pas donner beaucoup d'informations. Lorsqu'un cas éclate, ils se sentent souvent attaqués et considèrent les questions des journalistes comme des pièges.

Allez donc donner une information complète, objective et claire dans ces conditions-là!

D'après une émission radiophonique

Avez-vous bien compris?

1

1 Qu'est-ce que l'homme oublie, d'après la zoologiste?
2 Quelle illusion est-ce que l'homme ne peut pas avoir?
3 Dans quel univers est-ce que l'homme ne saurait pas vivre?
4 Pourquoi l'homme ne saurait-il pas vivre dans cet univers?
5 *Résumez la réponse de la zoologiste.*

2

1 Qu'est-ce qui explique la lenteur du ministère de la Santé publique?
2 Pourquoi faut-il aussi une coordination sur le plan international?
3 *Résumez la réponse du biologiste.*

3

1 Pourquoi serait-il injuste de mettre tous les problèmes sur le seul dos de l'industrie?
2 Quels exemples donne-t-elle pour prouver que ce n'est pas l'industrie seule qui est responsable?
3 Quel est le problème le plus sérieux, d'après la sociologue?
4 Que restera-t-il donc à faire le jour où on aura des lois empêchant l'industrie de polluer la nature?
5 *Résumez la réponse de la sociologue.*

4

1 Qu'est-ce que le journaliste reproche aux hommes de science?
2 Pourquoi les milieux politiques donnent-ils si peu d'informations?
3 Quel est le résultat de toutes ces difficultés?
4 *Résumez la réponse du journaliste.*

Exercices

1 *Modèles*

– *Que* dois-je lui dire?
   Dis-lui *n'importe quoi.*
– *Quelle revue* dois-je t'acheter?
   Achète-moi *n'importe quelle revue.*
   1 Où dois-je mettre ce paquet?
   2 Quand dois-je remettre ce document?
   3 Qui dois-je t'amener?
   4 Comment dois-je terminer cette lettre?
   5 Quelle chambre dois-je lui donner?
   6 Que dois-je leur raconter?

2 *Modèle*

– Je suis géographe.
– Je parle *en tant que* géographe.
   1 Je suis chimiste.
   2 Vous êtes théologien.
   3 Elle est économiste.
   4 Il est physicien.
   5 Je suis historien.
   6 Il sont psychologues.
   7 Nous sommes géologues.
   8 Elle est mathématicienne.
   9 Je suis linguiste.

3 *Modèles*

– Il est spécialiste en biologie.
   Il est donc *biologiste.*
– Elle est spécialiste en psychologie.
   Elle est donc *psychologue.*
   1 Il est spécialiste en zoologie.
   2 Elle est spécialiste en sociologie.
   3 Il est spécialiste en théologie.
   4 Elle est spécialiste en chimie.
   5 Il est spécialiste en physique.
   6 Elle est spécialiste en histoire.
   7 Il est spécialiste en géologie.
   8 Elle est spécialiste en géographie.
   9 Il est spécialiste en économie.
   10 Elle est spécialiste en mathématiques.
   11 Il est spécialiste en linguistique.

4 a *Le gouvernement se compose de plusieurs ministres.*

En voici quelques-uns:
– le Premier ministre,
– le ministre de l'Education nationale,
– le ministre des Finances,
– le ministre de l'Intérieur,
– le ministre de la Santé publique,
– le ministre des Travaux publics,
– le ministre des Affaires étrangères,
– le ministre de la Défense nationale,
– le ministre de l'Environnement,
– le ministre de la Justice,
– le ministre de l'Agriculture.

b Savez-vous quel ministre s'occupe de l'armée?
Savez-vous quel ministre s'occupe des affaires intérieures?
Savez-vous quel ministre s'occupe de l'enseignement?
Savez-vous quel ministre s'occupe de l'agriculture?
Savez-vous quel ministre s'occupe des relations avec les autres pays?
Savez-vous quel ministre s'occupe de milieu naturel?
Savez-vous quel ministre s'occupe de la justice?
Savez-vous quel ministre s'occupe de la santé des citoyens?
Savez-vous quel ministre s'occupe des grand travaux?
Savez-vous quel ministre préside le Conseil des ministres?

5 *Complétez au moyen d'un mot de la même famille.*

1 a Il a *environ* quinze ans.
b On étudie sérieusement les problèmes de _____

2 a Le vieillard a *la respiration* difficile.
b Tout le monde aime _____ de l'air frais.

3 a Je *cherche* mon livre de zoologie.
b Quelles _____ fait ce grand savant?

4 a Il est temps d'engager *l'action*.
b Il est difficile d' _____ seul.

5 a Ses réactions sont très *lentes*.
b On lui reproche _____ .

6 a Il faut *coordonner* nos efforts.
b La _____ internationale est absolument nécessaire.

7 a La situation est *meilleure* qu'avant.
b Il faudra pourtant l' _____ encore.

8 a Il n'a pas beaucoup de *respect* pour ses supérieurs.
b On ne saurait dire qu'il est très _____ .

9 a C'est une possibilité que nous devons *exclure*.
b Leur univers est fait _____ de béton et d'asphalte.

10 a Il faut *éduquer* le public.
b Cette _____ n'ira pas du jour au lendemain.

6 *Micro-conversation*

A La première responsable, c'est *l'industrie*.
B Il serait injuste de mettre tous les problèmes sur le seul dos *de l'industrie*.
C Il faut qu'*elle cesse de polluer l'air et l'eau*.
D Il faut aussi *éduquer le grand public*.

A	C	D
1 le ministère de la Santé publique	1 il prenne des mesures	1 que le public soit plus discipliné
2 la presse	2 elle donne des informations objectives	2 que les lecteurs soient plus critiques
3 les savants	3 ils trouvent des moyens de combattre la pollution	3 qu'ils en reçoivent les moyens financiers
4 notre civilisation	4 elle devienne moins matérialiste	4 se contenter de moins de confort
5 le public	5 il comprenne de quoi il s'agit	5 éduquer le public

Avec la vague de froid, la teneur de l'air en dioxyde de soufre a battu quelques records ces derniers jours

Pollution : la carte de France de la bronchite

L'état d'alerte à la pollution de l'air en Alsace a été levé hier matin par les autorités. Les 23 usines et installations de chauffage industriel qui avaient reçu l'ordre de réduire ou de modifier leur fonctionnement ont retrouvé leur liberté d'action. Mais, comme beaucoup d'autres Français, les Alsaciens ont eu chaud aux poumons: certains jours, le taux de l'air en dioxyde de soufre a frôlé les 600 microgrammes par mètre cube. Et, le moins que l'on puisse dire, c'est que ce n'est pas ce qu'il y a de meilleur pour la santé. D'autant plus que la présence du dioxyde de soufre n'est pour les spécialistes qu'un «indicateur»; sa présence signifie que l'air contient d'autres polluants nocifs, comme les poussières ou les dérivés d'azote.

La majeure partie du territoire français vient donc de traverser une vague de pollution atmosphérique due à la situation climatique mais aussi, essentiellement, au fait que les installations industrielles, les installations de chauffage et les voitures produisent une quantité encore bien trop importante de polluants, comme les deux cartes dressées par *le Matin* le montrent. Ces chiffres, même s'ils ne sont pas habituellement du domaine public, sont tout à fait officiels et fiables. *Le Matin* les a obtenus auprès des 22 réseaux de mesure et de surveillance de l'air qui quadrillent — encore bien imparfaitement — le territoire français pour le ministère de l'Environnement, sous le contrôle du ministère de l'Industrie.

Les résultats de cette enquête prouvent que si la situation en France n'est pas aussi grave qu'en Allemagne et si la pollution de l'air a plutôt tendance à diminuer depuis une dizaine d'années, il n'en reste pas moins que, chaque hiver, des millions de Français courent des risques plus ou moins grands selon leur état de santé. En effet, toutes les études épidémiologiques menées par les services officiels et par des médecins prouvent que chaque période de froid liée à une augmentation de la pollution de l'air entraîne une augmentation des taux de mortalité.

DES TAUX IMPRESSIONNANTS

Les premiers menacés sont évidemment les personnes âgées et tous ceux qui ont des troubles respiratoires plus ou moins importants. Ce n'est pas tout: dans toutes les zones concernées, les médecins

généralistes voient déferler depuis une dizaine de jours un nombre impressionnant d'adultes et de jeunes enfants qui présentent des affections des voies respiratoires ou des irritations douloureuses. Ces «petites maladies» n'auront pas de conséquences graves mais si on pouvait faire les comptes de cette poussée de pollution à la Sécurité sociale, on pourrait constater que la négligence d'un certain nombre d'industriels et le laxisme en matières de pollution automobile coûtent très cher. Beaucoup plus, année après année, que le prix des équipements antipollution qui sont encore nécessaires. Mais ce sont les salariés qui paient.

Le danger est d'autant plus grand et souvent invisible pour les populations soumises à ces pollutions que les chiffres communiqués au *Matin* ne sont évidemment que des moyennes sur une journée. Moyennes calculées sur des réseaux qui comportent parfois une vingtaine d'appareils dispersés dans une ville ou une grande zone urbaine et industrielle. La plupart du temps, les mesures sont faites de quart d'heure en quart d'heure et, devant les tableaux qui retransmettent les chiffres, on se rend compte que les habitants de certaines zones ou de certains quartiers sont exposés pendant une ou plusieurs heures à des taux impressionnants.

QUELLE EST LA DOSE LIMITE?

Des «pointes» qui affectent quelques milliers ou quelques dizaines de milliers de personnes seulement mais qui disparaissent dans les moyennes. Un seul exemple pour le prouver: pour le 15

janvier, que nous avons choisi comme référence, la moyenne de teneur en dioxyde de soufre était de 169 sur Paris et sa très proche banlieue; mais, le même jour, l'appareil enregistreur situé dans la cour de récréation d'une école maternelle de Montreuil a fourni une moyenne de 350. Ce qui signifie que, dans cette journée du 15 janvier, cette cour d'école maternelle a connu des pointes dépassant largement les 450 microgrammes! Ce n'est pas bon pour les jeunes organismes.

En effet, si l'on consulte les études de l'Organisation mondiale de la santé, on s'aperçoit qu'au-dessus de 100 microgrames «le risque ne peut plus être considéré comme négligeable». Les mêmes études expliquent qu'à partir de 200 microgrammes, les conséquences peuvent être importantes si l'exposition est prolongée, ce qui a été le cas au cours des dix derniers jours. La lecture des cartes permet donc de voir qu'en ce mois de janvier les problèmes ont encore été importants même si, au niveau européen, les spécialistes, les experts et les industriels continuent de se disputer sur cette notion de dose limite...

IL RESTE BEAUCOUP A FAIRE

Les chiffres que le ministère de l'Environnement s'apprête à publier sur l'évolution de la pollution atmosphérique en France ne reflètent donc pas tout à fait la réalité vécue par nos poumons, même s'ils montrent une incontestable amélioration pour plusieurs grandes agglomérations. En moyenne annuelle, c'est-à-dire comprenant les chiffres des étés sans rejets importants, des villes comme Caen, Marseille, Nantes ou Paris ont vu leur pollution en dioxyde de soufre divisée par trois en dix ans.

Il y a une amélioration, moins importante, pour des villes comme Dunkerque, Le Havre, Rouen ou Grenoble. Par contre, pour la même période, la pollution a augmenté dans la zone de Saint-Avoid-Carling en Meurthe-et-Moselle, à Strasbourg et dans la région de Montbéliard. Il reste beaucoup à faire puisque, toujours d'après ces statistiques en instance de publication, la quantité d'oxyde de soufre rejetée dans l'atmosphère sur une année est actuellement d'environ 1 845 000 tonnes. Un chiffre plutôt impressionnant.

DES VILLES REFUSENT D'INTERVENIR

C'est l'Agence pour la qualité de l'air, en liaison avec la direction pour la prévention des pollutions du ministère de l'Environnement, qui est chargée de contrôler toutes ces pollutions et de trouver les moyens techniques et financiers pour les combattre. Une entreprise qui n'est pas toujours facile car les collectivités locales ou régionales se font souvent tirer l'oreille pour participer à la mise en place des réseaux de mesure et de surveillance.

Il est même des villes qui refusent carrément d'intervenir dans un secteur qui, électoralement, n'est guère payant. Ainsi, il y a quelques mois, la municipalité de Nîmes, en dépit des protestations des ministères intéressés, a carrément supprimé le réseau d'appareils qui surveillaient la ville et qui dépendaient du laboratoire municipal!

Encore quelques jours, et la situation critique que connaît une partie du territoire français va commencer à s'estomper grâce au changement de temps qui s'annonce. Mais il est à craindre que la pollution revienne sournoisement au cours du mois de février, mois qui est souvent la période la plus difficile pour nos poumons.

CLAUDE-MARIE VADROT

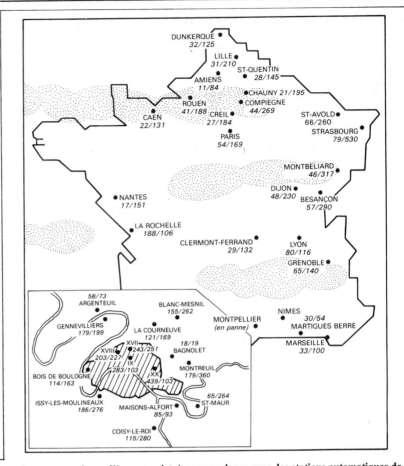

Les chiffres (1) qui figurent sur ces cartes sont des moyennes journalières enregistrées sur quelques-unes des stations automatiques de mesure de la pollution. Le premier chiffre indique les mesures effectuées l'année dernière, en janvier (mois propre) pour la France et le 6 février (jour pollué) pour la région parisienne (2). Ces chiffres, qui sont reçus tous les quarts d'heure dans un centre de contrôle du 12ᵉ arrondissement de Paris, nous ont été fournis par AIPARIF, l'organisation chargée de contrôler l'état de l'air sur la capitale et dans la région parisienne. L'examen des chiffres du 15 janvier prouve qu'il n'était pas recommandé, ce jour-là, de faire du jogging au bois de Boulogne. Les mesures concernant la France ont été recueillies auprès des réseaux du ministère de l'Industrie et du ministère de l'Environnement.

Tous les mois, AIRPARIF (152, rue de Picpus) publie des synthèses qui permettent de savoir si, oui ou non, on habite dans un bon ou un mauvais quartier du point de vue de la pollution. En général, c'est un règle qui n'est pas seulement valable à Paris, mieux vaut habiter à l'Ouest qu'à l'Est.

(1) Les chiffres sont exprimés en microgrammes de dioxyde de soufre par mètre cube d'air.
(2) Le 12ᵉ arrondissement montre qu'il peut exister, sur un quartier, des micro-climats très dangereux liés à une situation géographique particulière ou à une entreprise. L'appareil de mesure se trouve tout près de l'hôpital Saint-Louis... 	*Le Matin, 23 Janvier 1987*

Exercices

1 *Dans les deux derniers paragraphes («Il est même des villes ... pour nos poumons») trouvez l'équivalent des expressions suivantes:*

1 que l'on prévoit
2 avec dissimulation
3 tout net
4 malgré
5 il y a
6 à cause de
7 disparaître
8 rapporte peu d'argent.

2 *Expliquez en français les expressions suivantes, soulignées dans le texte:*

1 les Alsaciens ont eu chaud aux poumons
2 Ces chiffres, même s'ils ne sont pas habituellement du domaine public

3 quadrillent-encore bien imparfaitement-le territoire français
4 se font souvent tirer l'oreille.

3 Par groupes de deux, faites une liste des sources de pollution citées dans le texte.
Pouvez-vous y ajouter d'autres sources de pollution?
Est-ce que c'est seulement l'atmosphère qui est polluée?
Connaissez-vous des exemples de pollution près de chez vous?
A votre avis quelles en sont les conséquences et les dangers?
Qu'est-ce qu'on fait pour contrôler ces pollutions?
Est-ce que les contrôles sont assez stricts?
Quoi d'autre devrait-on faire, selon vous?
Présentez vos conclusions à la classe et comparez-les à celles des autres étudiants.

UNE MODE SEULEMENT?

Il faudrait que la 'mode' actuelle se transforme en une action massive, sur le plan local, régional, national et international. Limitons-nous à trois aspects de cette action: l'exploitation intelligente de la terre, la lutte contre la pollution, la protection de la nature encore intacte.

Demain il faudra nourrir beaucoup plus d'hommes sans appauvrir la terre et la mer. Il faudra donc agir prudemment: choisir le mieux possible les terres à exploiter, les méthodes à employer par les agriculteurs et les pêcheurs, les plantes à cultiver, les animaux à élever, etc. Espérons que beaucoup de jeunes gens doués voudront se passionner pour ces problèmes d'énorme importance pour notre avenir.

Pour faire le grand nettoyage, les moyens sont connus: stations d'épuration des eaux, filtres pour les gaz et fumées, voitures à moteur électrique, interdiction de certains détergents et d'emballages qu'on ne peut pas réemployer, hautes cheminées, etc. Mais qui devra payer tout cela? 'Les pollueurs seront les payeurs', dit-on un peu partout. Ce n'est pas si simple: obliger une usine à épurer ses eaux ou ses fumées, c'est augmenter le prix de ses produits. Il est donc évident qui paiera: l'industrie, bien sûr, mais aussi les consommateurs, c.-à-d. vous et moi et l'Etat, c.-à-d. encore vous et moi.

Pour protéger ce qui nous reste de nature, on crée un peu partout des 'parcs naturels'. Il y a actuellement en France six 'parcs nationaux' (celui de la Vanoise dans les Alpes de Savoie, celui des Pyrénées, celui des Cévennes, celui de Port-Cros, sur la côte d'Azur, celui des Ecrins dans les Hautes Alpes, celui de Mercantour dans les Alpes Maritimes et les Alpes de Haute Provence) et huit 'parcs régionaux'. D'autres suivront.

Ces parcs doivent réapprendre aux hommes à respecter la nature. Ce ne sera pas facile, car la nature détruite (par un ensemble de grands immeubles, par une station de ski mondaine, etc.) fait souvent gagner beaucoup d'argent. Voilà pourquoi ce serait une grave erreur selon Philippe Saint-Marc[1] de vouloir sauver la nature sans changer le système économique qui la détruit: un système basé uniquement sur le profit. Cela ne signifie pas qu'il faille mépriser le progrès technique et économique, cela signifie qu'il faut mettre ce progrès au service de l'homme, de l'homme total, avec tous ses besoins.

D'après *Fêtes et Saisons*

(1) *auteur d'un livre important: Socialisations de la Nature*

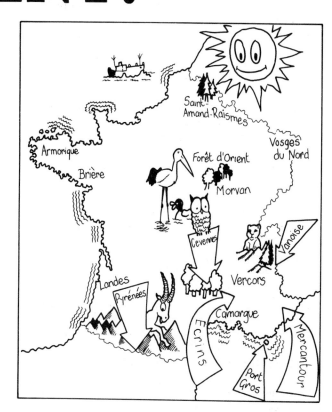

Lisons attentivement.

1 De quelle mode parle-t-on dans le texte?
2 En quoi est-ce que cette mode devrait se transformer?
3 Quels sont les trois aspects de cette action auxquels on se limite?
4 Qu'entend-on par «l'exploitation intelligente de la terre»?
5 Comment pourra-t-on y arriver? Quels exemples donne-t-on?
6 De qui aura-t-on besoin pour y arriver?
7 Citez quelques moyens de lutte contre la pollution.
8 Qui devra payer tout cela?
9 Qu'est-ce qu'on fait en France pour protéger la nature encore intacte?
10 Pourquoi n'est-il pas facile de faire respecter la nature?
11 Qu'est-ce qu'il faut donc faire selon Philippe Saint-Marc?
12 Comment faut-il interpréter cela?

Comprenez-vous?

1 A la fin du texte, on parle des besoins de l'homme.
   a De quoi est-ce que l'homme a besoin? (Enumérez.)
   b A quels besoins pense-t-on surtout ici?
2 Comment peut-on mettre le progrès technique au service de l'homme?
   (Il y a des exemples dans le texte; peut-être en connaissez-vous d'autres.)
3 Comment peut-on mettre le progrès économique au service de l'homme?
   (Vous trouverez également une idée dans le texte.)

Synthèse

Montrez que, d'après ce texte, sauver la nature est:
a une question de compétence;
b une question d'argent;
c une question de mentalité.

Exercices

1 *Que peut-on faire?*
   Exemple
   les gaz des voitures – On peut les filtrer.
1 les détergents polluants
2 les ordures
3 les voitures
4 les fumées des usines
5 les bois
6 les eaux
7 le système économique
8 les emballages

2 *A quoi servent:*
1 les parcs naturels;
2 les hautes cheminées;
3 les détergents;
4 les poubelles;
5 les filtres;
6 les stations de ski;
7 les grands immeubles?

3 *Remplacez les mots en italiques par un synonyme.*
1 Je vous avais *défendu* de fumer.
2 Il m'a *défendu* contre mes ennemis.
3 Il faut savoir se *borner* à l'essentiel.
4 Il a épousé une femme *du monde*.
5 Que pensez-vous de la mode *d'aujourd'hui*?
6 Vous avez commis une *faute* impardonnable.
7 Il est *clair* qu'il refusera.
8 Il n'est pas facile d'*élever* des enfants.

4 *Employez le substantif correspondant et adaptez la phrase.*
   Exemple
   Il faut *limiter* les naissances.
   La *limitation* des naissances est nécessaire.
1 Les ouvriers ont demandé qu'on *augmente* leur salaire.
2 Il faut éviter d'*appauvrir* le sol.
3 Il est facile de *critiquer*.
4 On parle de *construire* un pont.
5 Peut-on éviter de *dégrader* la nature?
6 Il faut trouver de meilleures méthodes d'*exploiter* les richesses naturelles.
7 Est-il nécessaire d'*interdire* ces détergents?
8 Est-il possible d'*épurer* cette eau?

5 *Micro-conversation*
A Qui doit payer cela, à votre avis?
B Il me semble que *c'est l'industrie*
C Quoi? *L'industrie toute seule*?
D Evidemment, c'est elle qui est responsable de *la situation actuelle*

Clés:

	B		D
1	Etat	1	bien-être des habitants
2	public	2	tout cela
3	spéculateurs	3	destruction des forêts
4	usines	4	pollution de l'eau
5	chasseurs	5	mort des animaux
6	vous	6	dégradation de la nature

Qu'en pensez-vous?

1 Quelles professions permettent le mieux de contribuer à la protection de la nature?
2 Seriez-vous prêt à payer pour que la pollution cesse? Pourquoi (pas)?
3 a Y a-t-il des parcs naturels dans votre pays? Décrivez-les.
   b Trouvez-vous les parcs naturels un remède efficace?

Lectures complémentaires

Jean Dorst, Parce qu'elle est belle

La nature sauvage ne doit pas être uniquement sauvée parce qu'elle est la meilleure protection de l'humanité, mais parce qu'elle est belle . . . Un humble végétal, un insecte minuscule contiennent plus de beautés et plus de mystères que la plus merveilleuse de nos constructions . . .
La nature ne sera en définitive sauvée que par notre cœur.

D'après J. Dorst, *Avant que nature meure*

Blaise Cendrars, Ligne télégraphique

Vous voyez cette ligne télégraphique au fond de la vallée qui coupe la forêt sur la montagne d'en face
Tous les poteaux en sont de fer
Quand on l'a installée les poteaux étaient en bois
Au bout de trois mois il leur poussait des branches
On les a alors arrachés retournés et replantés la tête en bas les racines en l'air
Au bout de trois mois il leur repoussait de nouvelles branches
Ils reprenaient racine et recommençaient à vivre
Il fallut tout arracher et pour rétablir une nouvelle ligne faire venir à grands frais des poteaux de fer de Pittsburg

Blaise Cendrars, *Du monde entier au cœur du monde*

Travaux d'équipe

1 Reprenez la liste des formes de destruction de la nature, composée après le texte «Qu'avons-nous fait de ce paradis?»
   a Le membres du groupe comparent leurs listes et les complètent.
   b Pour chaque forme de destruction de la nature (ou pour les principales seulement), le groupe examine:
   – ce qu'on fait déjà pour trouver une solution (cf. texte «Une mode seulement»;
   – ce qu'on pourrait encore faire.

Exemple

formes de destruction de la nature	**1** l'empoisonnement des rivières etc.
ce qu'on fait déjà	**1** certaines usines épurent leurs eaux
ce qu'on pourrait encore faire	**1** on pourrait les y obliger toutes par la loi

2 Chacun de nous peut lutter contre la pollution, de façon très concrète.
   a Qu'est-ce que nous devons éviter?
   b Qu'est-ce que nous pouvons faire de positif?

Rédaction

Vous écrivez une lettre à un journal pour vous plaindre de certaines formes de pollution dont vous (votre ville, votre village, votre quartier) êtes victime(s) et vous suggérez une ou plusieurs solutions.

Menaces climatiques sur la Terre

Le rempart d'ozone se lézarde, et les ultraviolets nous menacent. Le gaz carbonique, responsable d'un réchauffement des températures, met en péril les régions côtières. Les forêts détruites systématiquement provoquent une désertification irréversible. Des maux anciens qui, aujourd'hui, s'accélèrent.

La Bretagne enrage. Dame! Lundi dernier, à Chicago, la marée noire de l'«Amoco Cadiz» n'a pas donné naissance à un fleuve de dollars. Pis: le juge McGarr s'est même refusé à toute réparation biologique pour la mer. Les 466 millions de francs d'indemnités couvrent uniquement les frais de nettoiement et les pertes de recettes.

Voilà qui est symptomatique de la difficulté avec laquelle notre société appréhende la dimension écologique. Obnubilées par la Bourse qui flanche, les nations occidentales n'ont toujours qu'un vague regard pour un autre krach au moins aussi effrayant: le krach écologique de la planète Terre. Oui, là aussi, cela va très mal. Aujourd'hui, cela s'accélère. Jamais les actions de la forêt tropicale, des terres cultivables du Sahel et de l'atmosphère n'ont connu une telle baisse. Résultat: le climat, donné comme une valeur inamovible, vacille, double victime d'une OPA sur l'ozone et d'une inflation sur le gaz carbonique. Pour comprendre l'importance de la chose, il faut remonter aux années soixante-dix, quand on commence à soupçonner les CFC (chlorofluorocarbures), utilisés comme gaz propulseurs dans les bombes aérosols ou comme liquide de congélation dans les réfrigérateurs, de détruire l'ozone atmosphérique. C'est grave, car sans ce gaz, c'est la porte ouverte au déferlement des UVB, capables de provoquer des cancers de la peau, une dégénérescence du système immunitaire et des lésions oculaires.

D'ores et déjà, la couche d'ozone donne des signes de faiblesse. Il y a trois ans, les Britanniques avaient repéré, au grand effroi des experts, un «trou d'ozone» au-dessus du pôle Sud. L'été dernier, 150 scientifiques ont passé six semaines dans l'extrême sud de l'Argentine pour l'observer. A treize reprises, ils ont survolé le continent antarctique, scrutant le ciel de tous leurs instruments scientifiques. Consternation: le trou grandit à une vitesse folle. Par endroits, la couche d'ozone est réduite de moitié.

Encore plus inquiétant: le pôle Nord semble à son tour attaqué. En ce moment même, des chercheurs français, américains, allemands et suédois mènent l'enquête sur place avec des ballons-sondes. Même si ces trous sont spécifiques de l'hiver polaire, ils ne laissent augurer rien de bon pour le reste de la planète. D'où l'importance d'amener les pays producteurs de CFC à arrêter les frais. C'était le but premier du Protocole de Montréal. Mais voilà, comme d'habitude les intérêts économiques ont primé. Pour permettre à leurs industries chimiques de se retourner, plusieurs pays industrialisés ont arraché une demi-mesure: réduction de moitié de l'émission de CFC, et encore, pour 1998! Quant aux pays du tiers monde, pratiquement non-utilisateurs de CFC et qui se refusent donc à être tenus pour responsables de la situation actuelle, ils ont obtenu l'autorisation d'augmenter de 35% leur utilisation. Si bien que d'ici à la fin du siècle la couche d'ozone pourrait encore diminuer de 2 à 10%! Seule lueur d'espoir, treize parmi les plus grandes firmes chimiques du monde viennent de lancer un programme commun de recherche pour examiner la toxicité des produits susceptibles de remplacer les CFC.

Mais il y a encore plus inquiétant que la disparition de l'ozone, car aucune convention ne peut, cette fois, enrayer le mal: c'est l'augmentation de la température terrestre, provoquée par les énormes quantités de gaz carbonique (CO_2) relâchées dans l'air. A force de brûler bois, charbon, pétrole et gaz, l'«homo industrialus» a libéré 500 milliards de tonnes de CO_2 depuis 1800. De quoi augmenter la teneur atmosphérique de 25% et un doublement est encore prévu pour 2050.

Le gaz carbonique agit comme la vitre d'une serre, en piégeant le rayonnement solaire qui rebondit sur la Terre. Jusqu'ici, l'océan, en retenant une bonne partie du gaz carbonique émis, a permis d'éviter tout réchauffement flagrant. Mais pour combien de temps encore? La plupart des experts tablent sur une hausse de 2 à 4 degrés, en moyenne, vers 2050 (plus 10 degrés aux Pôles!).

Mais pourquoi diable en faire tout un plat? Après tout, les Français pourront enfin aller bronzer sur les plages de la Manche sans frissonner de froid. Oui, mais voilà ... la plupart des plages auront disparu. Sous l'effet de la fonte d'une partie des calottes glaciaires, le niveau des océans va remonter. Les estimations naviguent entre un et deux mètres, ce qui suffit à condamner la plupart des plages et beaucoup d'îles. Pis: de larges bandes côtières fertiles seront soit submergées, soit stérilisées par le sel (11,5% du Bangladesh!).

En retrouvant leur niveau du temps où Jésus-Christ marchait sur les eaux du lac de Tibériade, les

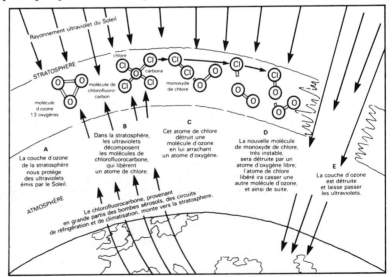

Rayonnement ultraviolet du Soleil

STRATOSPHERE

chlore
carbone
molécule de chlorofluoro-carbon
monoxyde de chlore

molécule d'ozone 13 oxygènes

A La couche d'ozone de la stratosphère nous protège des ultraviolets émis par le Soleil.

B Dans la stratosphère, les ultraviolets décomposent les molécules de chlorofluorocarbone, qui libèrent un atome de chlore.

C Cet atome de chlore détruit une molécule d'ozone en lui arrachant un atome d'oxygène.

D La nouvelle molécule de monoxyde de chlore, très instable, sera détruite par un atome d'oxygène libre; l'atome de chlore libéré ira casser une autre molécule d'ozone, et ainsi de suite.

E La couche d'ozone est détruite et laisse passer les ultraviolets.

ATMOSPHÈRE

Le chlorofluorocarbone, provenant en grande partie des bombes aérosols, des circuits de réfrigération et de climatisation, monte vers la stratosphère.

Le Point, 18 Janvier 1988

A Mexico, la pollution atmosphérique est telle que le seul fait de respirer équivaut à fumer quarante cigarettes par jour!

océans vont noyer les villes côtières sous une mer de problèmes: ports submergés, égouts inopérants . . . La hausse de température repoussera les terres agricoles vers le nord (200 km pour le blé), moins fertile. La forêt tropicale s'amenuisera et le désert s'étendra. Avec l'évaporation, la pluie augmentera par endroits (doublement dans les pays scandinaves), mais diminuera ailleurs (chute de moitié dans les pays méditerranéens).

En 1983, le secrétaire général des Nations Unies charge Gro Harlem Brundtland, Premier ministre de Norvège, d'ausculter la planète Terre et de trouver les remèdes pour lui éviter une sénilité précoce. A la tête d'une commission réunissant savants et responsables politiques du monde entier, elle va enquêter pendant quatre ans.

Comme on s'en doute, le constat est amer: *«Au début de ce siècle, ni le nombre des hommes ni leur technologie n'avaient le pouvoir d'altérer radicalement l'équilibre de la planète. Au moment où il se termine, non seulement l'explosion démographique et l'activité humaine possèdent ce pouvoir, mais des changements profonds sont intervenus dans l'atmosphère, dans les sols, dans l'eau, dans les mondes animal et végétal et dans leurs interactions. L'ampleur de ces modifications est telle que la science actuelle est incapable des les évaluer et de donner avec précision le chemin à suivre.»* Elle recommande néanmoins aux nations du monde d'instaurer des taxes sur l'exploitation des biens communs (océans, espace . . .) et sur le commerce international pour financer sérieusement la protection de l'environnement.

Mais Gro Harlem Brundtland va encore plus loin: *«Le premier pas vers un développement raisonnable passe obligatoirement par l'élaboration d'un nouvel ordre économique mondial, plus équitable.»* Ça ne coûte rien de le demander . . . ●

FRÉDÉRIC LEWINO

Avez-vous bien compris?

1 Pourquoi les Bretons sont-ils mécontents du jugement prononcé sur le désastre du pétrolier «Amoco Cadiz»?
2 Quelle est l'attitude générale des pays occidentaux en ce qui concerne les problèmes de l'environnement?
3 Quelle est l'origine des CFC et quels en sont les effets?
4 Pourquoi les UVB sont-ils dangereux?
5 Qu'est-ce que les scientifiques britanniques ont conclu l'été dernier en Argentine?
6 Quel était le but principal du Protocole de Montréal?
7 Précisez les résultats du Protocole (A) dans l'Ouest et (B) dans les pays en voie de développement.
8 Quel est le seul rayon d'espoir dans ce domaine?
9 Quel autre grand danger écologique est signalé?
10 Quelles en sont les causes?
11 Comment est-ce que la mer a aidé à éviter un relèvement important de la température?
12 Quels problèmes se poseront touchant les plages, les côtes et les villes?
13 Quels changements sont prévus pour les forêts et les déserts? Et pour la pluie?
14 Quels étaient les avis rendus par la commission de Gro Harlem Brundtland?

Vrai ou faux?

1 Les Occidentaux s'intéressent moins à la Bourse qu'aux problèmes écologiques.
2 L'ozone nous protège des rayons ultraviolets.
3 Les CFC sont la cause principale des cancers.
4 Les scientifiques se sont réjouis de leurs découvertes au pôle Sud.
5 Apres Montréal on n'a pas tardé à imposer des contrôles sévères sur les firmes chimiques.
6 Les pays sous-developpés ont été dispensés de ces obligations.
7 On pourrait sans difficulté ralentir l'augmentation des quantités de gaz carbonique dans l'air.
8 Le gaz carbonique exagère l'effet nocif du soleil.
9 La mer nous aide en contrôlant la température.
10 Le tourisme se développera dans le nord de la France.
11 A cause des températures plus élevées on pourra cultiver le blé dans de nouvelles régions septentrionales.
12 Il pleuvra davantage dans le Midi.
13 Les hommes de science ne sont pas à même de combattre avec confiance les problèmes écologiques.
14 La commission récente a encouragé les gouvernements à créer des impôts plus sévères sur les revenus.

Exploitation du texte

Avec un(e) partenaire faites une liste des diverses sources de pollution citées dans ce texte. Quelles autres sources de pollution pouvez-vous ajouter à cette liste?
On parle d'une hausse de température de deux à quatre degrés et on prévoit que le niveau des océans va remonter d'un ou deux mètres au 21e siècle.
Imaginez les effets de ces changements sur votre région ou sur une région que vous connaissez. Présentez vos prévisions à la classe et comparez-les à celles de vos collègues.

DOSSIER 3: La Ville

à la ville comme à la ville

Personnages:
Charles, avocat, 31 ans.
Michèle, sa femme, secrétaire de direction, 29 ans.

(En rentrant à la maison, le vendredi soir, vers six heures et quart.)

Michèle Oh là là, je suis fourbue. Vive le week-end! Les vacances sont à peine passées et je ne tiens déjà plus.

Charles Mon petit, faut pas te laisser mettre les nerfs en boule comme ça. La journée a donc été si dure?

Michèle Ne m'en parle pas. Ça a commencé ce matin, tu sais, je ne prends plus l'autobus, c'est lent comme tout, ces machins-là. Ou tu me déposes en voiture ou alors je demande à François, le nouveau directeur commercial, de venir me prendre. Tu te rends compte que je mets entre trois quarts d'heure et une heure maintenant pour faire huit kilomètres.

Charles Mais, c'est toi qui as voulu que nous allions habiter en banlieue, pour être plus au calme, plus à l'air, tu disais; ça se paie, ça. Moi, je t'avais prévenue: déplacements, temps de perdu, mauvaise humeur . . . . . De toute façon, je préfère te déposer que de te confier à ce vilain François qui t'aime bien, dis donc, pour t'avoir proposé ça, hein?

Michèle Il m'aime bien, il m'aime bien, il est plus galant que toi, c'est tout. Lui, il comprend la situation tragique de la femme, l'abandon quotidien des travailleuses par leur mari.

Charles Ce n'est pas une raison pour vouloir le remplacer. Mais calmons-nous. Veux-tu qu'on déménage? qu'on aille habiter plus près de ton bureau? Dans l'immeuble des Dujardin, sur le même palier, il paraît qu'il y a un appartement de libre à partir de Noël.

Michèle Ah non! Pas au centre: le bruit, les vapeurs d'essence, les embouteillages, les magasins plus chers, merci beaucoup. Ça suffit déjà de devoir y travailler. Et puis en appartement, tu nous vois revenir en appartement, avec les gosses, avec la télé des voisins d'en haut, en bas, le bruit des gens qui se trempent dans leur bain, l'ascenseur qui monte et qui descend tout le temps, non, merci, dis-leur aux Dujardin. (Un moment de silence).
Et puis . . . . . je ne veux pas habiter à côté des Dujardin. Avec eux, il n'y aurait plus de chez soi. Je la connais elle, elle ne travaille pas, elle n'a rien à faire, elle serait sur notre dos à tout bout de champ. Ote-toi cela de la tête, mon petit Charles.
Moi, ce qui me plairait plutôt, tu vois, mon chéri, c'est . . . . . la campagne.

Charles Nous y voilà! Eh bien, je t'arrête tout de suite: nous n'avons pas les sous, mon trésor. Je dis 'njet'.
Et puis, ça n'arrangera rien. La distance jusqu'au bureau est plus grande au contraire et . . . . .

Michèle Oui, mais il y aura de la verdure pour les petits.

Charles Tu sais très bien que pour ça, il y a maman. Elle les prend aussi souvent que tu veux.

Michèle Maman, maman, c'est mon ménage à moi qui compte, tu comprends: toi, Chantal, Jacquot, d'abord; maman, elle passe après.

Charles Si tu le prends sur ce ton-là, inutile de continuer. Qu'est-ce qu'elle t'a donc fait, maman, pour que tu la traites de la sorte?
(Sonnerie du téléphone. C'est le mari qui décroche. Après quelques instants.)

Charles Chérie, c'est les Dujardin qui nous invitent à boire un verre chez eux. Ils disent qu'ils ont la clef de l'appartement d'en face. On y va?

Michèle Tu te crois intelligent, peut-être? Je te reconnais bien là. Tu es comme ta mère. Un vrai coup monté. Eh bien, vous ne m'aurez pas, ah ça non, non et non. Envoie-les au diable.

Charles (Au téléphone) – Tu sais, Jean, Michèle ce soir a une formidable crise de tendresse. Je crois qu'elle veut rester seule avec moi. A plus tard, embrasse bien Gisèle de ma part!

Jean (A l'autre bout de la ligne) – Eh bien, tant pis, bonne soirée, les jeunes.

Vocabulaire

Je suis **fourbu**.
très fatigué (fatigue physique)

J'ai les nerfs en boule.
Je suis très énervé.
un nerf – les nerfs (prononcez: nèr)

Ne nous **mets** pas **les nerfs en boule.**
Ne nous **énerve** pas **comme ça.**
énerver – s'énerver – énervé

Je **ne tiens plus**.
Je **ne résiste plus.**
Mes nerfs vont craquer.

Je **te déposerai**.
Tu viendras en voiture avec moi et je te laisserai descendre où tu voudras.

Je **viendrai te prendre**.
Je serai en voiture. Je viendrai là où tu seras. Tu monteras en voiture.

le **vilain** François!
Le François **agit mal.**
Il fait ce qu'il ne devrait pas faire.

Je n'aime pas **déménager**.
changer de maison, d'appartement
un déménagement – les déménageurs

J'habite dans **un immeuble**.
une construction assez grande, avec plusieurs appartements

Mes amis, les Dujardin habitent **sur le même palier.**
au même étage.
(*Le palier est la petite plate-forme à chaque étage entre deux escaliers.*)

Dans les grandes villes, on respire **les vapeurs d'essence. (la vapeur)**

On est souvent bloqué dans **un embouteillage.**

Les gosses, en appartement, ça fait du bruit.
Les enfants
(langage familier)
un gosse
une gosse

Je me trempe dans mon bain.
Je me mets dans l'eau de
faire trempette (langage familier)

Pourquoi **trempes-tu** ta cravate **dans** ton potage?

Elle serait **sur notre dos.** (familier)
Elle ne nous lâcherait pas.

Il n'y aurait plus de **chez soi.**
Le chez soi, c'est le home; là où l'on habite. L'intimité.

Elle est chez nous **à tout bout de champ.** (familier)
tout le temps

Nous n'avons pas **les sous.** (familier)
l'argent

Ça n'arrangera rien.
Ça n'apportera pas de solution.
un arrangement – s'arranger

C'est **un petit ménage** bien sympathique.
Le mari, la femme (et les enfants).
une ménagère – les travaux ménagers

Pourquoi est-ce que tu **me traites de la sorte?**
agis envers moi de cette façon?

C'est **un coup monté.** (familier)
C'est **une manœuvre préparée d'avance.**

De qui et de quoi s'agit-il?

(après une première, éventuellement une deuxième audition)
1   Qui sont ces deux personnes?
2   A quel moment de la journée se déroule cette scène?
3   Que veut la femme?
4   Que veut le mari?
5   Est-ce que le mari a une solution à proposer? Laquelle?

Reconstitution du dialogue

1   Montrez que la jeune femme est très fatiguée.
2   Quelle est, d'après le mari, la raison de cette grande fatigue?
3   Montrez que les difficultés ont commencé très tôt, ce jour-là.
4   A qui la faute, d'après le mari, et pourquoi?
5   Qui est François? Pourquoi est-il question de lui dans la conversation?
6   Comment le mari suggère-t-il la solution?
7   Quelle est la réaction de la femme? Qu'est-ce qui lui fait peur?
8   En réalité, de quoi rêve-t-elle?
9   Pourquoi le mari n'est-il pas d'accord?
10   Quel est alors l'argument de choc de la femme?
11   Là encore, le mari a une réponse toute prête. Laquelle?
12   Qu'est-ce qui vient interrompre cette discussion?
13   Montrez que le mari avait 'préparé son coup' longtemps à l'avance.
14   Est-ce que Michèle se laisse faire?
15   Comment Charles, le diplomate, présente-t-il les choses à Jean qui est à l'autre bout de la ligne?

Exercices

[1]   *Micro-conversations*
A   Il *t'aime bien*, dis donc, pour t'avoir proposé ça.
B   Il *m'aime bien*, oh, tu sais, il est plus *galant* que toi, voilà tout.

Clés:

A		B	
1	connaître bien	1	gentil
2	comprendre bien	2	serviable
3	apprécier beaucoup	3	généreux
4	considérer comme un frère	4	sympathique
5	juger capable	5	confiant

[2]
A – Il y a *un appartement de libre au centre*.
B – Ah non, pas au *centre*. Merci beaucoup! Ça suffit déjà *de devoir y travailler*.

Clés:

	A		B
1	...Monsieur Dugros qui veut te voir chez toi	1	le voir au bureau
2	...ta mère qui veut dîner à la cuisine	2	de devoir y faire à manger
3	...le chien qui veut s'installer sur le canapé	3	de l'avoir dans le living
4	...Jeanjean qui veut aller au football	4	qu'il aille à la gymnastique
5	...les gosses qui veulent aller au cinéma	5	qu'ils regardent la télé

[3]   *Monsieur Jean*, comment va *Charlotte*? Ça va? Embrassez-la bien de *ma* part.

A		(à adapter)
Madame Denise	Christine	moi
Mademoiselle Jeanine	...frère	moi
Pierre	Raymonde	moi
Monsieur Legrand	...sœur	nous
Jacques	...parents	moi

[4]   *Monsieur le Professeur*, comment va *votre femme*? Ça va? Faites-lui bien *mes* compliments.

A		(à adapter)
Monsieur Durand	votre femme	moi
Madame Delabarre	Monsieur	nous
Serge	Isabelle	moi
Charles	...grands-parents	nous
Jacqueline	...père	moi

Synthèse et réflexion

1   Le fond de la discussion est une alternative (le choix entre deux solutions). Laquelle? Quels arguments plaident pour la première solution, pour la seconde?
2   Où le jeune ménage habite-t-il actuellement?
3   En dehors de ce choix fondamental, la conversation touche à quelques autres aspects du problème de la vie en ville. Lesquels?

4 Certains problèmes de ce couple ne sont liés qu'indirectement au problème de la vie dans la grande ville. Lesquels? Montrez-en le lien avec celui de la ville.

5 Dites en quoi, d'après vous, certains traits de caractère de l'homme et de la femme en général apparaissent dans ce dialogue.

Travail individuel

Tout au cours de ce dossier, au fil des textes et de la documentation que vous réunirez, dressez une liste comprenant les arguments pour et les arguments contre la vie en ville.

Remplissez les blancs:

Michèle a _____ Charles Serreau il y a un peu plus de trois ans et demi maintenant. Elle est l'_____ typique d'une victime de la ville. Elle a beau être _____ de vacances depuis quinze jours, voilà qu'elle est déjà _____, elle ne tient plus, elle a les nerfs en _____. La vie est bien trop dure pour elle.

Et _____, elle et son mari n'habitent pas en ville: ils vivent en _____, avec leurs 'gosses' comme ils disent. Mais voilà, elle préférerait la campagne, le grand air, un jardin à elle et peut-être _____ de travailler. Car c'est ça au fond, le problème. Elle veut _____ la ville dont elle ne peut cependant pas se _____ puisqu'elle y travaille.

Et si elle arrête de travailler, ensemble ils gagneront moins et ne pourront plus s'offrir la campagne. Ça n'arrangerait rien.

Exercices

1 *Modèle*

– Et si on habitait en appartement?
– Ote-toi cela de la tête, je *n'habit**erai*** jamais en appartement!

1 Et si on déménageait?
2 Et si on allait à la campagne?
3 Et si on pouvait s'y habituer, à la ville?
4 Et si on avait un chien? (attention!)
5 Et si on mettait les gosses chez ma mère?
6 Et si on revenait en banlieue?

2 *Modèle*

– Ta voiture est assez grande, je trouve.
– Et *ta voiture à toi* elle n'est pas grande, peut-être?

1 Tes réactions sont bien bizarres, je trouve.
2 Tes amis sont bien ennuyeux, je trouve.
3 Tes habitudes sont bien curieuses, je trouve.
4 Tes nerfs sont bien délicats, je trouve.

3 *Modèle*

– Non, maman, je ne *veux* pas la voir.
– Qu'est-ce qu'elle t'a donc fait pour que tu ne *veuilles* pas la voir?

1 Non, ton copain, je ne *veux* pas l'inviter.
2 Non, Dujardin, je ne *peux* pas l'apprécier.
3 Non, l'autobus, je *refuse* de le prendre.
4 Non, la ville, j'ai *décidé* de la quitter.
5 Non, Gisèle, je ne *vais* pas chez elle.

4 *Modèle*

– Pourquoi tu ne prends pas les autobus? Tu les trouves trop lents?
– Justement, *c'est lent comme tout, ces autobus-là*

1 Pourquoi tu ne crois pas à ces histoires? Tu les trouves trop bêtes?
2 Pourquoi tu n'aimes pas les voitures de ville? Tu les trouves trop petites?
3 Pourquoi tu ne rachètes pas le chien des Durand? Tu le trouves trop méchant?
4 Pourquoi tu ne t'intéresses pas à l'appartement de Gisèle? Tu le trouves trop bruyant?
5 Pourquoi tu n'apprécies pas les Dujardin? Tu trouves ces gens trop ennuyeux?

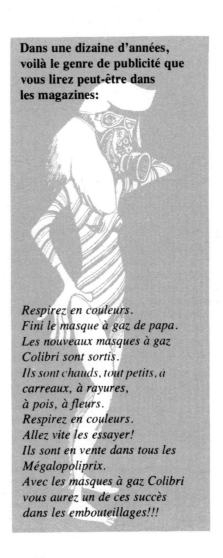

Dans une dizaine d'années, voilà le genre de publicité que vous lirez peut-être dans les magazines:

Respirez en couleurs.
Fini le masque à gaz de papa.
Les nouveaux masques à gaz
Colibri sont sortis.
Ils sont chauds, tout petits, à
carreaux, à rayures,
à pois, à fleurs.
Respirez en couleurs.
Allez vite les essayer!
Ils sont en vente dans tous les
Mégalopoliprix.
Avec les masques à gaz Colibri
vous aurez un de ces succès
dans les embouteillages!!!

PLAIDOYER POUR LA VILLE

Introduction
Bernard Oudin, trente-huit ans, Parisien et heureux de l'être, est l'auteur du livre *Plaidoyer pour la ville*.
Un journaliste l'a interrogé sur la ville.

Le journaliste:
Croyez-vous qu'actuellement il est plus difficile de vivre en ville?

Bernard Oudin:
Il y a bien sûr une crise morale du citadin. On se met à douter de la civilisation urbaine. Or, je crois que la ville est tout le contraire d'un pis-aller. C'est pourquoi je voudrais combattre l'opinion de ceux qui ne voient que peu ou pas d'avantages à vivre en ville.

Le journaliste:
La fuite des habitants vers les banlieues – ce que vous appelez des centres semi-urbains – est-ce que cela signifie que les gens désirent mettre une barrière entre leur travail et leur vie privée et familiale? Il paraît même que cette fuite a souvent l'accord des gouvernements?

Bernard Oudin:
Depuis toujours, les gouvernements ont regardé avec méfiance les concentrations urbaines. Ils préfèrent voir les gens vivre dispersés et encouragent le plus souvent la construction de maisons individuelles. Cependant, l'expérience a montré que la concentration urbaine a facilité la répression. Quant à la séparation des lieux de travail des lieux d'habitation, c'était une bonne idée tant qu'il s'agissait d'activités industrielles. Mais, de nos jours, c'est le secteur tertiaire qui occupe les villes; il me paraît, dès lors, tout à fait ridicule et dangereux de se limiter à des zones d'affaires et d'autres d'habitation. Apporter le travail dans les villes-dortoirs n'est pas une solution non plus: elle encourage la fuite des villes vers les banlieues qui ne cessent de grossir. Une meilleure solution serait de réanimer le centre des villes par des habitations.

Le journaliste:
Vous pensez sans doute au problème de l'automobile?

Bernard Oudin:
Exactement. La séparation habitation-travail n'a cessé de multiplier le nombre des voitures, car davantage de gens se sont vus obligés d'en posséder une. Ce qui a provoqué l'étouffement des villes, bien sûr. Or la ville, avec sa concentration est – peu de gens s'en rendent compte – le paradis du piéton. A condition que les transports en commun soient nombreux, rapides et confortables et qu'il y ait des taxis. L'expansion du parc automobile au contraire apporte la pollution dans les banlieues éloignées qui voulaient réunir les avantages de la ville et de la campagne, mais ne réussissent qu'à en réunir les inconvénients.

Le journaliste:
Vous parlez avec une certaine chaleur des tramways. Ils sont pourtant très critiqués.

Bernard Oudin:
Je crois que le tramway offre de nombreux avantages. On ne peut pas, par exemple, l'accuser d'être polluant. En outre, une rame peut contenir plus de monde qu'un autobus. A Paris, on a d'ailleurs dû introduire les couloirs réservés aux autobus, parce que ceux-ci ne pouvaient plus circuler dans les embouteillages et perdaient tous leurs avantages.

Le journaliste:
Vous écrivez: 'Que la pollution existe est un fait. Qu'elle ait toujours existé en est un autre.'

Bernard Oudin:
Je ne nie pas qu'il y ait un problème de pollution. Ce que je veux dire, c'est qu'on ne peut remettre en cause pour cela la civilisation industrielle. Rappelez-vous les épidémies de peste et de choléra que nous avons connues avant le XXe siècle. C'est à Hong-Kong qu'il faut chercher aujourd'hui des exemples de villes polluées. Mais la situation n'est pas catastrophique chez nous: la moyenne de vie des gens qui vivent dans les villes ne cesse d'augmenter. Je plaide en tout cas pour des solutions qui puissent vraiment garder la ville en vie.

Vocabulaire

L'avocat a fait **un plaidoyer** brillant.

L'homme des villes connaît **une crise morale**.
Je suis **un citadin**.

un exposé pour défendre (dit de l'avocat devant le tribunal)
Il ne se sent pas bien: il doute de son bonheur, de son avenir.
un homme des villes
Contraire: un campagnard.

plaider (verbe)

Les transports **urbains. (urbain – urbaine)** | en ville, de la ville | un urbanisme – un urbaniste – urbaniser
Vivre en ville n'est pas **un pis-aller.** | une solution que l'on prend parce qu'il n'y en a pas d'autres |

C'est **la fuite** des habitants des villes vers les banlieues. | | fuir
J'habite **en banlieue. (la banlieue)** | là où ce n'est plus la ville mais pas encore la campagne | un banlieusard

C'est un centre **semi-urbain.** | pas vraiment urbain; à moitié urbain |
Il me regárde **avec méfiance.** | *Contraire: avec confiance.* | la méfiance – méfiant (adj.) – se méfier de
Les gens vivent **dispersés.** | *Contraire: concentrés* |

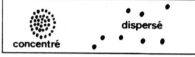

C'était une bonne idée **tant que...** | **aussi longtemps que...** |
Je travaille dans **le secteur tertiaire.** | **le commerce, les transports ou l'administration** (Le secteur primaire: les mines, la pêche et l'agriculture; le secteur secondaire, c'est l'industrie.) |

Il me paraît **dès lors...** | **étant donné ce qui vient d'être dit** |
Dans un appartement on parle de chambres à coucher; dans une caserne, par exemple, de **dortoirs.** | **salle où l'on dort à plusieurs** | un dortoir – dormir
Il faut **réanimer** le centre des villes. | **remettre de la vie, du mouvement dans** | la réanimation
Davantage de gens veulent une voiture. | **Plus** |
Attention: cette solution ne présente pas **d'avantages. (un avantage)** | *Contraire: un inconvénient.* |
On a provoqué **l'étouffement** des villes. (m.) | *On a fait en sorte que les villes manquent d'air et meurent.* | étouffer – étouffant (adj.)

J'habite dans **la banlieue éloignée.**

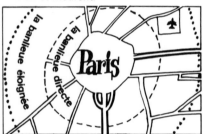

Il parle avec **une certaine chaleur** | **un enthousiasme** |
Une rame de métro | *plusieurs wagons attachés les uns derrière les autres* |

Je suis en retard parce que j'ai été bloqué dans **un embouteillage.** | *une masse de voitures, de camions qui n'avançait plus* |
Je ne nie pas qu'il y ait un problème de pollution. **(nier)** | *Je ne dis pas qu'il n'y a pas de...* |
Je nie qu'il y ait... | **Je dis qu'il n'y a pas de...** |
Il ne faut pas **mettre en cause** notre civilisation. | **accuser** |

...remettre en cause | **accuser à nouveau, s'interroger à nouveau au sujet de** | la remise en cause
La moyenne de vie des gens augmente. | *En mathématiques, j'ai eu d'abord 6. Une seconde fois j'ai eu 8. La moyenne, ce sera donc 7.* |

En gros, qu'est-ce que vous avez retenu?

1 Dans quel camp Bernard Oudin se situe-t-il? Dans celui des «pour» ou des «contre»?
2 Pourquoi l'aspect général de la ville a-t-il changé? Il y a quand même de plus en plus de monde?
3 Pour qui la ville pourrait-elle être un paradis et de quelle façon?
4 Comment Bernard Oudin veut-il résoudre le problème de la circulation en ville?
5 Est-ce que la pollution est un phénomène nouveau?

Voyons de plus près...

1 Est-ce que le citadin est un homme qui se porte bien?
2 Quelle opinion Bernard Oudin veut-il combattre?
3 Dans quel but, d'après le journaliste, le citadin fuirait-il vers les banlieues?
4 Que pensent les gouvernements des concentrations urbaines?
5 Qu'est-ce que l'expérience a prouvé cependant?
6 Quand la séparation des lieux de travail des lieux d'habitation était-elle une bonne idée?

7 Qu'est-ce qui a donc changé? Qu'est-ce qui s'est déplacé?

8 Plutôt que d'apporter le travail dans les villes-dortoirs, qu'est-ce qui serait une meilleure solution? Pourquoi?

9 Quelle est d'après l'auteur la cause du grand nombre de voitures dans les villes?

10 Comment la ville pourrait-elle devenir le paradis du piéton?

11 La banlieue éloignée voulait réunir les avantages de la ville et de la campagne. Qu'est-ce qui est arrivé en réalité?

12 Pourquoi dans le domaine des transports en commun l'auteur préfère-t-il revenir au bon vieux tram?

13 En réalité, la pollution n'est pas un problème nouveau. Expliquez.

14 La ville ne tue pas l'homme. Au contraire, semble nous dire Bernard Oudin. Quel est son argument?

Travaux divers

La vie en ville ou à la campagne
Citez, point par point, ce qui rend la vie en ville de plus en plus difficile. Si vous habitez dans une petite ville, dans un village ou alors vraiment à la campagne, voyez toujours point par point en quoi la situation est différente.

Crise morale?
En observant les citadins dans les rues du centre des grandes villes, voit-on qu'ils connaissent actuellement une crise morale? ont-ils l'air plus ou moins heureux que les campagnards?

Pays riches et pays pauvres
Dans nos pays industrialisés, nous constatons la fuite des habitants des villes vers les banlieues ou même vers la campagne. Dans les pays pauvres, on observe le mouvement inverse: la première ambition est d'aller s'installer dans la grande ville. Comparez et expliquez.

Travail-maison-c'est si loin…
Comment expliquez-vous la séparation des lieux de travail des lieux d'habitation? Et vous-même, êtes-vous pour ou contre?

Où construire? Pas en ville!
Pourquoi les gens qui cherchent à construire ne choisissent-ils plus un terrain en ville? Est-ce uniquement parce qu'ils n'aiment pas la ville?

Travailler-métro-dormir-travailler-métro-dormir-…
Qu'est-ce qu'une ville-dortoir? Comment l'imaginez-vous pendant la journée?

Réanimez les villes!
Comment voyez-vous la réanimation du centre des villes? Quelles fonctions une ville doit-elle remplir?

Une expérience de réanimation
Dans certaines villes, on essaie d'établir des contacts plus fréquents avec la population. On organise des soirées d'information par quartier. C'est en fait la démocratie directe. Parfois même, on crée des Conseils de Jeunes.
Est-ce que vous avez déjà assisté à ce genre de réunions? A quoi peuvent-elles servir selon vous?

Les terribles embouteillages
Il entre chaque matin à Paris des milliers de voitures de banlieusards; ces mêmes voitures repartent tous les soirs et provoquent de terribles embouteillages. Quelles solutions voyez-vous?

(+) + (+) = − (?!?!)
Les banlieues voulaient réunir les avantages de la ville et de la campagne. Quels sont ces avantages? Elles ont réussi à en réunir les inconvénients. Lesquels?

Trams ou pas trams
Prenons le problème des transports en commun. Pourquoi depuis la guerre a-t-on supprimé les trams? Par quoi les a-t-on remplacés? Quel est le résulat?

Et le budget du ménage?
Qu'est-ce qui coûterait plus cher pour un ménage (père, mère et deux enfants), habiter à la ville ou à la campagne? Bien sûr, cela dépend de nombreux facteurs. Imaginez un cas concret et établissez un budget-type.

Exercices

1 *Modèle*
– Ça va le travail? On a la santé, je crois.
– Oui, le travail, *ça va tant qu'on a la santé.*
1 Ça va, les cours de français? Tu es en forme, je crois.
2 Ça va, la voiture? Elle marche bien, je crois.
3 Ça va, la santé? Le cœur est bon, je crois.
4 Ça va, les enfants? Ils vont à l'école, je crois.
5 Ça a été, le camping? Il a fait beau, je crois.
6 Ça a été, le voyage? La route était bonne, je crois.
7 Ça a été, l'examen? Vous étiez en forme, je crois.
8 Ça a été, l'opération? Vous n'avez rien senti, je crois.
9 Ça a été, la réparation? Votre père vous a aidé, je crois.
10 Ça a été, le match? Il n'a pas plu, je crois.

2 *Modèle*
– Tu n'as rien acheté, j'espère.
– Si, *je me suis vu obligé* d'acheter quelque chose.
1 Tu n'as pas répondu, j'espère.
2 Ils n'ont pas transporté le blessé, j'espère.
3 Papa n'y est pas allé, j'espère.
4 Vous n'avez pas refusé, j'espère.
5 Elle n'a pas accepté, j'espère.
6 Ils n'ont pas chanté, j'espère.
7 Tu n'as pas gardé cet argent, j'espère.
8 Elles ne se sont pas levées, j'espère.
9 Vous n'êtes pas restés, j'espère.
10 Tu ne t'es pas rassis(e), j'espère.

3 *Modèle*
– Le père ne voyage pas. Toute sa vie il est resté dans son village.
– Et le fils?

– Le fils est *tout le contraire du* père.
il voyage beaucoup.

1 Les Anglais parlent peu. Et les Italiens?
2 Pierre lit rarement. Et Paul?
3 Moi, j'aime les surboums. Et toi?
4 Nous, nous allons souvent au cinéma. Et vous?
5 Cette voiture-là est très rapide. Et celle-ci?
6 Cette fleur-ci sent très fort. Et celle-là?
7 Le chanteur à gauche chante très bien. Et celui à droite?
8 Toi, tu es très généreux (-se). Et ton frère?

4 Remplacez le verbe par le substantif et adaptez la phrase.
Modèle
– Nous constatons que les habitants des villes *fuient* vers la banlieue.
– Nous constatons *la fuite* des habitants des villes vers la banlieue.

1 Nous avons observé que les lieux d'habitation *se séparent* de plus en plus des lieux de travail.
2 Nous constatons que la séparation habitation-travail *a multiplié* le nombre des voitures.
3 Les gouvernements préfèrent que les habitants *se dispersent* tout autour des villes.
4 Dans de nombreuses capitales on constate que les trams *ont été remplacés* par des bus.
5 Il est certain que depuis la dernière guerre l'aspect du centre des villes *a* énormément *changé*.
6 Les responsables communaux ont souligné dans un rapport que de nombreuses vieilles personnes *étaient isolées* en ville, surtout des femmes.
7 Ils ont ajouté que souvent elles tombaient malades parce qu'elles *s'ennuyaient*.
8 Ils ont terminé en disant que nous ne voyons pas assez les difficultés des citadins parce que nous *connaissons* très mal leurs problèmes.

Une vie de chien?

Avez-vous remarqué que les chiens errants ne courent plus les villes? Car les chiens errants qui ne sont tenus en laisse par aucun propriétaire ont compris qu'on ne pouvait survivre dans ce bain permanent de gaz d'échappement des voitures.

5 *Modèle*
– Monsieur, vous êtes cultivateur. Quand est-ce que vous commencez le travail le matin? (à six heures)
– Je *me mets* à travailler à six heures.

1 Votre fille aînée s'occupe de traire les vaches. (à sept heures)
2 Votre fils sera ingénieur l'année prochaine, je crois. Mais pour le moment il étudie beaucoup. (à huit heures)
3 Votre femme est chargée de faire les comptes tous les matins. (à dix heures)
4 Ce sont vos deux autres filles qui préparent le déjeuner. (à onze heures)
5 Arrêtons cette interview. Regardez ces gros nuages. Ça, c'est bientôt de la pluie. Tenez, voilà...

6 *Modèle*
– On dirait qu'il va pleuvoir. Quand partons-nous? Tout à l'heure?
– Oui, il va pleuvoir. *C'est pourquoi il faut* partir tout à l'heure.

1 On dirait que tu es fatigué. Quand nous arrêtons-nous? Avant la nuit?
2 On dirait que le bébé a faim. Quand lui donne-t-on à manger?
Dans une heure?
3 On dirait que le moteur chauffe. Quand allons-nous rajouter de l'eau? Au prochain village?
4 On dirait un embouteillage. Quand regarde-t-on la carte? Tout de suite?
5 On dirait que le soleil se couche. Quand allons-nous commencer à chercher un terrain de camping? Immédiatement?
6 Cet exercice est ennuyeux. Quand allons-nous cesser? Sans plus attendre?

7 Dites chaque fois le contraire.
Exemple
– Ça c'est une *bonne* idée.
– Non, c'est une *mauvaise* idée.
1 Regardez: ça c'est *un citadin*.
2 J'en *suis sûr*.
3 La population est très *concentrée*.
4 Ce que tu es *méfiant*!
5 *Continuons* le travail.
6 Ferme la fenêtre. *J'ai trop d'air*.
7 Ça, c'est déjà la banlieue *éloignée*.
8 C'est un grand *avantage*.
9 La moyenne de vie des citadins ne cesse de *diminuer*.

Un poème de Michel Quoist
MÉTRO
Psscht... clac...
La porte est fermée
Les couteaux mécaniques ont coupé dans la masse humaine, sur le quai, ce qu'il faut pour faire une portion 'métro'.
Il s'ébranle.
Je ne peux bouger.
Je ne suis plus individu, mais masse,
Une masse qui se déplace en bloc comme un pâté en gelée, dans une boîte un peu grande.

Introduction

*Desmond Morris est né en 1928, en Grande-Bretagne. Il est zoologiste.
Dans son premier best-seller, «Le singe nu», Morris veut démontrer que
l'Homme ne descend pas du singe, non, il est un singe, lui aussi.*

*Malgré toutes ses tentatives pour se civiliser, l'Homme ne peut cacher
ses origines.*

*Dans «Le Zoo humain», paru quelques années après, l'auteur passe à
l'observation de l'Homme en société, et plus spécialement dans son zoo à
lui: la Ville.*

Dans le zoo, l'animal se trouve au
secret ou dans un groupe social
anormalement déformé. Auprès de
lui, dans d'autres cages, il peut voir
ou entendre d'autres animaux, mais
il ne peut établir aucun vrai contact
avec eux. Eh bien, les conditions de la
vie humaine en ville peuvent produire
à peu près les mêmes effets. La
solitude de la vie citadine est une
chose bien connue. Il est facile de
se perdre dans la grande foule
impersonnelle. Dans le village, tous

les voisins sont des amis personnels ou, en mettant les choses au pire, des ennemis personnels; il n'y a pas d'étrangers. Dans une grande ville, bien des gens ne connaissent même pas le nom de leurs voisins. A part l'isolement personnel, il faut compter aussi avec l'entassement physique. Chaque genre d'animal a besoin pour subsister d'un minimum d'espace vital. Dans le zoo animal comme dans le zoo humain, cet espace est fort diminué et cela peut avoir des conséquences graves. Nous considérons la claustrophobie comme une réaction anormale, mais dans une plus ou moins large mesure, tous les citadins en souffrent. On essaie d'y remédier. On sépare certaines parties de la ville pour fournir des espaces découverts: on les appelle des parcs. Le parc citadin est très insuffisant. Il devrait couvrir des milliers de kilomètres carrés pour fournir une surface de liberté assez grande à l'énorme population à laquelle il est destiné. Le mieux qu'on puisse en dire, c'est que ça vaut mieux que rien. La solution qui reste aux citadins avides d'espace, c'est de faire de brèves sorties à la campagne et c'est une activité qu'ils pratiquent avec beaucoup d'enthousiasme. Pare-chocs contre pare-chocs, les automobilistes s'en vont à chaque week-end et pare-chocs contre pare-chocs ils reviennent. Mais peu leur importe, ils ont vagabondé.

Pour le vocabulaire:

à vos dictionnaires.
Ne faites pas tout le travail vous-même. Formez des équipes. Cherchez le sens des mots que vous ne connaissez pas. Faites une phrase dans laquelle vous employez le mot (dans un contexte différent de celui-ci). Echangez le résultat de vos recherches.

Questions générales

1 Quels sont les deux grands problèmes de la vie en ville qui apparaissent dans le texte de Desmond Morris?
2 Quelles solutions les hommes ont-ils trouvées pour remédier à ces problèmes, surtout au dernier?
3 Expliquez l'humour «noir» contenu dans le titre du livre: «Le zoo humain».

Compréhension du texte

1 L'animal de zoo, dans quelles conditions vit-il? Quels sont les problèmes qui se posent aux animaux qui vivent dans un zoo?
2 Pourquoi l'auteur nous parle-t-il d'abord des animaux de zoo?
3 Quel est souvent le paradoxe de la vie en ville? En quoi la situation est-elle différente à la campagne?
4 Quelle est la conséquence de l'entassement physique pour l'homme comme pour l'animal?
5 Que font les hommes pour y remédier?
6 Est-ce que les parcs sont suffisamment grands?
7 Plutôt que de se promener dans les parcs, que font les citadins au week-end?
8 Est-ce que ça ne pose pas de problèmes? Lesquels? Pourquoi y vont-ils quand-même?

Synthèse et réflexion

1 L'auteur compare le zoo animal avec le zoo humain. Développez cette comparaison.
2 Comment vivent les gens dans les immeubles à appartements? Parlez de l'entassement physique, de la place en général, du bruit, des problèmes que cela pose pour les vieillards, les personnes seules, les enfants en bas âge. Parlez aussi des nombreux avantages.
3 Où préféreriez-vous vivre? En appartement? Dans une maison? Pourquoi? Y a-t-il en cela une différence entre l'avis de vos parents et le vôtre?
4 Expliquez le paradoxe de la solitude en ville.

5 Connaissez-vous une personne seule? Que savez-vous d'elle?
6 Vous habitez en ville, vous habitez dans un village, vous habitez à la campagne. Connaissez-vous beaucoup de voisins? Racontez comment vous avez fait leur connaissance.
7 En dehors des habitations, où peut-on encore souffrir de l'entassement physique?
8 Même à la maison, dans les limites de chez vous, vous avez besoin du minimum d'espace vital. Est-ce que vous l'avez? Pouvez-vous vous isoler chez vous de temps en temps?
9 Où plus précisément souffre-t-on de claustrophobie? Connaissez-vous des gens qui en souffrent? Comment avez-vous pu le constater?
10 Est-ce qu'il y a des parcs dans la ville où vous habitez, dans la grande ville que vous connaissez le mieux? Aimez-vous y aller? Qui y voit-on le plus souvent?
11 Est-ce que vous faites parfois des sorties à la campagne, au week-end? Avec qui? En voiture? Où vagabondez-vous? Aimez-vous cela?

Enquête

Avez-vous remarqué que les numéros 3, 6, 8, 10 et 11 forment un début d'enquête sur la vie en ville et à la campagne? Complétez-la par des questions à vous. Laissez quelques-uns d'entre vous rassembler les réponses et conclure.

Que choisissez vous?

En tant que zoologiste, Morris a souvent protesté contre la façon dont sont traités les animaux des zoos. C'est vrai que c'est parfois dramatique.
On lit souvent dans la presse que tel ou tel animal rare est mort dans sa cage ou encore qu'on est arrivé à faire naître, malgré toutes les difficultés auxquelles on s'attendait, un bébé-okapi ou un bébé-koala. Les animaux ne se reproduisent pas volontiers dans les zoos. N'est-ce pas un signe qu'ils y sont malheureux? L'homme, autre animal délicat, lui, s'est construit sa cage de ses propres mains. Volontairement parfois, il s'y enferme au lieu de choisir la liberté. Et vous, que choisissez-vous?

Exercices

1 *Modèle*

– Où vas-tu? Tu veux te promener?
– Oui, je *m'en vais* me *promener.*

1 Où allez-vous, jeune homme? Vous voulez gagner votre vie?

2 Où vont-ils, les étudiants? Ils veulent boire un pot?

3 Où vas-tu? Tu veux demander le chemin à l'agent?

4 Où va-t-on? Faire un tour?

5 Où allez-vous, Monsieur? Vous voulez fumer une cigarette?

6 Où vont-elles, les filles? Elles veulent préparer le dîner?

7 Où vont-ils, vos frères? Ils veulent travailler dans leur chambre?

8 Où vas-tu, Fido? Tu veux chercher mon journal?

---

la ville franglaise

Oh la subtile poésie des jardins où fleurissent des bonbonnes de gaz propane. Ville du car-wash, du driving, du bowling, du sauna, du shopping, ville made in USA, vaste supermarket, ville à vendre, tu as trouvé ton acheteur.

---

2 *Modèle*

– Ça ne vous ennuie pas de rouler pare-chocs contre pare-chocs?
  Au fond, ce que vous voulez, c'est partir.
– *Oui, peu m'importe pourvu que je* pa*rte.*

1 Ça n'ennuie pas vos parents que je vienne après dix heures? Au fond, ce qu'ils veulent, c'est que je vienne.

2 Ça n'ennuie pas ton père, Sophie, que je te téléphone si souvent? Au fond, ce qu'il veut, c'est que tu sois heureuse.

3 Ça ne vous ennuie pas vous deux d'habiter en ville? Au fond, ce que vous voulez, c'est voir le plus de monde possible.

4 Ça n'ennuie pas ta sœur que je garde ses disques aujourd'hui? Au fond, ce qu'elle veut, c'est les avoir demain.

5 Ça ne vous ennuie pas, Monsieur, que j'invite votre fille? Au fond, ce que vous voulez, c'est qu'elle sorte.

6 Ça n'ennuie pas ta voisine que je chante le soir? Au fond, si je me tais à dix heures, elle ne peut rien dire.

3 *Modèle*

– Il y a l'isolement personnel, bien sûr, mais n'oublions surtout pas l'entassement physique.
– *C'est vrai, à part* l'isolement personnel, *il faut compter aussi avec* l'entassement physique.

1 Il y a la poussière, bien sûr, mais n'oublions surtout pas le bruit.

2 Il y a la pollution de l'air, bien sûr, mais n'oublions surtout pas la pollution de l'eau.

3 Il y a la fuite des villes, bien sûr, mais n'oublions surtout pas l'abandon des campagnes.

4 Il y a les hommes, bien sûr, mais n'oublions surtout pas les animaux.

5 Il y a les campagnards, bien sûr, mais n'oublions surtout pas les banlieusards.

6 A la campagne, il y a les mouches bien sûr, mais n'oublions surtout pas les moustiques.

7 En ville, il y a les feux rouges bien sûr, mais n'oublions surtout pas les agents.

8 En banlieue, il y a les villas bien sûr, mais n'oublions surtout pas les HLM.

4 *Modèle*

– arriver – pire – huit heures
  Je ne sais pas quand j'arriverai, *mais en mettant les choses au pire…*à huit heures.
  arriver – mieux – huit heures
  Je ne sais pas quand j'arriverai, *mais en mettant les choses au mieux…*à huit heures.

1 le repas – être prêt – pire – neuf heures

2 le malade – s'endormir – mieux – dix heures

3 l'avion – atterrir – pire – onze heures

4 ton père – être guéri – mieux – semaine prochaine

5 tes parents – comprendre – mieux – dix ans

6 la montre – être réparé – pire – mois prochain

7 la viande – être livré – pire – un quart d'heure

8 ta sœur – savoir les résultats – mieux – trois jours

5 *Modèle*

– Que peuvent faire les citadins avides d'espace? Aller souvent à la campagne?
– *Le mieux qu'ils* puissent *faire, c'est (d')aller souvent à la campagne.*

1 Qu'est-ce que je ferais? Partir tout de suite?

2 Ma femme ne sait pas quoi faire de son chien. Est-ce qu'elle l'emmènerait?

3 Mons fils doit recommencer à étudier. Est-ce qu'il nous accompagnerait?

4 Nous aimons tant la télévision. Mais en vacances, il vaut mieux la laisser à la maison.

5 Et toi, qu'est-ce que tu fais? Tu nous souhaites bon voyage?

6 Dites-le autrement. (Utilisez des mots ou des expressions synonymes.)

1 Ce chapeau *n'a plus la même forme qu'avant.*

2 Allons *à la maison des* grands-parents.

3 Regarde un peu cette *masse* de gens devant l'usine.

4 Tu sais pourquoi j'ai l'air triste? C'est le fait d'être *seul*, loin des autres.

5 Dans les campings en été, on manque souvent *de place pour vivre bien*.

6 Les citadins souffrent de claustrophobie. Il faut *trouver une solution*.

7 Le parc est trop petit lorsqu'on pense à la population *pour laquelle il est fait*.

La ville avale la voiture de travers

JEUDI 2 OCTOBRE 1986

Interdit aux Parisiens». Faut-il placer cette pancarte en lettres phosphorescentes à l'entrée du Salon de l'auto pour éviter à une population déjà sur les nerfs, ce déprimant spectacle: une exposition de machines de rêve dont l'usage sera proscrit à brève échéance par l'inéluctable paralysie de la circulation? *«Pas du tout qu'ils aillent s'acheter des voitures»*, répond le responsable du QG de la circulation parisienne, l'œil fixé sur ses 130 écrans de contrôle. *«Voyez comme c'est fluide».*

Liaisons radio, ordinateurs, caméras de contrôle, permettent de voir par exemple comment les automobilistes qui passent à l'orange et restent plantés au milieu du carrefour provoquent le fameux ralentissement. Les nouveaux «croisillons» peints sur la chaussée pour dissuader les automobilistes d'aller se coincer dans le carrefour ne semblent pas encore avoir d'effet dissuasif.

«Les Parisiens mettent du temps à s'habituer, constatent les experts. *Ils finissent par comprendre au bout de plusieurs années que les couloirs de bus sont réservés aux transports collectifs. Maintenant, grâce à ces couloirs, la rapidité des transports en commun s'est beaucoup améliorée. De même, la fourrière commence à décourager les stationnements gênants ou sur livraison. Il y a plus de voitures qu'avant dans Paris, mais on ne circule pas plus mal.»*

Les responsables se focalisent sur le stationnement sauvage, et l'incriminent comme cause principale de l'embourbement de la capitale. Mais les chiffres, encore, sont incompressibles: chaque soir, 75 000 voitures ne trouvent pas de place de stationnement. Que faire de ces autos? Les jeter à la Seine? Décourager ces automobilistes, répondent les stratèges qui n'envisagent pas de construire de nouveaux parkings au centre, pour ne pas augmenter encore la circulation.

«Faire comprendre aux gens qu'ils ne doivent prendre leur voiture que si cela est vraiment indispensable. Essayer de les faire garer en dehors du centre, dans des parkings sur l'ancienne enceinte de Paris, les murs des Généraux. Développer des parkings autour des gares de banlieue, etc.»

A la différence d'autres pays, aucun responsable ne déclare qu'il veut interdire aux Parisiens d'utiliser leur auto si cela leur fait plaisir. Au contraire, disent-ils, nous voulons qu'ils circulent mieux et plus vite. Pour cela, ils prévoient de développer encore la régulation automatique des feux rouges, le «nettoyage» des axes principaux, les zones de livraison, etc. Les Parisiens peuvent donc aller s'acheter une voiture neuve. Ils devront seulement éviter de s'en servir.

Anette LEVY-WILLARD

Libération **PTC** ©

Avez-vous bien compris?

1 Exprimez autrement les expression suivantes:
   a une population déjà sur les nerfs
   b des machines de rêve
   c à brève échéance
   d pas du tout qu'ils aillent s'acheter des voitures
   e le stationnement sauvage
   f le «nettoyage» des axes principaux

2 Qu'est-ce qui pourrait être «interdit aux Parisiens»?

3 Pourquoi le spectacle y serait-il «déprimant»?

4 Qu'est-ce qui aide les responsables à s'informer de l'état de la circulation parisienne?

5 Comment les automobilistes continuent-ils à causer des problèmes aux carrefours?

6 Qu'est-ce que c'est qu'une «fourrière»? Expliquez la façon dont elle aide à «décourager les stationnements gênants».

7 Comment espère-t-on décourager les automobilistes de pénétrer dans le centre de Paris?

8 L'auteur fait quelle distinction entre la stratégie des autorités à Paris et à l'étranger?

Exercice d'exploitation

Exprimez la signification précise de chacune des phrases suivantes, choisies dans le texte, dans une phrase qui commence par le mot ou les mots fournis.
Exemple
Si cela leur fait plaisir
S'ils...
Réponses possibles (entre autres):
S'ils trouvent du plaisir à le faire
S'ils aiment bien faire cela
S'ils prennent plaisir à le faire

  1 Des machines...dont l'usage sera proscrit. Il sera...
  2 Les nouveaux «croisillons» ne semblent pas encore avoir d'effet dissuasif.
    a L'efficacité des nouveaux «croisillons»...
    b Il ne semble pas...
  3 Il y a plus de voitures qu'avant dans Paris. Autrefois...
  4 Le stationnement sauvage est la cause principale de l'embourbement.
    Ce qui...
  5 Les chiffres sont incompressibles.
    On ne...
  6 Les stratèges n'envisagent pas de construire de nouveaux parkings.
    La construction...
  7 Ils ne doivent prendre leur voiture que si cela est vraiment indispensable.
    Il faut éviter...

jeux interdits

Les enfants des villes vont à l'école 8 mois par an, 30 à 40 heures par semaine. Le reste du temps, ils ne savent où aller. Où donc s'amusent-ils?

Un bloc d'H.L.M., dans le 20e arrondissement à Paris, entouré d'un jardin: trois arbres pourris, quelques buissons, une pelouse malade. Un gardien explique qu'il a certains problèmes avec les enfants: 'Les travailleurs ont droit au repos quand ils rentrent chez eux, mais les gosses ne comprennent pas, ils font du bruit.' Alors, il leur dit d'aller jouer ailleurs. La plupart des H.L.M. ont été construites sans tenir compte des nombreux enfants. Les appartements sont trop petits pour leurs jeux.

A Ménilmontant, des enfants de neuf à douze ans ont cherché à résoudre eux-mêmes le problème. Sous la direction de leur instituteur, ils ont pris l'initiative d'arranger un terrain vague pour venir y jouer au foot. Mais, dès qu'ils ont eu terminé, la ville a fait installer un tas de sable et des bancs. Elle a nommé un gardien chargé de faire respecter le règlement: pas de ballon. 'Il nous a pris deux ballons de 50 F', proteste Pierre, huit ans. 'D'ailleurs, ajoute Gilles, onze ans, c'est même plus un square ici, c'est une porcherie', et il indique des ordures qui ont été abandonnées là.

Stéphane et Eric, dix et onze ans, font toutes les semaines onze stations de métro pour venir faire du patin à roulettes au Palais de Chaillot. Ils habitent le Marais et dans les rares squares qu'ils connaissent près de chez eux, ils ne peuvent pas jouer. Ils sont nombreux, les enfants qui se promènent ainsi tout seuls dans Paris, dès l'âge de huit, neuf ans. Ils emmènent avec eux, des petits frères, des petites sœurs sur lesquels ils sont chargés de veiller, confrontés ainsi très tôt à des responsabilités d'adultes. Karim, dix ans, emmène ses deux petites sœurs, sept et cinq ans, aux Buttes-Chaumont, à une demi-heure à pied de chez lui. Tous les enfants ne sont pas aussi libres et l'éloignement du square ou du jardin public ne leur permet pas de s'y rendre seuls. Il n'y a que sept centimètres carrés d'espaces verts par habitant dans le 2e arrondissement! La moitié des arrondissements de Paris ont moins d'un mètre carré de verdure par habitant. Les pouvoirs publics accordent trop peu d'attention au problème et dans les villes anciennes – et même dans les villes nouvelles – le prix du terrain fait qu'on hésite à le donner aux enfants.

Le 'royaume de l'enfance'? Dans nos villes il ressemble souvent à une prison. On a pensé aux enfants en leur construisant des écoles, l'enseignement est devenu obligatoire et gratuit. Mais on a négligé cette école parallèle qu'est l'école des loisirs. C'est pourtant, vue d'une certain façon, l'école de la vie.

D'après Dominique Jeannel de *Elle*

Examinons la situation à Paris

L'auteur, Dominique Jeannel, a choisi de sensibiliser le lecteur par la technique de l'image. Plutôt que de nous donner un exposé théorique du problème, elle préfère nous présenter d'abord trois tableaux de la vie parisienne d'aujourd'hui, ensuite une conclusion.

1 Quels sont ces trois tableaux? Décrivez-les à votre tour (en regardant le moins possible le texte).
2 Qui porte la responsabilité de cette situation?
3 Montrez que les adultes ont pensé aux enfants, mais qu'ils ont négligé un élément essentiel.

et chez nous

1 Vous qui habitez dans une (grande) ville, procurez-vous un plan de la ville (au bureau de tourisme) et indiquez les espaces verts.
2 Vous qui vivez à la campagne, expliquez ce que vous faites des grands espaces verts tout autour de vous. Si vous ne les aviez pas, est-ce qu'ils vous manqueraient vraiment?
3 Est-ce que vous avez l'impression d'avoir plus (ou moins) besoin d'espaces verts que
 a vos frères et sœurs,
 b vos parents?
 Citez des exemples.
4 Dans votre ville, que font les pouvoirs publics pour les enfants? Connaissez-vous quelques réalisations concrètes?
5 Si vos parents habitaient en ville, étant enfants, demandez-leur où ils jouaient.

Exercices

1 *Modèle*
 – Pourquoi est-ce qu'on hésite à donner ce terrain? A cause du prix?
 – Oui, le prix du terrain *fait qu*'on hésite à le donner.
1 Pourquoi est-ce que les arbres pourrissent? A cause de la pollution?

2 Pourquoi est-ce que le terrain vague ressemble à une porcherie? A cause des ordures?

3 Pourquoi est-ce que, pour aller patiner, Stéphane doit prendre le métro? A cause de l'éloignement?

4 Pourquoi est-ce que les enfants partent seuls? A cause du travail des parents?

5 Pourquoi est-ce qu'il y a très peu de verdure? A cause de la négligence des pouvoirs publics?

6 Pourquoi est-ce que Karim est confronté très tôt à de grandes responsabilités? A cause de la vie moderne?

2 *Modèle*

– Tu me dis que pour aller à Chaillot, il faut onze stations de métro.

– Eh bien, oui, justement, je *fais* onze stations de métro.

A chaque fois, utilisez le verbe *faire* (excepté dans la phrase 5).

1 Tu me dis que pour rouler sur les autoroutes, il faut respecter la limite du 70.

2 Tu me dis que pour être agent de police il faut mesurer au moins 1 mètre 70.

3 Tu me dis que pour faire partie de cette catégorie de boxeurs, il faut peser au moins 80 kilos.

4 Tu me dis que pour être en forme, rien ne vaut mieux qu'une heure de foot tous les dimanches.

5 Tu me dis que pour rentrer en banlieue, le soir, il faut une heure. (*att.:* pour la durée: *mettre*).

---

maladie moderne

Un petit garçon anglais de cinq ans a retrouvé la joie de vivre après que les médecins avaient enfin découvert la mystérieuse et 'moderne' maladie dont il souffrait: le mal de l'altitude dans la tour d'habitation, où il vivait avec ses parents. Peter Ferris ne jouait pas, ne grossissait pas, ne dormait pas la nuit et éprouvait une peur panique pour emprunter l'ascenseur de son immeuble à Brighton. Après avoir longtemps cherché, les médecins ont compris qu'il fallait que Peter et sa famille quittent d'urgence leur appartement au sixième étage d'un grand immeuble. M. et Mme Ferris ont obtenu, en novembre dernier, de la municipalité, un logement au rez-de-chaussée avec jardin et Peter est redevenu un garçon comme les autres. D'autres parents qui habitent les tours de Brighton ont demandé eux aussi à redescendre sur terre, mais la municipalité a jusqu'à présent dit 'non'.

---

3 *Modèle*

– Où vas-tu?

– Je ne sais **où** *aller.*

1 Que fais-tu?

2 Par où pars-tu?

3 Comment les remercieras-tu?

4 A qui le demanderez-vous?

5 Qui préférez-vous?

6 Avec qui vous marierez-vous?

4 *Modèle*

– Où vas-tu?

– Ne t'en fais pas, je sais où aller.

Même stimuli que pour l'exercice précédent.

(Attention: dans la phrase affirmative, que ➔ quoi).

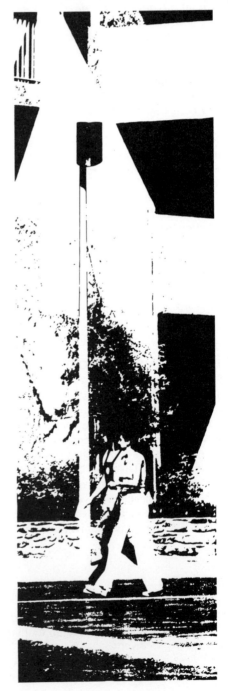

La maison de l'an 2000 est arrivée

En l'an 2000, notre maison fonctionnera "toute seule" grâce aux ordinateurs. C'est ce que nous promettent les spécialistes. Délivrés des tâches ménagères, nous pourrons travailler et nous divertir à domicile. C'est magique et...un peu effrayant.

Huit heures du matin. Madame Martin __A__ dans son lit. Deux fois déjà, le réveil à la voix synthétique lui a intimé l'ordre de se lever. Comme elle n'__B__ pas, le plafonnier s'allume tandis que le store __C__, laissant entrer à flots le soleil. La voix de stentor de son professeur de gym électronique __D__ la chambre: *"On s'étire bien. Recommencez..."*. Lorsque l'odeur du café et des toasts grillés lui __E__ les narines, Mme Martin abdique enfin: allons, cette fois-ci il faut se lever...La même voix synthétique lui __F__ les rendez-vous de la journée: *"dentiste, conseil des parents d'élèves"*. D'habitude elle communique avec les autres parents par claviers et écrans interposés, mais aujourd'hui elle a envie d'avoir une "vraie discussion". Passage dans la "salle de corps" (autrefois, salle de bains). Là, un appareil __G__ au jour le jour poids, tension, rythme cardiaque etc.

Une maison modulable

Il est relié au cabinet d'un médecin qui, à distance, peut établir des "télé-diagnostics". Rien à signaler. Mme Martin, rassurée sur son état de santé __H__ son bureau...pas de transport, elle travaille de son living. Elle __I__ devant l'ordinateur: un terminal multifonctions avec console, écran de contrôle, clavier. Grâce à lui, Mme Martin qui est expert-comptable, peut accéder à tous ses dossiers, demander des suppléments d'information à telle ou telle banque de données etc. Un télécopieur ou une imprimante attachée à l'ordinateur lui __J__ en outre d'échanger documents et photos...à plus de 150 000 km/h!

La vie de Mme Martin n'est pas un scénario de science fiction. Cette maison du futur entièrement informatisée et automatisée existe déjà...A l'état de prototype. Notamment aux USA où une vingtaine de sociétés de travaux publics, de spécialistes de l'isolation et de l'informatique se sont associées pour la construire, à Ahwatukee, en Arizona. Mieux, les industriels, comme l'Américain General Electric et le Japonais Mitsubishi ont, dès à présent des systèmes d'automatisation domestique. *"C'est à Bruxelles en 1979 qu'est sortie de terre la toute première maison de l'an 2000 construite par un scientifique américain de la NASA"* explique Bruno de Latour, président de

l'association pour les maisons du futur (APMF). Pour Bruno de Latour, c'est la révélation. Il crée l'APMF et part en croisade pour les "maisons de demain". *"A moins de quinze ans de l'An 2000, explique-t-il avec fièvre, il est urgent de préparer avec soin l'avenir de l'homme dans son logement. Les nouvelles technologies vont en transformer les données."* Cette maison, le plus souvent en bois, sera démontable car en l'an 2000, on n'hésitera plus à changer de région pour trouver un emploi. Elle sera économique et saura utiliser toutes les formes d'énergies (solaire, éolienne). *"Ce qui est certain, c'est que la dernière décennie sera marquée par l'éclosion de la "domotique"* (du latin domus: maison, et tique: pour informatique) explique Bruno de Latour. Toute notre vie et celle de la maison vont reposer sur la capacité des microprocesseurs. En clair, cela veut dire que l'ordinateur, programmé selon les besoins de chacun, va prendre en charge la gestion et la sécurité de la maison.

L'ordinateur contrôle tout

Grâce à ses yeux perçants, (des cellules photo-électriques) et aux capteurs installés un peu partout dans la maison, il pourra en effet suivre nos moindres faits et gestes. Portier vidéo et contrôle par carte magnétique seront assurés par l'ordinateur. Si le visiteur est suspect, il déclenchera une sonnerie d'alarme et alertera la police. Son numéro de téléphone, comme celui du médecin ou encore des commerçants aura été pré-enregistré. Pas besoin non plus d'extincteur: grâce à des cellules particulièrement sensibles, il repérera instantanément la moindre odeur suspecte ou une élévation anormale de la température. Puis il prendra les mesures qui s'imposent, appelant les pompiers s'il le faut. Fidèle serviteur, une fois programmé, il augmentera ou diminuera le chauffage, éteindra ou allumera les lampes, ordonnera à la machine à laver de se mettre en route à 11 heures et au four de prendre le relais à midi. Et ce n'est pas tout! Il pourra même jouer les nounours en cas de besoin. Faire réciter les leçons des enfants ou leur raconter une histoire. Mais oui, ça aussi, il pourra

le faire...Mais ne vous inquiétez pas: son pouvoir ne sera pas absolu. Grâce au tableau de bord domestique vous pourrez savoir à tout moment ce qui se passe et modifier le programme de base. A moins que tout ce fabuleux système électronique ne tombe en panne... et qu'on ne se retrouve prisonnier de sa propre maison. Les robots domestiques? Bien sûr il y en aura, mais pas autant qu'on le pense. Les machines seront devenues suffisamment intelligentes pour se débrouiller seules. Un exemple: la cuisine. Tous les appareils ménagers auront des "interfaces", c'est-à-dire un système qui leur permettra de communiquer entre eux. La machine à laver, douée de parole, s'arrêtera d'elle-même un moment lorsque le four à micro ondes se mettra en marche, pour que l'installation électrique ne disjoncte pas!

La machine à coudre sera à même de détecter ses propres pannes. Quant à l'aspirateur il aura purement et simplement disparu de notre quotidien, remplacé par des systèmes d'aspiration intégrée, installés sous les planchers. Sécurité, économie de temps, rentabilité maximale et communication, telles seront les règles de base.

Mais nous pourrons aussi être reliés à une multitude de services ou de loisirs. Ainsi pourra-t-on assister, calé dans son fauteuil du salon au spectacle de la maison de la culture de la ville, à la dernière séance de l'Assemblée nationale, au match de foot de l'équipe locale ou encore participer en direct aux grands jeux télévisés. On tapera la réponse sur son clavier et le gagnant apparaîtra immédiatement! Bref, ordinateur et télévision répondront à tout sur...presque tout. Plus besoin non plus d'aller en cours, la télévision s'en charge: elle "livre" leçons et devoirs à domicile. Comme elle "livrera" le travail ou les loisirs. Devenue totalement indispensable, elle règnera en maître dans la maison du futur.

Enfermés dans cette maison dont on n'aura même plus besoin de sortir pour faire son marché (commande par télétel), ni même pour aller consulter son médecin, comment éviterons-nous que ce paradis du confort ne devienne un enfer de solitude?

Agnès Felice

Exercices

1 *Dans les deux premiers paragraphes, remplissez les blancs en utilisant dix verbes, choisis dans la liste ci-dessous:*

chatouille	ordonne
enregistre	permet
envahit	rappelle
s'étire	se relève
gagne	rentre
s'installe	se réveille
obtempère	téléphone
offusque	

2 *Expliquez le sens des locutions suivantes (elles sont soulignées dans le texte):*

1 dès à présent
2 cette maison sera démontable
3 selon les besoins de chacun
4 il pourra suivre nos moindres faits et gestes
5 portier vidéo
6 il prendra les mesures qui s'imposent
7 prendre le relais
8 faire réciter les leçons des enfants
9 se débrouiller seules
10 douée de parole
11 sera à même de...
12 notre quotidien
13 rentabilité maximale
14 plus besoin non plus d'aller en cours

Le Clézio

Jean-Marie-Gustave Le Clézio est né en 1940. Sa véritable carrière débute en 1963 avec *Le Procès-verbal* qui lui vaut un prix littéraire.

Le roman dont nous présentons un extrait, lui, date de 1970.

Pour Le Clézio, la guerre, ce n'est pas seulement le Vietnam, le Moyen-Orient, le fait de se battre avec des armes effroyables comme les bombes au napalm, les missiles, les anti-missiles. Selon lui, la guerre est partout et elle est permanente, avec son vacarme, son mouvement, ses éclairs de lumière.

Et d'abord, la guerre est dans la rue dans la grande ville. Elle nous agresse. L'homme-guerrier et l'homme-victime-de-guerre – parfois le même d'ailleurs – voilà le thème du roman de la Clézio qui commence par ces mots:

'La guerre a commencé. Personne ne sait plus où, ni comment, mais c'est ainsi.'

LA GUERRE

Les terribles bruits de la guerre: dans la rue, devant une sorte de carrefour, les hommes sont arrivés avec leurs machines. Ils se sont installés à l'angle du trottoir, au soleil, et ils creusent.

Sous les pointes de fer des marteaux pneumatiques le sol se défonce, éclate, se répand en poussière. Les machines aux moteurs brûlants tournent à toute vitesse, jettent leurs explosions. L'air comprimé circule dans les tuyaux de caoutchouc, fuse hors des valves avec des sifflements stridents. Les hommes sont pen-chés sur le sol. Ils ont des visages bruns, de larges mains couvertes de cicatrices. Ils ne disent rien. Ils appuient sur les marteaux pneu-matiques, et devant eux, les trous s'ouvrent dans le sol. Le bruit est puissant, il couvre la terre tout entière. Il n'y a pas moyen de lui échapper. Les machines pleines de graisse chaude trépignent sur la chaussée. Ce sont de belles machines peintes en jaune, avec des moteurs qui grondent à l'air libre. Les coups des épieux de métal résonnent dans le sol, montent dans l'air. Le ciel est un couvercle peint en bleu qui presse sur les parois de la ville. Dans les rainures des rues, les voitures roulent doucement, et le bruit de leurs moteurs se mélange au bruit des machines. On ne voit presque plus les silhouettes des hommes. Le bruit oscille dans l'air, pareil à un nuage de moucherons, il se balance de gauche à droite et de haut en bas. Peut-être que la planète est une peau de tambour qui vibre sous les coups incessants. Ou alors peut-être que l'univers n'est qu'une immense oreille, qui n'en finit pas d'écarter les parois de son pavillon et de dévorer les bruits avec son tympan.

Les ondulations circulent à travers l'atmosphère, très vite. Au fond des eaux, le bruit avance encore plus vite, jetant ses ondes jusque dans les abîmes, puis remontant en un éclair jusqu'à la surface.

Il y a quelque part, cachée, une bouche de haut-parleur qui déverse son vacarme. Tout vient de cette bouche, les bruits des moteurs, les rugissements des avions à réaction, les éclats des bombes, les klaxons italiens, les sirènes, les grincements des grues, les raclements des bétonnières, les trains qui passent à 100 kilomètres/heure sur les ponts de fer, les talons des femmes, les cris des oiseaux.

C'est un chantier très vaste, creusé au centre de la ville, entouré d'une palissade de bois. Au fond d'un cratère, les moto-pompes aspirent les lacs de boue et les recrachent avec d'énormes rots. Le long d'une tour de fer monte à coups de piston à vapeur un bloc de métal, une enclume; puis, quand il a atteint le sommet de la tour, la machine lâche les câbles, et le bloc de métal retombe à toute vitesse vers le sol. Et on entend un coup terrible qui ébranle les maisons sur leurs bases, un coup profond et lourd qui retentit jusqu'au fond des vallées.

Les camions démarrent les uns après les autres. Sur leur passage, les vitres tremblent. Les camions ont de larges mufles peints en rouge ou en jaune, des moteurs rugissants, des pneus qui écrasent. Ils roulent sur les routes avec leurs quatre phares allumés, dans un nuage de poussière. Sur leurs portières de métal, il y a des noms écrits en lettres blanches, des noms de guerre:

Cadena, Inox, Magne, ou bien sur leur capot, en lettres de nickel, *Ford, Chevrolet, Chausson, Datsun.* Ils avancent à travers la ville inconnue, sur leurs hautes roues, en changeant tout le temps de vitesse. Parfois, ils freinent pesamment en soufflant de l'air comprimé. Leurs carapaces de tôle étincellent au soleil. Ils transportent

de longues tringles d'acier qui bringuebalent, des monceaux de gravier, quelquefois de gigantesques blocs de roche qui pèsent des dizaines de tonnes.

Le bruit de la guerre se déploie, s'élance. Il va d'un seul coup jusqu'au fond du ciel bleu, il cogne sur la plaque de nuages. Le bruit des marteaux pneumatiques recouvre le carrefour, si fort que les voitures ont l'air d'avancer en silence. Le bruit hurle de toute sa puissance, il gronde à l'intérieur des cavernes de la terre. Le bruit de l'océan aux vagues qui explosent contre les falaises verticales, le bruit de la respiration de la mer qui lance ses millions de mètres cubes à l'assaut des digues et des estuaires.

Le bruit éclate avec tant de violence que soudain plus rien n'est sûr. Les plages, les rivières, les forêts, les pics de montagnes, où sont-ils? La rue de goudron

s'est ouverte, elle s'est répandue comme une piste d'aéroport. Les silhouettes des immeubles se sont enfuies jusqu'à l'horizon, et maintenant, il n'y a plus que ce grand désert gris qui miroite au soleil. Sur cette esplanade roulent de grands avions de fer, aux turbo-réacteurs allumés, qui s'arrachent lentement du sol et montent vers le ciel en poussant des hurlements. Tous les bruits, tous les bruits: on n'en finissait plus de les reconnaître au passage: les sifflements des scooters, les crécelles des vélomoteurs, les grincements des trolley-bus, les grognements des automobiles. Les coups de klaxon, aigus, pîp, pîp, tûûûûûût, ou graves, honk, honk, pwin, rreuh. Les coups de marteau sur le sol, les criaillements des freins, les tambourinements des wagons aux jonctions ferroviaires. L'air est bousculé. Le sol dérape.

Le Clezio

Vocabulaire

Pour vous aider, voici l'explication de quelques-uns des mots moins courants.

un carrefour	là où se croisent deux ou plusieurs rues
se défoncer	de grands trous se forment dans le sol
un tuyau	
un marteau pneumatique	

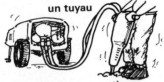

un marteau pneumatique

fuser	s'échapper avec force
strident (adj.)	qui fait mal aux oreilles
une cicatrice	trace qui reste dans la peau après guérison d'une blessure
la graisse	substance jaune, puis noire, mi-liquide, mi-solide qui facilite le frottement de pièces de métal les unes sur les autres
trépigner	en réalité: frapper des pieds par terre nerveusement
un épieu	long bâton de fer pointu
une paroi	un mur
osciller	se balancer
un moucheron	une petite mouche
le pavillon	partie extérieure de l'oreille humaine
le tympan	dans l'oreille, peau tendue qui transmet les vibrations de l'air provoquées par les bruits
un abîme	en montagne: trou énorme et profond
déverser	en réalité: laisser tomber une masse jusqu'à terre. Ex. le camion a déversé une tonne de briques sur le chantier.
le vacarme	très gros bruit insupportable
une grue	

vaste (adj.)	grand en superficie

une palissade	

un rot	air dégagé par l'estomac au début de la digestion
une enclume	

ébranler	faire trembler
un mufle	On appelle ainsi la partie avant de la tête de certains gros animaux comme le lion, le bœuf, etc.
une carapace	sorte d'enveloppe dure qui recouvre certains animaux comme par exemple la tortue
la tôle	feuille de fer ou d'acier utilisée par exemple pour la carrosserie des automobiles
une tringle	longue barre métallique
bringuebaler	bouger en faisant un bruit métallique
un monceau	un gros tas
une caverne	petite grotte
une falaise	

la terre
la falaise **la mer**

lancer à l'assaut de...	lancer à l'attaque de...
un estuaire	

une crécelle	sorte de jouet très bruyant
ferroviaire (adj.)	du chemin de fer
déraper	glisser en s'écartant de la voie normale

Approche du texte

En réalité, ce passage, qui se suffit à lui-même, présente une structure assez caractéristique du mouvement que l'auteur veut imprimer au récit. En effet, le mouvement n'est pas seulement dans ce qu'il décrit (le contenu); il est aussi dans la technique descriptive de l'écrivain (la forme, la langue).

Dans l'extrait que nous vous proposons, précisément, le mouvement descriptif commande la succession des images. A vous maintenant de les retrouver et de les délimiter dans le texte. Première image – élargissement progressif de l'image jusqu'à embrasser l'univers tout entier – puis, rétrécissement de l'image.

Seconde image – centre de l'image – mouvement centrifuge – nouvel élargissement – retour vers le centre – concert de bruits – désagrégation de l'image.

Nous allons maintenant nous rapprocher du texte, tenter d'identifier véritablement l'outil linguistique de Le Clézio.

La guerre, c'est l'agression. L'agression est aussi dans les mots. Cherchons-les. Faisons-en l'inventaire. Il y a ceux qui s'adressent à l'oreille (à l'ouïe): les mots bruyants. D'autres à la vue: le mouvement, la forme agressive des choses. D'autres encore, plus rares, s'adressent à notre sensibilité profonde: mots vibrants qui nous pénètrent tout entiers, qui nous font mal, qui nous écorchent...Autre caractéristique du texte: l'imprécision de la description, l'anonymat des hommes et des choses.

De cette façon, le narrateur, Le Clézio, est pareil à un étranger qui se promène dans la ville en regardant tout mais sans distinguer grand-chose, sans connaître le nom de ce qui l'entoure. Un étranger, pris dans le tourbillon de bruits et de mouvements et qui subit le spectacle effrayant de 'la guerre'.

D'un côté, l'œil de l'écrivain est présent dans la ville, il est avec elle et en elle. De l'autre, et par moments, il semble prendre de la distance, l'observer de haut, et l'image en s'éloignant devient floue.

Mais alors qu'il s'éloigne, il n'arrive cependant pas à se soustraire à l'enveloppe du monde, dans laquelle il reste comme enfermé. Il en reste prisonnier et solitaire.

Pouvez-vous retrouver ces passages dans le texte?

Travail d'équipe

Composez un scénario cinématographique qui brosserait les tableaux de la vie urbaine moderne.
Décidez vous-même de la technique.

Exercices divers

1 Prenez, si possible, cinq ou six journaux français. Collectionnez ce qui s'y rapporte à la vie citadine. Complétez le dossier.
(Problèmes de circulation, de logement, etc. Etablissez des listes de mots se rapportant à chacun de ces domaines.)

2 *Dissertation:* Où préféreriez-vous vivre plus tard? En ville, à la campagne ou en banlieue?

3 *Débat:* Compte tenu de ce qui a été lu et discuté, organisez un débat sur le thème étudié. Répartissez-vous en deux équipes. L'une préparera un dossier pour défendre la ville; l'autre l'accusera et se fera l'avocat de la campagne.
Le travail préparatoire peut s'effectuer en petits groupes. Chaque membre du groupe peut être chargé d'un aspect particulier. Un représentant de chaque équipe, assisté ou non, exposera le résultat des recherches de ses camarades.

4 *Dissertation:* Comportement des citadins à la campagne; des campagnards en ville.

> **Quelle est la différence entre l'homme des villes et l'homme des champs?**
> C'est que l'homme des champs est obligé de vivre par lui-même, pour lui-même. L'homme des villes peut se cacher derrière les autres. Je considère qu'à la campagne on est obligé de vivre, de vivre sa vie, tandis qu'à la ville on peut simplement exister sans vivre.

Une enquête a été menée par le Centre de sociologie de l'université de Toulouse, 216 habitants de Toulouse ont été interrogés sur leurs réactions devant onze images de la ville: onze photographies de rues, de cafés, de grands magasins, d'immeubles. Deux questions: 'Reconnaissez-vous?' et 'Qu'est-ce que vous en pensez?'. Le but de l'enquête: étudier la façon dont les diverses classes sociales réagissent devant les images de la ville. Il s'agit d'abord de deux rues du vieux Toulouse, ensuite de deux avenues de type riche, XIXe siècle: la rue de Rivoli à Paris et la rue très commerciale et très centrale d'Alsace-Lorraine à Toulouse même.

RUES DU VIEUX TOULOUSE: les adjectifs 'petit, étroit, tranquille' reviennent sur toutes les lèvres. Mais, alors que les employés trouvent qu'on s'y sent au chaud, en sécurité, que les cadres apprécient surtout la tranquillité, le calme, la paix, même si l'esthétique ne leur plaît pas tout à fait, les ouvriers sont beaucoup plus critiques. 'C'est toute la pauvreté que je viens de voir là', dit l'un. 'S'y promener, oui. Y vivre? Jamais!' dit encore un autre. Alors que, pour un cadre, le linge pendu aux fenêtres fait penser à la liberté de vivre, les ouvriers y voient plutôt un signe de misère. 'Je préfère encore le grand ensemble', dit l'un d'eux. Pour les cadres, le misérable devient pittoresque: 'Il ne faut pas toucher à cette rue.' Pour les ouvriers, 'il faut la faire disparaître'. Les employés ne se fâcheront pas si 'l'on abat tout ça'. Eventuellement, oui, on pourrait la garder pour les touristes.

La plupart des Toulousains interrogés placent ces rues dans un village de montagne, en haute Provence, ou encore à Alger, en Espagne, en Italie. Quelques-uns seulement ont reconnu des rues de Toulouse. Il y a peu de gens qui connaissent leur ville: l'automobile a horreur des rues étroites.

LA RUE DE RIVOLI: les ouvriers toulousains ne la connaissent pas. Ils parlent de place Saint-Marc à Venise, de Barcelone, d'Alger. Leurs réactions: 'Ça fait riche', 'C'est beau', 'C'est propre', 'On dirait des façades de théâtre'. Et puis cette triste constatation: 'Il y a une architecture; ce n'est pas une cité ouvrière.' Certains employés croient y voir Moscou, Alger ou l'Italie. Leur commentaire: 'C'est XIXe siècle', 'On y dépense de l'argent'. Les cadres toulousains, eux, reconnaissent tous Paris et soulignent l'harmonie, l'intelligence, la majesté de la rue. D'autres trouvent l'ensemble un peu froid, sans vraie vie.

LA RUE D'ALSACE-LORRAINE, A TOULOUSE: les ouvriers, tout en reconnaissant la rue, réagissent de la même manière. 'Ce n'est pas pour nous; ils ont plus d'argent que nous; on y va si on a quelque chose de luxueux à acheter.' Les employés se sentent beaucoup plus chez eux; ils s'y promènent souvent; ils en aiment l'harmonie, les balcons. Peu de commentaires des cadres: cette rue ne leur dit rien, ils la trouvent assez laide même.

A chacun son image-vérité; la ville est d'abord jugée, pour les uns, sur sa dimension fonctionnelle et les critères qui l'accompagnent: hygiène, ordre, modernité; pour les autres, ce qui compte d'abord, c'est l'aspect esthétique et la qualité de la vie: d'un côté le soleil, la lumière, l'air, de l'autre l'Histoire, le passé, l'architecture ancienne et les vieux monuments. Les ouvriers, qui n'ont pu rester à la ville, pensent d'abord à leur logement et aux activités sociales. Les employés ont, pour leur ville, le regard du fils de famille qui se sent bien chez lui, sans pour autant tenir spécialement au passé. Quant aux cadres, ils sont, à leur manière, étrangers à la ville. Ils la rêvent en pensant à l'ancienne douceur de vivre, disparue depuis une génération, disent-ils; la rue est pour eux un spectacle auquel ils ne participent pas.

D'après un article de *l'Express*

Questions générales

1 Quel est le but de l'enquête?
2 Quelles sont les trois classes sociales interrogées?
3 Quels sont les trois types de rues dont on a montré la photo?

Synthèse et réflexion

1 Quelles sont les valeurs auxquelles est attaché chacun de ces trois groupes? Comment expliquez-vous d'aussi grandes différences?
2 Aviez-vous déjà remarqué des attitudes aussi nettes auprès des habitants lorsqu'il s'est agi de transformer le visage d'une rue dans votre ville? Vous-même, quelle est votre attitude? Pensez-vous qu'il soit important de conserver les centres historiques? Les vieilles maisons? Quelles sont les priorités? Est-ce que vous connaissez la politique de votre ville, de votre village dans ce domaine?
3 Connaissez-vous mieux votre ville que la moyenne des personnes interrogées à Toulouse? Pouvez-vous citer les noms de quelques vieilles rues? Où se trouvent les plus vieilles maisons de la ville? Pourriez-vous les situer à partir de photographies?
4 Où préférez-vous vous promener? A la ville, où cela en ville? A la campagne? Pourquoi?

Rédaction

Ma ville idéale

Exercices

1 *Modèle*

– Dans cette rue-ci, vous aimeriez vous y promener. Mais vous y vivriez aussi?
– *M'y promener*...peut-être. *Y vivre*, ça, jamais!

1 Cette cravate-ci, vous aimeriez l'offrir. Mais vous la porteriez vous-même aussi?
2 Cet appartement-ci, vous aimeriez le louer. Mais vous l'achèteriez aussi?
3 Ce garçon-ci, vous aimeriez lui parler. Mais vous le présenteriez à vos parents?
4 Cet alcool-ci, vous y goûteriez bien. Mais vous le boiriez aussi?
5 Cet exercice-ci, vous l'appréciez. Mais le referiez-vous?

2 *Modèle*

– Qu'est-ce que vous pensez de cette rue? Vous n'y voyez pas la richesse?
– Au fond, c'est vrai que *ça fait* riche.

1 Regardez-moi ce boulevard. Vous n'y sentez pas la propreté?
2 Tenez, voici la rue d'Alsace-Lorraine. Vous n'y voyez pas le luxe?

3 Et puis, là, un grand ensemble. Vous n'y voyez pas la modernité?
4 Regardez donc la rue de Rivoli. Vous ne sentez pas cette harmonie?
5 Ça c'est une H.L.M. Vous n'y voyez pas le côté bone marché?
6 Là, c'est plutôt une rue du vieux Toulouse. Vous n'y voyez pas le côté Provence?

3 *Modèle*

– Qu'est-ce que c'est que ça?
Des façades de théâtre?
– Oui, *on dirait* des façades de théâtre, mais en réalité ce n'est pas ça du tout.
(Comment exprimez-vous ça dans votre propre langue? Est-ce qu'il y a une différence avec le français?)

1 Qu'est-ce que c'est que ça? La rue de Rivoli?
2 Qu'est-ce que c'est que ça? Vous n'êtes pas Toulousain(e)?
3 Qu'est-ce que c'est que ça? C'est Moscou?
4 Qu'est-ce que c'est que ça? Un village de montagne?
5 Qu'est-ce que c'est que ça? Vous n'avez pas de culture?

4 *Modèle*

– Je ne comprends pas. Les ouvriers reconnaissent la rue, et pourtant, ils réagissent de la même manière.
– Oui, c'est curieux, *tout en reconnaissant* la rue, les ouvriers réagissent de la même manière.

1 Je ne comprends pas. Les gens sont de Toulouse. Et pourtant, ils ne reconnaissent pas leur ville.
2 Je ne comprends pas. Les rues du vieux Toulouse, les cadres savent qu'on y est au calme. Et pourtant, ils n'iraient pas y habiter.
3 Je ne comprends pas. La rue d'Alsace-Lorraine, les ouvriers y vont pour leurs achats. Et pourtant, ils disent que ce n'est pas pour eux.
4 Je ne comprends pas. Les employés ne veulent pas qu'on touche aux vieux quartiers. Et pourtant, ils restent étrangers à la ville.
5 Je ne comprends pas. Les ouvriers ont le goût de l'architecture. Et pourtant, ils préfèrent les grands ensembles.

DOSSIER 4: La Violence

Qu'elle est sérieuse, la jeunesse d'aujourd'hui!

Micheline, 18 ans, son frère Laurent, 19 ans, et l'ami de celui-ci, Jérôme, 20 ans, regardent la télévision. (On entend l'indicatif du journal télévisé.)

Le speaker:	Mesdames, Mesdemoiselles, Messieurs, bonsoir.
	Une vague de violence semble s'abattre sur le monde: attentat à la bombe contre l'ambassade américaine à Tokyo: un mort et deux blessés; acte de terrorisme sur l'aéroport d'Athènes: quatre morts et sept blessés; heurts violents entre la police et des étudiants gauchistes à Paris; combats acharnés entre les troupes gouvernementales et les rebelles.....
Laurent:	*(se lève brusquement et éteint le poste)* Boucle-la, toi, si tu n'as rien de plus intéressant à nous raconter.
Micheline:	Qu'est-ce qui te prend? Il ne t'a rien fait tout de même, ce speaker?
Laurent:	Si, il me tape sur les nerfs.
Micheline:	Et parce que Monsieur a les nerfs fragiles, nous n'avons plus le droit d'écouter les nouvelles, Jérôme et moi!
Laurent:	On les sait par cœur, les nouvelles. C'est toujours la même chanson: des bombes, des fusillades, des attentats, des manifestations gauchistes. J'en ai plein le dos, moi.
	On dirait que ce monde est plein de fous furieux.
Micheline:	Tu ne te rends donc pas compte qu'il s'agit peut-être de gens qui n'ont pas d'autres moyens de se défendre contre.....
Laurent:	Inutile de continuer, tu sais bien que tes discours politiques, je m'en moque comme de l'an quarante.
Micheline:	Tu ne vois pas plus loin que le bout de ton nez.
Laurent:	Tu entends, Jérôme, des compliments pareils, cette intellectuelle en distribue tous les jours.
Jérôme:	Si tu veux mon avis, je trouve qu'elle a raison.
Laurent:	Bien entendu. Jérôme est toujours galant avec les dames, et tout particulièrement quand il s'agit de ma sœur.
Jérôme:	*(rougissant légèrement)* Laurent, je t'en prie, mêle-toi de ce qui te regarde.
Micheline:	*(un peu rouge également)* Les hommes, ça ne sait jamais se tenir à un sujet. On discutait de la violence et des nerfs délicats de mon grand frère.
Laurent:	J'ai seulement voulu dire que ça ne m'intéressait pas, tout ça.
Jérôme:	Peut-on savoir pourquoi?
Laurent:	Parce que c'est toujours la même rengaine et d'ailleurs c'est dégueulasse.
Micheline:	Ce qui est dégueulasse, ce sont les situations qui provoquent toute cette violence.
Laurent:	Possible, mais qu'on ne vienne pas me casser les pieds avec toutes ces histoires. Moi, je n'y suis pour rien.
Jérôme:	Ce n'est pas si sûr.
Laurent:	Comment, ce n'est pas si sur?
Jérôme:	C'est peut-être justement parce qu'il y a tant de gens comme toi que ces situations ne changent pas.
Laurent:	Alors tu crois que les radotages de Micheline peuvent y changer quoi que ce soit?
Micheline:	*(imitant une phrase de Laurent)* Tu entends Jérôme, des délicatesses pareilles, ce sous-développé en distribue tous les jours.
La mère:	*(entrant)* Toujours en train de se chamailler, ces deux-là. De quoi s'agit-il encore?
Jérôme:	De la violence dans le monde, Madame.
La mère:	Mon Dieu, qu'elle est sérieuse, la jeunesse d'aujourd'hui. Venez plutôt goûter le gâteau que je vous ai préparé.

Vocabulaire

Ecoute! C'est **l'indicatif** du journal télévisé. **(un indicatif)**

le fragment musical qui annonce régulièrement une émission

indiquer
une indication
un index
un indice

Pendant la tempête, **les vagues** atteignent une hauteur de 10 mètres. **(une vague)**

une **vague** de chaleur *(sens figuré)*

phénomène comparable à une vague (par sa puissance, sa progression)

Les terroristes **préparaient un attentat contre** le Premier ministre.

se préparaient à tuer

Cela ne s'est pas passé sans **heurts**. **(le heurt**, prononcez 'œr)

conflits; chocs

(se) heurter

Qu'est-ce qui lui prend?

Qu'a-t-il?

Les combats étaient **acharnés**.

On se battait avec violence, avec rage.

On se battait **avec acharnement**. (m.)

Bouclez vos ceintures svp **(boucler)**

Fermez *(parlant d'une ceinture)*

une boucle

Bouclez-la! (populaire)

Taisez-vous!

Elle **a les nerfs fragiles** (délicats).

Elle perd tout de suite son calme.

nerveux, nerveuse (adj.)

Cela me **tape sur les nerfs**. *(familier)*

rend nerveux

le nerf
la nervosité
énervant (adj.)
l'énervement (m.)

La nuit, on entendait des **fusillades** dans les rues. **(une fusillade)**

plusieurs coups de fusil

fusiller

J'en ai plein le dos, à la fin! *(familier)*

J'en ai assez.

Je **m'en moque comme de l'an quarante**. *(familier)*

Je m'en moque pas mal.
Je ne m'en soucie pas du tout.

C'est toujours **la** même **rengaine**.

chose trop souvent répétée

C'est une action **dégueulasse**. *(vulgaire)*

malpropre *(physique)*
scandaleuse
révoltante *(moral)*

Cela me casse les pieds. *(locution)*

Cela m'ennuie (m'importune).

Son radotage me casse les pieds.

Ses propos incohérents et qui n'ont pas de sens

radoter

Ils s'aiment bien et pourtant ils ne cessent de **se chamailler**. *(familier)*

se disputer *(pour des raisons futiles)*

Avez-vous écouté attentivement?

1 Quels sont les personnages et quelles sont les relations entre eux?
2 A quel moment, Laurent ferme-t-il le téléviseur?
3 Pourquoi le ferme-t-il à ce moment-là?
4 Quel «discours politique» de Micheline est interrompu par Laurent?
5 Quel est l'avis de Jérôme?

PLACE AUX
ACTEURS
Jouez cette scène devant la classe.
Si possible, enregistrez-la sur cassette.

6 Comment Laurent explique-t-il cette solidarité?
7 Que réplique Jérôme quand Laurent déclare qu'il n'y est pour rien, dans toutes ces histoires?
8 Et la mère de Laurent et de Micheline, que pense-t-elle de cette discussion?

Actualité

1 A quoi pensez-vous tout de suite en lisant les mots *guerre* et *violence*?
2 Quelles sont les actions violentes dont on parle en ce moment dans les mass media?
3 Comment ces actions violentes sont-elles justifiées par leurs auteurs?
4 Quelle est votre attitude à l'égard de toutes ces manifestations de violence (plutôt celle de Laurent ou plutôt celle de Micheline)?
Justifiez votre opinion.
5 Que pensez-vous de l'intervention de la mère?

Exercices

1 «*Traduisez*» *la conversation suivante en langage soigné:*
1 J'espère qu'il *la bouclera* bien vite.
2 N'écoute donc pas ces *radotages*.
3 Il *me tape sur les nerfs*.
4 Moi, *je m'en moque comme de l'an quarante*.
5 *J'en ai plein le dos*, à la fin!
6 C'est *dégueulasse*, ce qu'il dit.
7 En tout cas, il *me casse les pieds*.

2 *Modèle:*
   Il déchire son livre.
   Qu'est-ce qui *lui* prend?
1 Nous en avons plein le dos!
2 Je m'en moque! Je m'en moque!
3 Ils ont protesté violemment.
4 Elle a donné sa démission.
5 Nous allons faire la grève du zèle.
6 Je proteste de toutes mes forces.
7 Elles ont quitté la salle.
8 Il s'est mis à crier.

3 *Micro-conversation*
A_1 Qu'il *la boucle* s'il n'a rien de plus intéressant à nous raconter.
B_1 Qu'est-ce qui te prend? Il ne t'a rien fait tout de même.
A_2 Si, il *me tape sur les nerfs*.
B_2 Oh là! là! ce que tu as les nerfs délicats!

Clés:

A_1	A_2
1 ficher le camp	1 j'en ai plein le dos
2 s'en aller	2 il me casse les pieds
3 me ficher la paix	3 il n'arrête pas de radoter
4 me laisser tranquille	4 j'en ai par-dessus la tête
5 aller au diable	5 il me porte sur les nerfs

4 *Micro-conversation*
A_1 Ça *ne m'intéresse pas*, tout ça.
B_1 Et peut-on savoir pourquoi?
A_2 Parce que c'est toujours *la* même *histoire*.
B_2 Et puisque c'est toujours *la* même *histore*, nous n'avons plus le droit d'écouter les nouvelles!

Clés:

A_1	A_2
1 m'embête	1 la chanson
2 me porte sur les nerfs	2 la rengaine
3 m'ennuie	3 le scénario
4 me dégoûte	4 la saloperie
5 me révolte	5 l'hypocrisie (f.)

5 *Bulletin d'informations*
   Complétez.
Une v_____ de violence semble s'a_____ sur le monde: a_____ au plastic contre l'ambassade américaine à Bagdad; acte de t_____ sur l'aéroport de Munich; d_____ d'avion aux Etats-Unis; e_____ d'un industriel français à Montévideo; h_____ violents entre la police et des m_____ gauchistes dans les rues de Paris; prise d'o_____ dans une banque à Cesto; f_____ dans les rues de Belfast; g_____ des transports publics à Londres.

6 *Employez «tout de même» dans votre réplique:*
   Exemples:
   Je ne veux pas sortir avec lui.
C'est *tout de même* un garçon sympathique.
Il t'a *tout de même* invité(e) gentiment.
1 Serge n'a pas mérité cette réponse.
2 Les ouvriers immigrés sont traités injustement.
3 Je n'aime pas les Anglais.
4 Le directeur se sent très fatigué.
5 Il pleut trop pour sortir.
6 Je n'ai plus aucun espoir.
7 La guerre est inévitable.

7 *Modèle:*
   Dès que ce sera fini, je m'en irai.
   Moi, je n'attends pas la fin *pour* m'en aller.
1 Si Jean donne l'exemple, j'essaierai.
2 Si le directeur le permet, je recommencerai.
3 Dès que les autres arriveront, je me mettrai au travail.
4 Si on donne l'ordre, je le ferai.
5 Dès qu'ils seront partis, je rangerai la pièce.
6 Si son papa le permet, je l'inviterai à danser.
7 Dès que ce sera fini, je m'en irai.

8 *Continuez en employant «d'ailleurs».*
   Exemple:
   J'ai regardé l'émission politique, il n'y avait *d'ailleurs* rien d'autre.
1 Je n'ai pas envie d'aller à ce bal,...
2 Je ne vous raconterai pas ma vie,...
3 Sa mère est morte en le mettant au monde,...
4 Je connais bien cet homme,...
5 Je n'ai pas le temps,...
6 Elle a les mêmes goûts que lui,...
7 Ton résultat est fort mauvais,...

TRAVAIL D'ÉQUIPE

Rédigez un journal parlé (réaliste ou fictif), enregistrez-le et faites-le écouter à la classe.
Ecoutez d'abord plusieurs fois le journal parlé en français afin de vous familiariser avec le style.
Enregistrez un journal parlé réel, pour avoir un modèle.

Un Juif n'est pas un homme comme moi

E. IONESCO

'Un Juif n'est pas un homme comme moi, disait le nazi. J'ai le droit de le tuer.' 'Un nègre est un être inférieur; en plus, il me menace, je dois le tuer!' disait le raciste blanc – car, lorsqu'on veut tuer quelqu'un, on doit se déclarer en état de légitime défense. Pour les nègres, en certaines régions africaines, le blanc est l'incarnation du mal, du non humain, du diabolique. Il est à tuer. 'Un bourgeois n'est pas vraiment un homme; ou bien il est un homme mauvais ou dangereux: il est à abattre', disent les petits-penseurs, petits-bourgeois marxistes. Le bourgeois n'est-il pas, selon le marxisme, quelqu'un qui a perdu, en quelque sorte, son humanité? Les chrétiens ont cru qu'ils devaient tuer les païens et les hérétiques: parce qu'ils sont possédés par le Démon, donc déshumanisés. Pour les musulmans fanatiques, les chrétiens, à leur tour, ne sont-ils pas des chiens? Et ainsi de suite. On a l'impression que, de tout temps, les religions, les idéologies, les systèmes de pensée de toutes sortes ont eu pour but unique de donner aux hommes les meilleures raisons de se mépriser réciproquement et de s'entre-tuer.

Notes et Contre-Notes

Vocabulaire

Il a perdu **un être** aimé.

Je **me déclare** content.
(**se déclarer** + *adjectif*)
Je suis **en état de légitime défense.**

Sa mère *était* pour lui **l'incarnation** de la bonté. (f.)
le diable
Le diabolique me fait peur.
On a **abattu** le chien malade. **(abattre)**

Vous **êtes un petit-penseur.**
Il **a perdu son humanité.**
Il **est déshumanisé.**

Il est, **en quelque sorte,** un diable.
les païens

La loi **a pour but d'**aider les gens.
Il **méprise les** hommes.
(mépriser)
Les deux hommes s'étaient **entretués**
(s'entre-tuer)
Les deux hommes s'étaient **tués**
réciproquement

une personne
(un être: ce qui est, ce qui vit)
dis que je suis

On m'attaque; j'ai donc le droit de me défendre.

Elle représentait pour lui la bonté; elle était pour lui la bonté personnifiée.
Satan est le chef des diables.
Ce qui fait penser au diable
tué

Vous *avez des idées étroites.*
Il **n'est plus un homme.**

d'une certaine façon
pour un chrétien: ceux qui ne sont pas chrétiens
sert à; cherche à
ne fait aucun cas des
(contraire: admirer, apprécier, estimer)
s'étaient tués l'un l'autre

une déclaration

le ministre de la Défense nationale
défensif, défensive (adj.)
le **défenseur** des faibles
incarner

un pauvre diable

un abattoir
Le malheur s'abat sur nous.
(s'abattre)

humain (adj.) – inhumain
un humaniste
une œuvre humanitaire (adj.)
humaniser un régime politique

les religions **païennes** (païen, adj.)
le paganisme

le mépris
un individu méprisable (adj.)

Eugène Ionesco (1912)
Surtout connu comme auteur de théâtre. Un des
rénovateurs de théâtre moderne. Ses pièces
originales, «absurdes» expriment les angoisses et les
obsessions de l'auteur, qui est au fond fort pessimiste.
Son théâtre est plutôt un «antithéâtre»: il met en
question le théâtre traditionnel et même le langage
humain.
Quelques œuvres dramatiques:
La Cantatrice chauve
La Leçon
Les Chaises
Rhinocéros
Le roi se meurt
Le piéton de l'air
Jeux de Massacre
Note et Contre-Notes: livre très intéressant, où
l'auteur réfléchit à son art et où il essaie d'expliquer
l'évolution de son œuvre et de ses idées.

Avant la lecture

Discussion
Que pensez-vous
– des Juifs,
– des communistes,
– des bourgeois, des capitalistes,
– des Allemands,
– des Français,
– des Américains,
– des Italiens?

Synthèse

1 A quel raisonnement de base peut-on ramener tous
  ces raisonnements?
2 Quelle cause de violence Ionesco veut-il stigmatiser?
3 Quelle est *exactement* la conclusion de l'auteur?

Réflexion

1 Donnez d'autres exemples du raisonnement dénoncé
  par Ionesco.
2 Etes-vous d'accord avec la conclusion de l'auteur?
  Fondez votre réponse sur des exemples, des faits.

3 Quelle est probablement l'attitude d'Ionesco à l'égard
  des marxistes? Comment le savez-vous?
  (Examinez le texte)
4 Quelles sont les causes de l'antisémitisme et de la
  méfiance à l'égard des Juifs?

Exercices

1 *Qu'est-ce qu'on devrait faire?*
Exemple:
  C'est un homme diabolique.
  On devrait le tuer.
1 C'est un garçon brutal.
2 Cet enfant est malade.
3 Il vient d'arriver un accident grave.
4 Cette voiture est en panne.
5 C'est un programme scandaleux.
6 C'est un homme fanatique.
7 Cet enfant a faim.
8 Ce chien est dangereux.

2 *Compétez la phrase en utilisant un verbe de sens
      réciproque.*
(se haïr, bien s'entendre, s'entr'aider, se faire la guerre,
s'entre-tuer, se mépriser réciproquement, se méfier les
uns des autres, se comprendre, s'aimer, etc.) Variez le
temps verbal.
Exemple:
Roméo et Juliette *s'aimaient* tendrement.
1 Les capitalistes et les prolétaires...
2 Autrefois les chrétiens et les musulmans...
3 Les Blancs et les Noirs...
4 Le chien et le chat...
5 Les enfants et les parents...
6 Autrefois l'Angleterre et la France...
7 Les étudiants et les ouvriers...
8 Thérèse et son mari...

3 *Exemple:*
  Les fanatiques ne sont *plus des hommes*.
  Ils sont *déshumanisés*.
1 Elle a perdu toutes ses illusions. Elle est
  complètement...
2 On lui a enlevé ses armes. Il a été...
3 Il a perdu son honneur. Il se sent...
4 Il avait été privé de son trône. Il avait été... (!)
5 Il a perdu son équilibre mental. C'est un...
6 Il avait perdu tout espoir. Il était...
7 L'oiseau avait perdu toutes ses plumes. Il était
  entièrement... (!)
8 Il n'agit pas par intérêt personnel. C'est un homme...
9 Le village a perdu ses habitants. Il est
  complètement... (!)
10 Elle avait été privée de son héritage. Elle avait été...
11 Il n'obéit pas à ses parents. C'est un enfant... (!)

Rédactions

1 *Je suis entouré de préjugés.*
2 *Mes préjugés à moi*

Albert Camus

les justes

Acte III

*Nous sommes en Russie, vers 1900.
Un groupe de révolutionnaires veut délivrer
la Russie de la tyrannie. L'organisation a
commandé à un de ses membres, Yanek
Kaliayev, de tuer le grand-duc au moment
où celui-ci se rend au théâtre dans sa
calèche.
Mais Kaliayev revient sans avoir exécuté sa
mission.*

*Personnages:
Annenkov: chef de l'organisation
Kaliayev
Stepan
Dora   membres de l'organisation
Voinov*

Kaliayev:	Frères, pardonnez-moi. Je n'ai pas pu.
Dora:	Ce n'est rien.
Annenkov:	Que s'est-il passé?
Dora:	(*à Kaliayev*) Ce n'est rien. Quelquefois, au dernier moment tout s'écroule.
Annenkov:	Mais ce n'est pas possible.
Dora:	Laisse-le. Tu n'es pas le seul, Yanek.
Annenkov:	Yanek, tu as eu peur?
Kaliayev:	Peur, non. Tu n'as pas le droit!
Annenkov:	Alors!
Stepan:	Il y avait des enfants dans la calèche du grand-duc.
Annenkov:	Des enfants?
Stepan:	Oui. Le neveu et la nièce du grand-duc.
Annenkov:	Le grand-duc devait être seul, selon Orlov.
Stepan:	Il y avait aussi la grande-duchesse. Cela faisait trop de monde, je suppose, pour notre poète. Par bonheur, les mouchards n'ont rien vu.
Kaliayev:	Je ne pouvais pas prévoir... Des enfants, des enfants surtout... Je ne les attendais pas. Tout s'est passé trop vite. Ces deux petits visages sérieux et dans ma main, ce poids terrible. C'est sur eux qu'il fallait le lancer. Ainsi tout droit. Oh, non! je n'ai pas pu...
Stepan:	L'Organisation t'avait commandé de tuer le grand-duc.
Kaliayev:	C'est vrai. Mais elle ne m'avait pas demandé d'assassiner des enfants.
Annenkov:	Yanek a raison. Ceci n'était pas prévu.
Stepan:	Il devait obéir.
Annenkov:	Je suis le responsable. Il fallait que tout fût prévu et que personne ne pût hésiter sur ce qu'il y avait à faire. Il faut seulement décider si nous laissons échapper définitivement cette occasion ou si nous ordonnons à Yanek d'attendre la sortie du théâtre. Alexis?
Voinov:	Je ne sais pas. Je crois que j'aurais fait comme Yanek. Mais je ne suis pas sûr de moi. Mes mains tremblent.
Annenkov:	Dora?
Dora:	J'aurais reculé, comme Yanek. Puis-je conseiller aux autres ce que moi-même je ne pourrais faire?

Albert Camus (1913–1960)
Prix Nobel de littérature 1957.
Fils d'un ouvrier agricole, né en
Algérie. Mort dans un accident
de voiture. Homme de théâtre,
philosophe, critique, romancier.
Le point de départ de sa
philosophie est l'impossibilité de
comprendre le monde et la vie,
qui se présentent à Camus
comme absurdes, ainsi que le
mal, qui lui paraît un scandale.
Cela, il l'a exprimé dans *Le
Malentendu* et *Caligula* (théâtre),
L'Etranger (roman) et *Le Mythe
de Sisyphe* (essai). Sa révolte
contre cette absurdité, d'abord
négative, est devenue par la
suite une révolte positive. Camus
a essayé de combattre l'absurde
en donnant une valeur humaine
à chacun de ses actes, en vivant
consciemment et positivement. Il
a exprimé cette vision dans *Les
Justes* (théâtre), *La Peste*
(roman), *L'Homme révolté* essai).
Ces œuvres insistent sur la
révolte positive, sur la valeur de
l'homme et de la solidarité
humaine. Ses derniers livres
(e.a. *La Chute*) expriment un
sentiment d'inquiétude et de
pessimisme. Camus s'est inspiré
des philosophies de l'existence,
tout comme son grand
contemporain Jean-Paul Sartre,
qui a connu une évolution assez
analogue. Il y a pourtant une
opposition profonde entre leurs
conceptions; par exemple: amour
de la nature, goût du bonheur,
dénonciation du stalinisme chez
Camus; horreur de la nature,
sentiment de culpabilité,
sympathie à l'égard du
communisme chez Sartre.

Stepan: Est-ce que vous vous rendez compte de ce que signifie cette décision? Deux mois de terribles dangers courus et évités, deux mois perdus à jamais. Egor arrêté pour rien. Rikov pendu pour rien. Et il faudrait recommencer! Encore de longues semaines de veilles, de ruses, de tension incessante, avant de retrouver l'occasion propice? Etes-vous fous?

Annenkov: Dans deux jours, le grand-duc retournera au théâtre, tu le sais bien.

Stepan: Deux jours où nous risquons d'être pris, tu l'as dit toi-même.

Kaliayev: Je pars.

Dora: Attends! Pourrais-tu, toi, Stepan, les yeux ouverts, tirer à bout portant sur un enfant?

Stepan: Je le pourrais si l'Organisation le commandait.

Dora: Pouquoi fermes-tu les yeux?

Stepan: Moi? J'ai fermé les yeux?

Dora: Oui.

Stepan: Alors, c'était pour mieux imaginer la scène et répondre en connaissance de cause.

Dora: Ouvre les yeux et comprends que l'Organsation perdrait ses pouvoirs et son influence si elle tolérait, un seul moment, que des enfants fussent broyés par nos bombes.

Stepan: Des enfants! Vous n'avez que ce mot à la bouche. Ne comprenez-vous donc rien? Parce que Yanek n'a pas tué ces deux-là, des milliers d'enfant russes mourront de faim pendant des années encore. Avez-vous vu des enfants mourir de faim? Moi, oui. Et la mort par la bombe est un enchantement à côté de cette mort-là. Mais Yanek ne les a pas vus. Il n'a vu que les deux enfants du grand-duc. N'êtes-vous donc pas des hommes? Vivez-vous dans le seul instant? Alors choisissez la charité et guérissez le mal de chaque jour, non la révolution qui veut guérir tous les maux, présents et à venir.

Dora: Yanek accepte de tuer le grand-duc puisque sa mort peut avancer le temps où les enfants russes ne mourront plus de faim. Cela n'est déjà pas facile. Mais la mort des neveux du grand-duc n'empêchera aucun enfant de mourir de faim. Même dans la destruction, il y a un ordre, il y a des limites.

Stepan: Il n'y a pas de limites. La vérité est que vous ne croyez pas à la révolution. Vous n'y croyez pas. Si vous y croyiez totalement, complètement, vous vous reconnaîtriez tous les droits, tous, vous m'entendez. Et si la mort de ces deux enfants vous arrête, c'est que vous n'êtes pas sûrs d'être dans votre droit. Vous ne croyez pas à la révolution.

Kaliayev: Stepan, j'ai accepté de tuer pour renverser le despotisme. Mais derrière ce que tu dis, je vois s'annoncer un despotisme qui, s'il s'installe jamais, fera de moi un assassin alors que j'essaie d'être un justicier.

Stepan: Qu'importe que tu ne sois pas un justicier, si justice est faite, même par des assassins. Toi et moi, ne sommes rien...

Kaliayev: Les hommes ne vivent pas que de justice.

Stepan: Quand on leur vole le pain, de quoi vivraient-ils donc, sinon de justice?

Kaliayev: De justice et d'innocence.

Vocabulaire

Le grand-duc était en **calèche**.
(une calèche)

une voiture élégante tirée par des chevaux

Le mur **s'est écroulé**.
(s'écrouler)

est tombé brusquement
(se dit généralement de constructions)

l'écroulement (m.)
crouler
les croulants (fam.)

Notre plan **s'est écroulé**.
la veille de Noël
des semaines de **veilles**

n'a pas réussi (a échoué)
le jour, le soir avant
travail de nuit

veiller tard
veiller un malade
veiller sur son petit frère

Quelle tension dans ce film!
(la tension)

Quel suspense

tendre un arc
une atmosphère tendue
(tendu, adj.)

Il faut attendre **l'occasion propice**.
(une occasion)
Il a pris son revolver et **a tiré** sur sa femme
à bout portant.

le bon moment

tiré de très près

occasionner un accident
occasionnel, occasionnelle (adj.)

Je ne **tolérer** pas qu'on se moque de moi.
(tolérer)

permets; accepte

tolérant (adj.) intolérant
la tolérance – l'intolérance

Nous **broyons** la nourriture avec *nos dents*.
(broyer)
Cette fête était **un enchantement**.

écrasons *(nous la mettons en tout petits
morceaux)*
une chose magnifique, merveilleuse

La Flûte enchantée (opéra de Mozart)
Enchanté de faire votre connaissance.

Il vit dans le seul instant.
Madame **fait la charité**.
Il **se reconnait** tous les droits.
(se reconnaître des droits)

Il ne pense ni au passé ni à l'avenir.
donne de l'argent aux pauvres
pense qu'il a

charitable
reconnaître
reconnaissable (adj.)
reconnaissant (adj.)

Il a **renversé** son verre.
Il **a renversé le** despotisme.
Il se croit **justicier**.

fait tomber
mis fin au
quelqu'un qui apporte la justice

le renversement
tomber à la renverse
juste (adj.) justement (adv.)
la justice
justifier
la justification

Je fais le mal, **alors que** je voudrais faire le
bien.
Les hommes ne vivent pas **que** de pain.

et pourtant

seulement

Essayons de revivre cette scène

Premier niveau (reconstitution globale)

1 Qu'est-ce que Yanek Kaliayev annonce en entrant?
2 Il y a deux personnages qui réagissent
immédiatement.
Comparez leurs réactions.
3 Quelle est la cause de l'échec de Yanek?
4 Quelle est la réaction à cette explication
– de Stepan
– d'Annenkov?
5 Quelle décision doit être prise alors?
6 Quels sont les avis
– de Voinov,
– de Dora,
– de Stepan?
7 Qu'est-ce que Yanek veut faire?

8 Quelle question terriblement précise est-ce que
Dora pose alors?
A qui? Pourquoi pas à Yanek?
9 Expliquez le double sens que prennent ici les mots:
«fermer les yeux» et «ouvrir les yeux».
10 Pourquoi est-ce que Stepan n'hésiterait pas à tuer
les neveux du grand-duc?
11 Quelle serait la conséquence de cet acte pour
l'Organisation, d'après Dora?
12 Quelle est la question dont on discute à partir de ce
moment-là?
13 Quelle est la réponse à cette nouvelle question.
– de Dora.
– de Stepan? (Qu'est-ce que celui-ci reproche aux
autres?)
14 Quel danger Yanek voit-ils dans les idées de
Stepan? Qu'est-ce qu'il ne veut pas être?

15 De quoi vivent les hommes selon Stepan? Et selon Yanek?

16 Que pourrait signifier «vivre d'innocence»?

Second niveau (l'évolution dramatique)

1 De quelle façon est-ce que *le sujet* de la discussion évolue? Montrez qu'on passe d'un cas concret au plan abstrait et général.

2 Montrez l'évolution dans *l'attitude des personnages:*
 – Dora:
  – A quelle impulsion obéit-elle au début?
  – Comment défend-elle ensuite sa conviction?
 – Annenkov:
  – Quelle attitude expriment toutes ses questions au début?
  – Quelle attitude adopte-t-il ensuite?
 – Yanek:
  – Montrez comment il est tiraillé entre des sentiments contradictoires et comment il voit clair peu à peu.
 – Stepan:
  – Quel effet est-ce que les arguments et les attitudes des autres produisent sur lui?

PLACE AUX ACTEURS

Cinq étudiant(e)s présentent une lecture dialoguée très bien préparée.

Synthèse

A Opposez brièvement les deux points de vue de Stepan et de Yanek et Dora (par écrit).

B Un(e) étudiant(e), se mettant à la place de Yanek ou de Dora, vient exposer le point de vue et les arguments de ce personnage. Un(e) autre étudiant(e) fait de même pour Stepan.

Entraînement à la discussion (par tandems)

Etudiant(e) A						Etudiant(e) B	
Donc, Alors, Ainsi, Comme ça,	vous êtes d'avis, vous êtes convaincu, vous prétendez, vous soutenez, tu es d'avis, etc.	vous, toi,	que	1 Yanek aurait dû jeter la bombe? 2 c'est Stepan qui a raison? 3 la fin justifie les moyens? 4 Yanek et Dora ne croient pas à la révolution? 5 Dora est trop sentimentale? 6 la révolution guérit tous les maux? etc. *au choix de l'étudiant(e)*		Bien sûr, En effet, Certainement, Evidemment, Parfaitement, Absolument. Ah non! Pas du tout! Absolument pas! Dieu non! Pas le moins du monde!	1 puisque l'Organisation le lui avait ordonné. 2 c'est lui le plus courageux. 3 si la fin est très importante. 4 – 5 – 6 – etc. *Trouvez une réponse vous-même.* 1 Personne ne pouvait lui ordonner de tuer des enfants. 2 Tu confonds le courage et la cruauté. 3 C'est un principe tout à fait immoral. 4 – 5 – 6 – etc. *Trouvez une réponse vous-même.*

Discussion

1 A qui donnez-vous raison? A Yanek et Dora ou à Stepan? Pourquoi?

2 Est-ce que Dora est à sa place parmi ces terroristes, à votre avis?

3 Est-ce qu'il y a eu des actes de terrorisme récemment? Lesquels? Comment les jugez-vous?

4 Est-ce que la fin peut justifier les moyens dans certains cas?
Donnez des arguments et des exemples.

Rédaction

Choisissez un des sujets sur lesquels on a discuté. Résumez la discussion et défendez votre point de vue personnel.

PLACE AUX HISTORIENS

Quelques étudiant(e)s recherchent dans une encyclopédie française (par exemple le Grand Larousse) des informations sur les révolutions qui ont fait l'histoire:

– la Révolution française de 1789;

– la Révolution russe de 1917;

– la Révolution cubaine de 1959.

Ils examineront e.a.:

a les causes;

b comment ces révolutions ont eu lieu (figures et événements importants);

c les conséquences.

Ils exposeront à la classe ce qu'ils ont trouvé.

D'autres étudiant(e)s recherchent ce qui s'est passé en France en mai 1968 ou en Europe de l'Est en 1989/90 et quelle a été la signification de ces événements.

«Dans la révolution, il y a deux sortes de gens: ceux qui la font et ceux qui en profitent.»

Napoléon

Exercices

1 *Répondez d'après les exemples suivants:*

a Il y avait des enfants dans la calèche.

– Le grand-duc *devait pourtant* être seul, selon Orlov.

b La grande-duchesse accompagnait son mari.

– Elle *devait pourtant* rester au palais, selon Orlov.

1 Le grand-duc est allé à l'hôtel de ville.

2 Il est parti vers six heures et demie.

3 Il a quitté le palais par une petite porte.

4 La calèche est passée par la rue Ivanovich.

5 Le premier ministre accompagnait le grand-duc.

6 La calèche était suivie de soldats armés.

2 *Inventez une réponse d'après les exemples suivants:*

a De quoi vivraient-ils, sinon de *justice*?

– De *justice* et d'*innocence*.

b Que pouvons-nous faire, sinon *espérer*?

– *Espérer* et *travailler*.

1 De quoi parleraient-ils, sinon du temps?

2 Que pouvons-nous faire, sinon attendre?

3 Quel moyen leur reste, sinon la révolution?

4 Que pourraient-ils faire, sinon jouer aux cartes?

5 Comment atteindre notre but, sinon par la ruse?

6 Comment auraient-ils tout appris, sinon par un espion?

7 Que pouvons-nous faire, sinon nous plaindre?

8 Qu'est-ce qu'on peut faire là, sinon se promener?

3 *Remplacez «avoir lieu» par «se passer»:*

1 Cela n'a pas lieu tous les jours.

2 Quand est-ce que cela a eu lieu?

3 Je ne veux plus que cela ait lieu.

4 Cela n'aurait pas eu lieu si Dora avait été ici.

5 Qu'est-ce qui a eu lieu en 1815?

6 Cela avait lieu chaque année.

7 Cela avait réellement eu lieu.

4 *Remplacez le substantif en italique par le verbe correspondant et adaptez la phrase.*

Exemple:

Vous avez entendu leurs *chants*?

Vous les avez entendus *chanter*?

1 Il lui a imploré son *pardon*.

2 Quels *ordres* vous a-t-il donnés?

3 Il avait eu un mouvement de *recul* presque imperceptible.

4 Vous ne courez vraiment aucun *risque*.

5 Il a d'abord eu un moment d'*hésitation*.

6 Vous n'avez pas encore fait votre *choix*?

7 J'étais presque devenu un *assassin*.

8 Au fond, tout cela a très peu d'*importance*.

Lectures complémentaires

Faut-il repousser toute forme de violence?

Il est certain que des expressions comme 'repousser toute forme de violence', 'refuser la violence d'où qu'elle vienne', sont séduisantes.

Mais en fin de compte, le problème est le suivant: est-il légitime de recourir à la violence lorsqu'il n'existe pas concrètement d'autres moyens d'arrêter la violence et que l'on a des raisons d'espérer que cette intervention donnera des résultats positifs? Doit-on laisser libre cours à celui qui a pris l'initiative de la violence, ou tenter de l'arrêter en employant éventuellement les mêmes armes que lui?

Si par l'élimination de Hitler et de quelques-uns de ses complices, on avait pu espérer mettre fin à l'extermination des Juifs et de tant d'autres innocents, aurait-on dû arrêter, au nom de l'amour, la main du meurtrier?

Amour chrétien et violence révolutionnaire (J. Girardi)

5 Qu'en pensez-vous?

Que répondriez-vous vous-même aux questions posées dans les deux derniers alinéas?

Voici venu le temps des terroristes

Les actions terroristes actuelles exploitent les deux principales caractéristiques des sociétés technologiques: la communication universelle instantanée et la vulnérabilité due au progrès technologique lui-même. Nos sociétés dépendent, pour des secteurs de plus en plus larges de leur existence, d'un petit nombre de centres nerveux complexes, qui s'appellent tours de contrôle, centraux téléphoniques, stations émettrices. Quand Feltrinelli[1] est mort, il s'apprêtait à priver d'électricité toute la ville de Milan (......) Dix minutes plus tard, le monde entier aurait appris que Milan venait d'être plongée dans l'obscurité, toute son industrie, ses hôpitaux, ses transports arrêtés par un seul terroriste. Aucune armée ne pouvait, il y a un siècle, rêver d'obtenir un tel résultat aussi rapidement, aussi économiquement. Ainsi des groupes non représentatifs peuvent devenir aussi puissants, même plus puissants que des peuples entiers.

L'Express (Jean-François Revel)

1 anarchiste italien

Analyse

1 Qu'est-ce que l'auteur entendrait par «sociétés technologiques»?
2 Quelles sont, d'après Jean-François Revel, les deux principales caractéristiques de ces sociétés technologiques?
3 Pourriez-vous donner des exemples frappants de la communication universelle instantanée?
4 Comment est-ce que les actions terroristes exploitent cela?
5 Quel exemple l'auteur donne-t-il? Est-ce que vous en connaissez aussi?
6 Quels dangers est-ce que cela implique pour l'avenir?
7 Est-il possible qu'un petit groupe de terroristes soit *plus puissant* que *tout un peuple*? *Expliquez.*

Rédaction

Le terrorisme, une maladie de notre temps. (Quelles sont les principales formes de terrorisme dont souffre le monde actuel. Comment pourrait-on les combattre?)

terrorisme quotidien
PARIS : LA VIE CONTINUE

« **L**ES courses au supermarché, c'est fini pour le moment. Je préfère par les temps qui courent m'approvisionner chez le petit épicier arabe du coin. C'est plus cher, mais moins risqué. . .»: Cette ménagère parisienne du 14e arrondissement ne veut pas mourir pour un paquet de nouilles.

Comme elle, des milliers de Parisiens, depuis la sanglante vague d'attentats dans la capitale, ont fait quelques petites entorses à leurs habitudes quotidiennes. Mais la vie continue et après six actions terroristes qui ont fait depuis le 4 septembre huit morts et 165 blessés, les terroristes ne sont pas parvenus à faire craindre à la population de la capitale qu'à tout instant le ciel ne lui tombe sur la tête. Par contre, ils ont su développer chez elle un réflexe pointu de vigilance et un profond esprit de solidarité. Les Parisiens, sans affolement, se sont adaptés aux nouvelles contraintes de la stratégie de tension entretenue par les poseurs de bombes.

Dans cette situation sans précédent depuis la fin de la guerre d'Algérie et son cortège d'attentats de l'OAS, les Parisiens ont accueilli favorablement, comprennent et approuvent, l'exceptionnelle mobilisation policière dans les rues de la capitale.

Chacun se plie avec bonne volonté à leurs contrôles, montre sans trop rechigner le contenu de son sac ou de sa valise, à l'entrée d'un grand magasin, dans une rame de métro ou dans une queue de cinéma.

Les policiers ont d'ailleurs fort à faire. Quotidiennement, ils doivent répondre à des centaines d'appels de particuliers, signalant ici ou là, une voiture suspecte, un paquet abandonné sur la voie ou dans un lieu public, un sac ou une valise sans propriétaire dans le hall d'une gare ou d'un aéroport. Le laboratoire central de la préfecture de police ne compte plus ses interventions.

Vigilance dans le métro

Les alertes à la bombe dans les écoles, les lycées, les bureaux, qui sont souvent l'œuvre de mauvais plaisants, se multiplient, et elles provoquent chaque fois l'évacuation des locaux concernés. Pourtant, aux heures de pointe, on est toujours aussi serré dans le métro ou dans le RER, malgré les deux attentats manqués qui y ont été commis.

Là, reconnaissent les policiers, il n'y a que la vigilance des voyageurs qui peut mettre en échec un poseur de bombe. On ne peut pas mettre un gardien de la paix dans chaque voiture. Alors chacun s'observe et celui qui pose un peu loin de son siège un quelconque bagage est souvent rappelé à l'ordre.

Même si l'on ne possède pas de chiffres sur la baisse de la fréquentation des grandes surfaces, que leurs directions sont peu enclines à donner, celle-ci s'est ressentie pour les grands établissements cotés en bourse comme le BHV ou le Printemps.

Et puis Paris reste envers et contre tout la ville des noctambules. Si les cinémas ont enregistré une baisse des fréquentations, notamment le soir des attentats, les salles où sont projetés les derniers films à l'affiche restent pleines. Les grands restaurants, les brasseries, les cafés nourrissent et abreuvent toujours des centaines de milliers de Parisiens chaque soir, et les cars de touristes n'ont pas cessé de converger, la nuit venue, vers les hauts lieux du «gai Paris».

Toutefois, si la vague d'attentats devait se poursuivre, cet aspect de la vie parisienne en pâtirait certainement. Déjà, l'une des plus importantes agences danoises de voyages organisés à l'étranger, la société Tjaereborg, a décidé d'annuler tous ses séjours prévus à Paris fin septembre et durant tout le mois d'octobre.

Nord-Eclair/20-9-86

Avez vous bien compris?

Les expressions ci-dessous sont des synonymes d'expressions que vous trouverez dans le texte. A vous de relever les locutions originales.

1 en l'état actuel des choses
2 se fournir de produits alimentaires
3 un rien, très peu
4 ont changé légèrement
5 en revanche
6 se sont conformés
7 suite d'actes d'agression
8 accepte de bonne grâce
9 témoigner de la mauvaise humeur
10 chaque jour
11 deviennent de plus en plus nombreux
12 moment de la journée ou le nombre de voyageurs et de voitures est le plus élevé
13 faire échouer
14 les hypermarchés
15 n'ont pas envie de
16 en dépit de tout
17 ceux qui se divertissent la nuit
18 moins de billets d'entrée vendus aux cinémas
19 donnent à boire
20 subirait des conséquences pénibles

Répondez aux questions suivantes.

1 On nous dit que les Parisiens, face aux attentats terroristes, ont coopéré avec bonne volonté avec la police. Donnez deux exemples de cette attitude.
2 Quels sont les problèmes posés par le métro et comment peut-on essayer de les résoudre?
3 Quelle différence a-t-on notée dans les grands magasins comme Printemps? Comment est-ce que cela s'est fait sentir?
4 Qu'est-ce qui risque d'arriver si la vague de terrorisme continue?

Un splendide coup de filet

Action directe enfin décapitée...

● *Les quatre chefs historiques de l'organisation terroriste – Jean-Marc Rouillan, Nathalie Menigon, Joëlle Aubron et Georges Cipriani – se cachaient dans une ferme de Sologne.*

● *Les policiers les y ont surpris samedi soir et capturés.*

● *Les tueurs préparaient de nouveaux assassinats et enlèvements.*

La police a réussi un coup de filet exemplaire, en arrêtant samedi, dans une ferme de Vitry-aux-Loges (Loiret), les quatre chefs historiques d'Action directe, décapitant du même coup le terrorisme français.
● Nathalie Menigon, Jean-Marc Rouillan, Joëlle Aubron et Georges Cipriani ont été interpellés par les policiers d'élite du R.A.I.D. sans qu'un seul coup de feu ait été échangé.

● Plusieurs informations parvenues aux Renseignements généraux ont permis aux enquêteurs de localiser les terroristes dans cette ferme de Sologne, où ils vivaient depuis plus d'un an.
● Des documents saisis indiquent que les tueurs d'Action directe préparaient une série de meurtres et s'apprêtaient à enlever une personnalité qu'ils voulaient échanger contre Régis Schleicher, détenu pour le meurtre de deux policiers, avenue Trudaine à Paris.
● Les preuves de la culpabilité des terroristes arrêtés dans l'assassinat du P.-D.G. de Renault, Georges Besse, ont été découvertes dans la cache des terroristes.
● L'ensemble de la classe politique a salué unanimement cette action de la police française.

JOELLE AUBRON: DE NEUILLY A LA CLANDESTINITÉ

SES origines sociales sont à l'opposé de celles de Nathalie Ménigon... Joëlle Aubron, ving-sept ans, fille d'ingénieur, vient d'une famille très bourgeoise de Neuilly. Très mince, 1.68 m, le plus souvent vêtue d'un blouson de cuir et d'un jean, elle vit une enfance choyée et sans histoire avant de fréquenter vers dix-sept ans les «autonomes» et de vivre dans des squats à partir de 1981. Inconnue de la police, Joëlle Aubron «bascule» pour la première fois le 9 avril 1982.

Ce jour-là, on l'arrête en compagnie d'un militant d'Action directe, Mohand Hamami alors qu'ils pénètrent dans un box de la rue Borégo dans le XXe, box où l'on découvre de nombreux documents d'Action directe et un important stock d'armes.

Condamnée à quatre ans de prison, dont deux avec sursis alors que Hamami est relaxé, elle épouse en détention Régis Schleicher, autre dirigeant «historique» d'A.D. Libérée en janvier 1984.

GEORGES CIPRIANI: LE GARDE DU CORPS DE ROUILLAN

POUR les policiers spécialistes de la lutte antiterroriste, Georges Cipriani passe pour un des militants du noyau dur des Cellules communistes combattantes (C.C.C.).

Né à Tunis voilà trente-cinq ans, il se rend en France après des études secondaires et fait la connaissance, après mai 68, de Jean-Marc Rouillan.

Les deux hommes se lient très vite d'amitié et se lancent ensemble dans l'action terroriste. Cipriani connaissait également les dirigeants de la branche lyonnaise d'Action directe, André Ollivier, arrêté le 28 mars à Lyon, et Max Frérot, l'artificier du groupe, toujours en fuite.

Dans les derniers mois de leurs activités, Georges Cipriani jouait auprès de Rouillan le rôle de garde du corps. Prêt à coup sûr à se faire tuer pour lui, mais samedi il n'en a pas eu l'occasion...

NATHALIE MENIGON: LA PASIONARIA HISTORIQUE

LA compagne et égérie de Jean-Marc Rouillan, Nathalie Ménigon, ne semble pas particulièrement prédestinée au terrorisme et aux actions sanglantes: née en 1957 à Enghien-les-Bains dans une modeste famille d'ouvriers, c'est une jeune et jolie fille aux cheveux châtains, appliquée à ses études. Survient mai 1968. Crise d'adolescence, révolte... La rencontre, déterminante à vingt ans, avec Jean-Marc.

Intellectuelle de gauche et fichée pour toxicomanie à la brigade des stupéfiants, Nathalie suit Jean-Marc dans leur cycle des hold-up et des attentats qui feront l'histoire d'Action directe.

Celle qu'on a surnommée la tueuse aux doigts de fée aimait beaucoup la vie à la campagne et les bêtes. Elle s'occupait de deux chèvres et de six hamsters. Mais c'est avec une certaine perversion qu'elle se plaisait à donner à ronger à ses hamsters des morceaux de la serviette en cuir de Georges Besse, le P.-D.G. assassiné.

JEAN-MARC ROUILLAN: «JE FINIRAI COMME MESRINE»

JEAN-MARC ROUILLAN, né à Auch (Gers) le 30 août 1952, fils d'instituteur, entre dans le terrorisme en 1973 comme d'autres entrent en religion. Une vocation née de l'adoration d'un «dieu» garroté à mort en Espagne, Pulg Antich, chantre de l'antifranquisme. C'est alors que Rouillan crée en France les Gari (Groupes d'action révolutionnaire international-iste), participe à divers attentats et fonde en 1979 Action directe, se définissant comme communiste révolutionnaire, entrant dans une sorte de délire idéologique: «Ce qu'il faut c'est développer l'affrontement de classe par la lutte anti-impérialiste.»

Dès lors avec sa compagne Nathalie Ménigon, il signe une vingtaine d'attentats à l'explosif et à la mitraillette. Ils ont tous les deux le terrorisme dans la peau. «On bousillera cette société pourrie», répétait Rouillan en ajoutant: «J'en suis sûr et je m'en moque, je finirai comme Mesrine.»

J.-M.F. Figaro

Avez-vous bien compris?

Répondez aux questions suivantes:

1 En quel sens le coup de filet de la police était-il «splendide» et «exemplaire»?
2 Depuis quand les terroristes habitaient-ils la ferme de Sologne?
3 Pourquoi l'assaut policier était-il fort opportun?
4 Remplissez les cases, autant que possible, avec les détails convenables:
5 Qui, à votre avis, est le/la terroriste le/la plus inattendu(e) des quatre? Pourquoi?
6 Pourquoi la date «mai 68» semble-t-elle jouer un rôle important dans la vie de ces terroristes?
7 La police connaît déjà les deux femmes. Comment?

	Rouillan	Cipriani	Menigon	Aubron
Prénom				
Date de naissance				
Né à				
Profession de père				
Casier/rôle terroriste				

19 h 55 : LES HOMMES DU RAID DONNENT L'ASSAUT

DES alertes, il y en a tous les soirs à la ferme. Tous les soirs, Rouillan croit entendre un bruit suspect. Il sort sur le pas de la porte pendant que Ménigon se rue sur les armes. Et dehors, il n'y a jamais personne. Mais, ce samedi soir, l'heure n'est plus à la parano. Aubron et Cipriani sont arrivés. On fraternise autour d'une bouteille. Dans quelques minutes, on va étudier ensemble la prochaine cible. Choisir la personnalité du monde des affaires, de la politique ou de l'armée qui sera enlevée et jugée par le «tribunal populaire», dans la pièce numéro 6 de la ferme transformée en prétoire. Pour l'heure, on mange, on boit, on plaisante dans la cuisine.

A 20 h 55, c'est l'assaut! En un éclair, toutes les portes ont sauté, toutes les fenêtres ont volé en éclats. Cinq hommes, puis dix, puis quinze sont là, armes au poing. Cipriani tente quelque chose, il est ceinturé aussitôt. Rouillan tient encore sa fourchette à la main. Une rafale de mitraillette lui prouve qu'il n'y a rien à faire. Il se rend et les autres aussi.

Une opération nette et sans bavure. Le plus joli coup antiterroriste de ces dernières années. Quelques heures plus tôt, le patron des R.G. (renseignements généraux) a prévenu le patron

Les inspecteurs des renseignements généraux, déguisés en postiers, paysans et agents d'E.D.F., avaient identifié les Bonnie and Clyde du terrorisme français.

du R.A.I.D., Ange Mancini. Ce dernier part d'un énorme éclat de rire, malgré la douleur fulgurante aux épaules: fracturées dans un accident de ski. Il rejoint ses hommes au château de Blèvres. Une trentaine d'entre eux enfilent leur tenue de combat, vérifient le fonctionnement des armes, sautent dans les voitures, C'est parti!

Pour les inspecteurs des R.G., c'est parti depuis quarante-huit heures. Au nombre d'une douzaine, ils sont venus grossir le village proche de la ferme, Vitry-aux-Loges. Et, depuis, ils «filochent» Ménigon et Rouillan, les Bonnie and Clyde du terrorisme. Pas facile. . . La ferme est un vrai bunker qu'il est impossible d'approcher — en rase campagne — sans se faire repérer. Alors, il faut ruser et voilà les inspecteurs déguisés en paysans, postiers au volant de camionnettes jaunes, agents E.D.F. perchés sur des pylônes et armés de jumelles.

Au début, ils n'ont aucune certi-

tude. L'homme qui serait Rouillan est plus gros que son signalement ne l'indique et porte une barbichette ridicule. Ménigon a les cheveux teints Mais les témoignages deviennent plus précis et des détails agissent comme des révélateurs: d'abord, l'homme a le visage grêlé comme Rouillan. C'est bien lui. Ensuite, la femme a une occupation bizarre: «Elle élève des rats dans la cour, quelle horreur!» affirme une fermière du voisinage. Or Ménigon s'est prise de passion pour les hamsters. Les inspecteurs des R.G. font le rapprochement. C'est bien elle.

Samedi soir, 19 heures: Georges Cipriani et Joëlle Aubron arrivent à la ferme dans une Peugeot 205 immatriculée en Belgique. Une heure et cinquante-cinq minutes plus tard, c'est l'assaut. La patience a payé. L'effet de surprise a joué à plein.

J.M.
Figaro

Exercice

Exprimez autrement les expressions soulignées dans le texte:

1 se rue sur
2 à la parano
3 on fraternise
4 la prochaine cible
5 transformée en prétoire
6 pour l'heure
7 en un éclair
8 ont volé en éclats
9 armes au poing
10 aussitôt
11 une rafale
12 sans bavure
13 part d'un énorme éclat de rire
14 filochent
15 en rase campagne
16 repérer
17 au volant de
18 le visage grêlé
19 font le rapprochement
20 a joué à plein

HELDER CAMARA spirale de violence

Regardez de près les injustices dans les pays sous-développés, dans les pays développés, dans les relations entre le monde développé et le monde sous-développé. Vous constaterez que, partout, les injustices sont une violence. Et on peut, et on doit dire qu'elles sont partout la première de toutes les violences: la violence n° 1.

L'egoïsme de quelques groupes privilégiés amène des multitudes d'êtres humains à une condition sous-humaine, où ils subissent contraintes, humiliations, injustices; vivant sans perspectives, sans espoir, leur condition est celle des esclaves.

Cette violence installée, cette violence n° 1, attire la violence n° 2: la révolte de la jeunesse, bien résolue à se battre pour un monde plus juste et plus humain.

La jeunesse n'a plus la patience d'attendre que les privilégiés se débarrassent de leurs privilèges.

La jeunesse voit les gouvernements, très souvent, trop liés aux classes privilégiées.

La jeunesse perd confiance dans les Eglises, qui affirment de beaux principes – de grands textes, de remarquables conclusions – mais sans jamais se décider, du moins jusqu'à présent, à les faire passer dans la vie réelle.

La jeunesse, alors, se tourne toujours plus vers la radicalisation et la violence.

Et la répression arrive. . . . .

Quand la contestation descend dans la rue, quand la violence n° 2 tâche de faire face à la violence n° 1, les autorités se jugent dans l'obligation de sauver l'ordre public ou de le rétablir, même s'il faut employer des moyens forts: c'est la violence n° 3. Quelquefois, elles arrivent à aller plus loin et il y a même une tendance dans cette direction: pour obtenir des informations, peut-être décisives pour la sécurité publique, la logique de la violence amène à utiliser des tortures morales et physiques.

C'est la vieille Inquisition, ayant à son service la technologie de l'ère nucléaire.

Vocabulaire

Ils **subissent des** injustices.
(**subir**, *comme finir*)
Ils subissent **des contraintes.**
(**une contrainte**)
la condition humaine
Ils vivent dans **une condition sous-
    humaine.**

C'est un peuple **opprimé.**
(**opprimer**)
J'ai **résolu** ce problème.
(**résoudre**)
Je **suis résolu** à me battre.
(**être résolu à**)
Je veux me débarrasser de cette voiture.
(**se débarrasser de**)
Il **affirme** de beaux principes.
(**affirmer**)
Je vous **affirme** que je l'ai vu.
Ils ont tiré **de remarquables** conclusions.

La jeunesse **se tourne vers la radicalisation.**

Il **se juge dans l'obligation** d'intervenir.

La police **a rétabli l'ordre.**
(**rétablir**)
Il est **en sécurité.**
(**la sécurité**)
Une ère nouvelle a commencé.
Nous vivons à l'ère **nucléaire.**
une réaction **nucléaire**

l'Inquisition (f.)

sont l'objet d'

*Ils subissent des violences; on ne respecte
    pas leur liberté.
la situation où se trouve l'homme
Ils ne peuvent pas vivre comme des
    hommes.*

tyrannisé

trouvé la solution de, la réponse à

veux absolument; suis décidé à

Je ne veux plus de

exprime

assure
d'excellentes

**devient radicale (veut aller jusqu'au
    bout)**
croit qu'il est obligé

a mis fin au désordre

Contraire: il est en danger

un temps; une époque
qui se rapporte au noyau de l'atome

*tribunal de l'Eglise, au Moyen Age et
    jusqu'au 18ème siècle. Consultez une
    encyclopédie.*

contraindre

les **conditions** d'un contrat
conditionner
l'air conditionné
l'oppression (f.)
un oppresseur
une résolution
les résolutions de l'O.N.U.
résolument (adv.)

un débarras

affirmatif, affirmative (adj.)
une affirmation

remarquer
une remarque

obliger
obligatoire (adj.)
établir
un établissement
l'insécurité (f.)

l'ère chrétienne

Travail individuel (par écrit)

Après une lecture attentive, vous résumerez brièvement la théorie de Dom Camara, sans regarder le texte.

«Entretien» avec «Helder Camara»

Un étudiant jouera le rôle de Helder Camara. Un autre lui posera des questions (bien préparées!) sur sa théorie. On s'en tiendra évidemment au contenu du texte.

Helder Camara
Ancien Archevêque de Recife (Brésil). Luttait contre l'injustice et l'oppression, mais par des moyens uniquement pacifiques: en informant le peuple et en dénonçant courageusement tous les abus et toutes les injustices, en essayant de créer un mouvement d'opinion en faveur de la justice.

Travaux d'équipe

1 Chaque équipe lit plusieurs journaux français, à la recherche de tous les cas de violence et d'injustice qui y sont relatés.
2 Chaque équipe essayera d'appliquer la théorie de Camara à un cas actuel, par exemple à un pays d'Amérique latine.

Exercices

1 *Complétez par le mot ou la suite de mots convenables. (Ces mots se trouvent dans le texte.)*
1 L'Allemagne est un pays développé, la Bolivie est...
2 La violence... la violence.
3 Il m'a humilié et je ne supporte pas...
4 Etes-vous vraiment... à aller jusqu'au bout?
5 Je voudrais... de cet homme insupportable.
6 Vous êtes trop... à l'argent.
7 Nous ne sommes pas respectés, on nous traite comme...

2 *Exemples:*
   a Regardez de près *les injustices*; vous constaterez qu'*elles sont une violence*.
   b Regardez de près *ce vin*; vous constaterez qu'*il a une couleur magnifique*.
Regardez de près
ce problème;...
ce bijou;...
ce raisonnement;...
ce diamant;...
ses yeux;...
cette eau;...
ce calcul;...
ce principe;...

3 *amener à*
   Exemples:
   a L'égoïsme de quelques groupes privilégiés *amène des multitudes à une condition sous-humaine. (amener à + substantif)*
   b Les injustices *amènent les opprimés ou la jeunesse à se révolter (amener à + verbe)*.
1 L'égoïsme des pays développés amène les pays sous-développés à...
2 L'attitude des Eglises amène les jeunes à...
3 La révolte des opprimés amène les autorités à...
4 La logique de la violence amène la police à...
5 Les tortures morales et physiques amènent les victimes à...
6 La situation critique amène le gouvernement à...
7 La répression violente amène les gens à...
8 La révolte courageuse de la jeunesse amène parfois les gouvernements à...

Rédactions

1 *Spirale de violence*
   Dans une ville imaginaire, les gens descendent dans la rue, construisent des barricades. Vous les interrogez, ils vous expliquent contre qui ils se révoltent et pourquoi. La police arrive, mais doit se retirer. L'armée à son tour arrive...
2 *Cette violence dont on ne parle pas*
   Décrivez un certain nombre de formes de violence 'cachée' (la violence numéro un).
3 *Les formes de violence dont nous nous rendons coupables nous-mêmes.*

Voyage au bout de la nuit

Louis-Ferdinand Céline

Voici deux petits extraits de ce roman célèbre:

Vive la France!

C'est la première guerre mondiale. Le soldat Bardamu, qui a horriblement souffert au front et qui est devenu presque fou de peur, est admis à l'hôpital militaire. Mais voici ce que dit le médecin-chef à Bardamu et à ses camarades blessés:

'La France, mes amis, vous a fait confiance, c'est une femme, la plus belle des femmes, la France! Elle compte sur votre héroïsme, la France! Victime de la plus lâche, de la plus abominable agression. Elle a le droit d'exiger de ses fils d'être vengée profondément, la France! D'être rétablie dans l'intégrité de son territoire, même au prix du sacrifice le plus haut, la France! Nous ferons tous ici, en ce qui nous concerne, notre devoir, mes amis, faites le vôtre! Notre science vous appartient! Elle est vôtre! Toutes ses ressources sont au service de votre guérison! Aidez-nous à votre tour dans la mesure de votre bonne volonté! Je la sais, elle nous est acquise, votre bonne volonté! Et que bientôt vous puissiez tous reprendre votre place à côté de vos chers camarades des tranchées! Votre place sacrée! Pour la défense de notre sol chéri. Vive la France! En avant!'

Synthèse

1 Qu'est-ce que le médecin-chef promet aux soldats blessés? Qu'est-ce qu'il leur demande? Au nom de quoi?
2 Mettez-vous à la place de Bardamu. Que doit-il penser de ce discours?
3 De quelle mentalité ce discours est-il une illustration?
4 Dans quel esprit est-ce que Céline a écrit ce passage? Quelle phrase vous l'indique?
5 Quelles sont les réflexions que vous inspire le deuxième extrait?

PLACE AUX ACTEURS

Un élève tient le discours du médecin-chef devant la classe.

Et le pain?

Il savait parler aux soldats.
– Le maréchal des logis Barousse vient d'être tué, mon colonel.
– Et alors?
– Il a été tué en allant chercher le fourgon à pain sur la route des Etrapes, mon colonel.
– Et alors?
– Il a été éclaté par un obus!
– Et alors, nom de Dieu!
– Et voilà! Mon colonel. . . . .
– C'est tout?
– Oui, c'est tout, mon colonel.
– Et le pain? demanda le colonel.

Louis-Ferdinand Céline (1894–1961)
Romancier et pamphlétaire. Toute son œuvre est un cri de protestation contre la guerre, les misères, l'injustice, la mort, la civilisation industrielle inhumaine. On lui reproche son antisémitisme violent («Le monde est un société anonyme dont les Juifs possèdent toutes les actions»).
Il est considéré comme un des grands «inventeurs» de la littérature moderne, par son style très personnel, émotif, très proche de la langue parlée la plus violente!

le dormeur du val

C'est un trou de verdure où chante une rivière
Accrochant follement aux herbes des haillons
D'argent, où le soleil, de la montagne fière,
Luit; c'est un petit val qui mousse de rayons.

Un soldat jeune, bouche ouverte, tête nue
Et la nuque baignant dans le frais cresson bleu,
Dort; il est étendu dans l'herbe sous la nue,
Pâle dans son lit vert où la lumière pleut.

Les pieds dans les glaïeuls, il dort, souriant comme
Sourirait un enfant malade, il fait un somme.
Nature, berce-le chaudement: il a froid!

Les parfums ne font pas frissonner sa narine;
Il dort dans le soleil, la main sur sa poitrine,
Tranquille. Il a deux trous rouges au côté droit.

Arthur Rimbaud

Vocabulaire

un val
(vieilli)
La maison était entourée de
verdure.
(la verdure)
un trou de verdure

Il était vêtu de **haillons**.
(le haillon)
Ses yeux **luisaient** de colère.
(luire)
C'est un savon qui **mousse bien**.
(mousser)
la nuque

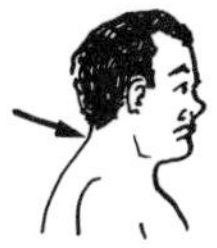

Les cornichons **baignent dans** du vinaigre.
(baigner dans)
le cresson bleu

la nue
(littéraire)
le glaïeul
La mère **berçait** son enfant.
(bercer)
Elle **frissonnait** sous sa robe légère.
(frissoner)
la narine

il fait **un** petit **somme**.

une vallée

végétation

un coin de nature où il y a beaucoup de
verdure
Ses vêtements étaient complètement
déchirés.
brillaient

produit beaucoup de mousse

la nuque

sont plongés dans

plante
(voir dictionnaire)
le ciel

fleur (voir dictionnaire)
balancer doucement pour faire dormir

tremblait légèrement

Il dort un peu.

par monts et par **vaux** (loc.)
Le **Val** de Loire
vert, verte (adj.)
verdoyer

Le champagne est un vin mousseux.

le berceau

le frisson
le frissonnement des feuilles

avoir sommeil

C. Monet: *Les coquelicots*

Arthur Rimbaud (1854–1891)

Arthur Rimbaud, un des plus grands poètes français de tous les temps, était un véritable enfant prodige. Il a donné toute son œuvre avant l'âge de 21 ans. Ce poème-ci, Rimbaud l'a écrit dans sa ville natale, Charleville, pendant la guerre de 1870, quand il avait à peine 16 ans. La même année, il a fait plusieurs fugues vers Paris. L'année d'après, il a rejoint le poète Paul Verlaine et est allé habiter avec lui, d'abord à Paris, puis en Belgique et en Angleterre. Sa vie désordonnée compromettait lentement sa santé. Quand il a quitté Verlaine, celui-ci l'a blessé d'un coup de revolver. En 1875, il a renoncé à la poésie pour commencer une vie d'aventurier. Rimbaud est généralement considéré comme un des grands pionniers de l'école symboliste.

Principaux recueils:

Vers d'adolescence (1869–1872)

Une Saison en Enfer (1873)

Les Illuminations (1874)

Avant la première lecture du poème

Vous voulez filmer un homme qui dort dans un endroit agréable, près d'une petite rivière, par une belle journée d'été.
Quels mouvements ferez-vous exécuter par la caméra et quelles images filmerez-vous successivement?
(Pour le vocabulaire voir en bas.)

Quelques termes techniques que vous pouvez éventuellement utiliser.
1 la distance caméra-image:
    plan général:
    par exemple
        tout un paysage
        une ville
    plan d'ensemble:
    par exemple
        une partie du paysage
        une rue
    plan moyen:
    à une distance de quelques mètres
    plan américain:
    personnage(s) coupé(s) à micorps
    plan rapproché:
    par exemple
        la tête es les épaules
    gros plan:
    par exemple
        la tête d'un personnage
    très gros plan (insert):
    par exemple
        un œil, une main

2 le point de vue:
    – *en plongée:*
        vu d'en haut
    – *en contreplongée:*
        vu d'en bas

3 mouvements de la caméra
    – *un panoramique* (horizontal ou vertical):
        la caméra tourne autour de son axe (*elle panoramique*)
    – *travelling* (avant, arrière, latéral = de côté):
        la caméra avance, recule, etc.

En (re)lisant attentivement

Notez schématiquement la structure de la phrase qui correspond à la première strophe.

Après la lecture

A *Remplacez ce qui est en italique par les mots du poème et commentez la différence.*
1 un *coin* de verdure
2 où *coule* une rivière
3 de *taches blanchâtres*
4 le soleil *brille*
5 un petit val qui *est plein* de rayons
6 un *jeune* soldat (!)
7 la nuque *plongée dans* le frais cresson bleu
8 sous *le ciel*
9 il *dort un peu*
10 il a deux *blessures* au côté droit

B *Comment l'auteur dit-il que:*
1 la rivière *rapide* (a) *transporte* (b) des *taches de mousse* (c) qui *brillent au soleil* (d);
2 le sourire du soldat est plutôt une grimace;
3 le soldat est anormalement immobile;
4 le soldat est mort?

Analyse

A

1 Quelles images l'auteur a-t-il «filmées» successivement et quels mouvements est-ce que «sa caméra» exécute?
2 Ce dormeur, qu'est-il en réalité?
3 Où le poète nous dit-il cela?
4 Pourquoi est-il tout à fait logique qu'il ne le constate qu'après un certain temps?
5 Montrez que ce n'est tout de même pas une véritable surprise pour le lecteur, que l'auteur l'y a préparé doucement en créant un climat de malaise. (Notez ces 'avertissements' successifs.)
6 Avec quoi est-ce que ce malaise contraste singulièrement?

B

1 A quelle forme de poème avons-nous affaire ici?
2 A quoi le reconnaît-on? Comment appelle-t-on les deux premières strophes et les deux dernières?
3 Combien de pieds comptent les vers? Comment s'appelle ce vers bien français?
4 Quels enjambements trouve-t-on dans ce poème? Quel en est l'effet?

Synthèse

1 Quelle émotion est-ce que l'auteur nous communique?
2 Quels sont les moyens qu'il emploie pour nous toucher?

BORIS VIAN

le déserteur

Monsieur le président,
Je vous fais une lettre
Que vous lirez peut-être
Si vous avez le temps.
Je viens de recevoir
Mes papiers militaires
Pour partir à la guerre
Avant mercredi soir.
Monsieur le président
Je ne veux pas la faire,
Je ne suis pas sur terre
Pour tuer des pauvres gens.
Ce n'est pas pour vous fâcher
Il faut que je vous dise
Ma décision est prise
Je m'en vais déserter.

Depuis que je suis né
J'ai vu mourir mon père
J'ai vu partir mes frères
Et pleurer mes enfants.
Ma mère a tant souffert
Qu'elle est dedans sa tombe
Et se moque des bombes
Et se moque des vers.
Quand j'étais prisonnier
On m'a volé ma femme
On m'a volé mon âme
Et tout mon cher passé.
Demain de bon matin
Je fermerai ma porte
Au nez des années mortes,
J'irai sur les chemins.

Je mendierai ma vie
Sur les routes de France
De Bretagne en Provence
Et je dirai aux gens:
Refusez d'obéeir,
Refusez de la faire,
N'allez pas à la guerre,
Refusez de partir.
S'il faut donner son sang
Allez donner le vôtre
Vous êtes bon apôtre,
Monsieur le président.
Si vous me poursuivez
Prévenez vos gendarmes
Que je n'aurai pas d'armes
Et qu'ils pourront tirer.

Discussion

Que pensez-vous de l'attitude de ce déserteur?
Faut-il imiter son exemple en temps de paix et refuser de faire le service militaire (par exemple en devenant objecteur de conscience)?
Quels sont vos arguments?

Commentaire

– Quels sont les arguments qui plaident en faveur de la guerre, d'après Von Moltke?
– Que pensez-vous de ces arguments?
– Est-ce qu'on en entend parfois formuler d'autres?

Conversation – Rédaction

La guerre est horrible et pourtant... on recommence toujours. Essayez d'expliquer ce phénomène.

Rédaction

Déserteurs et objecteurs de conscience.
Vos réflexions après la discussion précédente.

VIVE LA GUERRE!

«La paix perpétuelle est un rêve – qui n'est pas même un beau rêve – et la guerre constitue un élément de l'ordre divin de l'univers. Dans la guerre, les plus nobles vertus de l'homme se déploient: le courage et le renoncement, la fidélité au devoir et une abnégation qui ne recule pas devant le sacrifice de la vie elle-même. Sans la guerre, le monde s'enliserait dans le matérialisme.»

Helmuth Von Moltke
militariste prussien du 19ème siècle

DOSSIER 5: Les Âges de la vie

que serez-vous, mignonnes, à l'âge de 50 ans?

Mme Sullerot:	Que serez-vous à 50 ans?
Catherine:	Moi. . . . . dans trente-deux ans? Mais. . . . . Je n'y ai jamais songé!
Mme Sullerot:	Il vous arrive de penser à plus tard, à l'avenir. Quelle époque de votre vie vous imaginez-vous?
Catherine:	Eh bien. . . . . dans. . . . . je ne sais pas, dans dix ans, je suppose que j'aurai un mari, un ménage, de petits enfants. . . . .
Mme Sullerot:	Un avenir assez proche, somme toute!
Martine:	Oui, bien sûr. Je m'imagine assez mal avec des rides et des cheveux gris. Je sais, évidemment, que cela m'arrivera. . . . . mais. . . . .
Catherine:	Mais ce ne sera plus moi! Ce sera quelqu'un d'autre! Alors, à quoi bon y songer? Je verrai bien!
Mme Sullerot:	En fait, vous me répondez: 'Je subirai' ma vie et non 'je la construirai'.
Martine:	Peut-être. Pourtant, nous travaillons aussi, nous les jeunes; nous préparons notre avenir par le travail. Je pense que c'est constructif!
Mme Sullerot:	A quelle profession pensez-vous?
Martine:	Oh, je ne sais pas encore. . . . . professeur? chimiste? journaliste? Il est trop tôt pour choisir.
Mme Sullerot:	Bon, mais soyez franche. Ce que vous voyez, c'est une jeune journaliste, une jeune enseignante, une séduisante chimiste. . . . . Mais le professeur, la journaliste, la chimiste aura des cheveux gris, elle devra un jour penser à la retraite!
Martine:	Sans doute.
Mme Sullerot:	Et vous, Catherine, lorsque vous aurez cinquante ans, les enfants auront quitté la maison!
Catherine:	Oui, c'est vrai. . . . .
Mme Sullerot:	Et il vous restera quelque vingt ou trente ans à vivre; à vivre à partir de ce que vous serez devenues, de ce que vous aurez réalisé vous-mêmes. Vous serez plus vieilles; pourquoi pas plus heureuses?
Catherine:	Plus heureuses à cinquante ans? A cinquante ans, je serai une vraie 'bonne femme'; qu'est-ce que je pourrai être d'autre qu'une 'bonne femme'? Juste ce que je déteste aujourd'hui. . . . . Je crois de toute façon que c'est plus simple pour les garçons; pour eux, cinquante ans, c'est encore la force de l'âge, dit-on. Ils s'y voient assez bien; ils pensent qu'ils seront toujours eux-mêmes.
Mme Sullerot:	Mais vous pourriez être vous-mêmes! Rester un être humain sous 'la bonne femme' et devenir plus intelligentes, plus sages, plus enrichissantes pour autrui que vous ne l'êtes aujourd'hui.
Catherine:	Ah oui? En avez-vous beaucoup, des exemples de femmes de cinquante ans qui ne soient pas des 'bonnes femmes'?
Mme Sullerot:	Et Colette, qui a écrit des chefs-d'œuvre à l'âge mûr! Et Marie Curie qui a commencé si tard sa carrière de professeur à la Sorbonne!
Martine:	Des exceptions, toujours des exceptions. . . . .
Mme Sullerot:	Impossible de vous convaincre, n'est-ce pas. Ce n'est d'ailleurs pas mon rôle, mais celui de vos parents! Ils devraient eux, ne pas vous traiter uniquement en futures femmes séductrices, mais en êtres humains avec des projets à accomplir, toute une longue vie à gérer. Sans ou avec mari, enfants. . . . .
Martine:	Là, vous avez raison. . . . . oui je crois qu'il faudrait commencer par là.

D'après E. Sullerot

Vocabulaire

Regarde cette petite fille, comme elle est **mignonne** avec ses cheveux blonds et son gentil sourire **(mignon)**

charmante; gentille; jolie

En fait de temps libre, elle passe toutes ses matinées à faire **le ménage**.

tous les travaux qui concernent l'entretien d'une maison, d'une famille

ménager
un ménagement
une ménagère
une ménagerie

En tenant compte de toutes les difficultés qu'il a rencontrées, son résultat n'est, **somme toute**, pas si mauvais que ça!

tout compte fait; après tout; en définitive

Déjà quelques **rides** au coin de l'œil montraient son âge véritable.
(une ride)

rider
ridé(e)
dérider

Il **a subi** toutes les épreuves avec beaucoup de courage.
(subir – comme finir)

supporté; accepté

Il cache quelque chose, il n'a pas le regard **franc**.
(franc – franche)

sincère

la franchise
franchement

Laure a eu un succès fou à cette soirée, elle est très **séduisante**, il faut le reconnaître!

qui attire fortement

séduire
la séduction
un séducteur
une séductrice
un(e) retraité(e)

Mon père a 64 ans; l'an prochain il **prend sa retraite**.

mettre fin à des activités professionnelles

Cette entreprise a été bien **gérée**; le chiffre d'affaires le prouve.
(gérer)

administrée

Après une première audition

1 Sur quelle partie de notre vie les questions portent-elles?
2 A qui s'adressent-elles?
3 Les jeunes filles semblent-elles familiarisées avec ce problème? Quelle est leur attitude?
4 Pourquoi ces questions s'adressent-elles à des adolescentes?
5 Dans quel but, E. Sullerot pose-t-elle ces questions?

Après une seconde audition

1 Quelle partie de leur avenir les jeunes filles peuvent-elles envisager avec plus ou moins de clarté?
2 Quelles sont les deux «tendances» représentées par Catherine et Martine, quant à la façon d'entrevoir l'avenir de la femme?
3 Est-ce que les garçons pensent, plus que les filles, au jour où ils seront vieux?
4 Une «bonne femme», qu'est-ce que cela veut dire pour Catherine?
5 Qu'est-ce qu'une femme de 50 ans peut encore représenter pour sa famille, pour son milieu?
6 Quelle est la tâche des parents dans la préparation des enfants à la vie «complète»?

Discussion

1 Beaucoup de jeunes identifient «jeunesse» et «bonheur». Pourquoi? Quel est votre avis?
2 La publicité, la presse, le cinéma jouent-ils un rôle dans ce domaine?
3 Trouvez-vous qu'il est important ou nécessaire pour les jeunes d'essayer de se représenter la vie à 50 ans? Expliquez.
4 Les adolescentes interrogées vous semblent-elles fort émancipées?
5 Quel est le sens du titre «Mignonnes»?
6 Connaissez-vous des personnages historiques, des savants, etc. dont la carrière a (re)démarré vers la cinquantaine?

> «Quel vieillard seras-tu?» peut-on se demander devant de jeunes hommes, de jeunes femmes.
> Déjà, on peut prédire que le garçon sentencieusement contestataire qui accuse ses professeurs d'être de vieux idiots, présente tous les symptômes du futur vieil idiot.
>
> Marcelle Auclair

quand pourra-t-on se lever?

Romain Rolland

Les ombres fuient, le soleil monte. Christophe commence à retrouver son chemin dans le dédale de la journée. Le matin..... Ses parents dorment. Il est dans son petit lit, couché sur le dos. Il regarde les raies lumineuses qui dansent au plafond. C'est un amusement sans fin. A un moment, il rit tout haut, d'un de ces bons rires d'enfant qui dilatent le cœur de ceux qui l'entendent. Sa mère se penche vers lui, et dit: 'Qu'est-ce que tu as donc, petit fou?' Alors il rit de plus belle, et peut-être même il se force à rire, parce qu'il a un public. Maman prend un air sévère, et met un doigt sur sa bouche pour qu'il ne réveille pas le père; mais ses yeux fatigués rient malgré elle. Ils chuchotent ensemble..... Brusquement, un grognement furieux du père. Ils tressautent tous deux. Maman tourne précipitamment le dos comme une petite fille coupable, elle fait semblant de dormir. Christophe s'enfonce dans son petit lit et retient son souffle..... Silence de mort.

Après quelque temps, la petite figure blottie sous les draps revient à la surface. Sur le toit, la girouette grince. La gouttière s'égoutte. L'angélus tinte. Quand le vent souffle de l'est, de très loin lui répondent les cloches des villages sur l'autre rive du fleuve. Les moineaux, réunis en bande dans le mur vêtu de lierre, font un vacarme assourdissant, où se détachent, comme dans les jeux d'une troupe d'enfants, trois ou quatre voix, toujours les mêmes, plus criardes que les autres. Un pigeon roucoule au faîte d'une cheminée. L'enfant se laisse bercer par ces bruits. Il chantonne tout bas, puis moins bas, puis tout haut, puis très haut, jusqu'à ce que de nouveau la voix exaspérée du père crie: 'Cet âne-là ne se taira donc jamais! Attends un peu, je vais te tirer les oreilles!' Alors il se renfonce dans ses draps, et il ne sait pas s'il doit rire ou pleurer. Il est effrayé et humilié; et en même temps, l'idée de l'âne auquel on le compare le fait pouffer. Du fond de

son lit, il imite son braiement. Cette fois, il est fouetté. Il pleure toutes les larmes de son corps. Qu'est-ce qu'il a fait? Il a si envie de rire, de se remuer! Et il lui est défendu de bouger. Comment font-ils pour dormir toujours? Quand pourra-t-on se lever?

Jean-Christophe

Notice biographique
Romain Rolland (1866–1944) a été un musicologue très averti et aussi un militant pacifiste de notoriété mondiale. En tant qu'écrivain, il se consacra essentiellement au roman. Son *Jean-Christophe* (dix volumes), inspiré de la vie de Beethoven, inaugura au 20ème siècle le genre du roman-fleuve. Il obtint le Grand Prix de l'Académie française et le prix Nobel de Littérature (1917).

Vocabulaire

Il a perdu son chemin dans **ce dédale** de petites rues, de carrefours.
(un dédale)
Je ne m'y retrouverais pas, dans **ce dédale** d'incertitudes, de contradictions.
Il regarde **les raies** au plafond.
(une raie)
Je me coiffe avec **une raie** sur le côté.

endroit où l'on risque de se perdre tant il est compliqué d'y retrouver son chemin

(sens figuré)

**les rayures; les lignes
une raie**

rayer
un rayon
rayonner
une rayure

les raies **lumineuses**
(**lumineux**)

La chaleur **dilate** les corps.
(**dilater**)
A l'idée de retrouver sa ville, sa maison, son cœur **se dilate** de joie.
(**se dilater**)
Il rit **de plus belle**.
Deux élèves **chuchotent** au fond de la classe.
(**chuchoter**)

Dans sa cage, l'ours manifestait sa présence par un **grognement**.
Pour toute réponse, on entendait **un grognement derrière la porte**.

De surprise, j'ai **tressauté**.
(**tressauter**)
Quand le professeur m'a interrogé(e), j'ai **précipitamment** fermé mon cahier de notes.
Je ne me sens pas **coupable de** cette disparition.

Il **s'enfonce** dans son lit.
(**s'enfoncer**)

L'enfant était **blotti** au fond de son lit.
(**blottir** – comme finir)
L'enfant **se blottissait** entre les bras de sa mère.
(**se blottir**)
la girouette

la gouttière

La vaisselle **s'égoutte**.
(**s'égoutter**)
La cloche **tinte**.
(**tinter**)
Les enfants aiment jouer **sur la rive** du fleuve.

Deux moineaux se battent pour un morceau de pain.
(**un moineau**)
un mur vêtu de **lierre**
(**le lierre**)
Le vacarme de l'usine s'entendait toute la nuit.
Un bruit **assourdissant** montait de cette cascade.
(**assourdir** – comme finir)

Cet enfant est tellement **criard** qu'il me fatigue! (**criard(e)**)
On la voyait de loin, grâce à la couleur **criarde** de sa robe.
Il avait grimpé au **faîte** d'un arbre.
(**le faîte**)
Toujours recommencer ce travail, j'en suis **exaspéré(e)**!
L'enfant était **effrayé** par le bruit de cette voiture.

---

faites de lumière

fait augmenter le volume des corps

se remplit *(sens figuré)*

de plus en plus
parler bas et de façon très indistincte

1 *bruit sourd de certains animaux*

2 *Les hommes peuvent également faire entendre un grognement pour montrer leur mécontentement, leur mauvaise humeur.*

sursauté

avec hâte

en faute pour

Il s'installe tout au fond

1 *s'était mis en boule, de façon à prendre le moins de place possible*
2 *s'était serré*

perd son eau goutte à goutte

produit le bruit clair d'une petite cloche

au bord

(Voir dictionnaire)

(Voir dictionnaire)

le grand bruit
à vous rendre sourd

1 *qui crie désagréablement, d'une voix aiguë*
2 **trop vive; choquante** *(sens figuré)*

la partie la plus haute (parlant e.a. d'un arbre)
à bout de nerfs

avait une grande peur

---

une lumière
illuminer
une illumination

un chuchotement
un chuchoteur
chut!

grogner
une grognerie
(un) grogneur
(une) grogneuse
grognon, – onne (adj.)
un groin
un tressautement

la précipitation
(se) précipiter

un (une) coupable
la culpabilité
enfoncer
un enfoncement
enfoncé

un tintement

un rivage
un(e) riverain(e)
riverain – aine
une rivière

sourd
la surdité
un(e) sourd(e)
un(e) sourd(e)-muet(te)

(s') exaspérer
une exaspération
(s') effrayer
une frayeur

Elle n'arrivait plus à garder son sérieux; tout à coup elle a **pouffé**.
(pouffer)

éclaté (de rire)

Le **braiement** de l'âne m'a annoncé son arrivée.

cri caractéristique de l'âne

braire

Aujourd'hui, on ne **fouette** plus que rarement les enfants.
(fouetter)

1 *frapper avec un fouet*

La pluie **fouettait** le pays.

2 *frapper comme avec un fouet*

la crème fouettée

Analyse

A *Après une première lecture*

1 Quels éléments constituent l'anecdote racontée? (cadre, moment, personnages,. . .)
2 Quels sont les rapports entre les personnages?
3 Le commencement de la journée est-il vu à travers les yeux de l'auteur ou du bébé?

B *Questions plus détaillées*

1 Expliquez les sens littéral et figuré des mots suivants: *ombres – fuient – soleil.*
2 Dans quel sens ces trois mots sont-ils employés ici?
3 A quoi Christophe s'amuse-t-il tôt le matin?
4 Quelle conclusion tirez-vous du fait que les yeux de la mère «rient malgré elle»?
5 A quoi pensez-vous en lisant les mots «un grognement furieux du père»?
6 La dernière phrase du deuxième paragraphe n'a pas de verbe. Pourquoi?
7 A quoi correspond la séparation entre les paragraphes 2 et 3?
8 Quels détails indiquent le manque de communication entre le monde de l'enfant et celui du père?
9 Quel est le seul moyen que semble connaître le père pour faire sentir à l'enfant que celui-ci le gêne?
10 A quoi le père constitue-t-il un obstacle?

C *Sur l'ensemble du texte*

11 Le texte se déroule-t-il sur un laps de temps très long?
12 Qu'est-ce qui fait la longueur du texte?
13 A quoi sert la partie descriptive?
14 Quels sont les éléments (visuels ou auditifs) qui dominent? Est-ce justifiable?

D *Au-delà du texte*

15 Dans ce texte, l'enfant est considéré comme «un petit gêneur». Croyez-vous que la situation ait changé depuis 1903, date de parution de *Jean-Christophe*?
16 Le milieu social joue-t-il un rôle dans ce domaine?
17 Aujourd'hui nous pouvons remarquer que pour beaucoup de psychologues l'enfant n'est plus «le petit gêneur»; au contraire, nous pourrions parler de «l'enfant-roi». N'est-ce pas là tomber dans un autre travers?

Rédactions

1 Evoquez un événement qui s'est produit dans votre enfance et qui vous a profondément touché. Expliquez pourquoi il a tant d'importance à vos yeux; soulignez l'émotion qu'il a provoquée en vous.
2 *Les joies de mon enfance ne vieilliront jamais.*
3 *Mes plus lointains souvenirs. . .*
4 *Un instituteur (une institutrice) inoubliable.*
5 *«Ce siècle a découvert que le premier besoin de l'enfant est d'être»* (Lacroix)

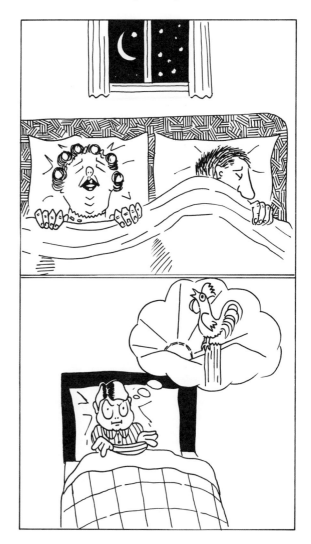

Exercices

1 *En vous aidant du dictionnaire, classez les substantifs suivants. Mettez une croix si la définition du mot contient le sens indiqué en haut de la colonne. Attention, parfois plusieurs colonnes sont possibles!*

	Masculin ou féminin	Bruit doux		Bruit fort		Peut-être employé au sens figuré	Source possible du bruit (formez une phrase)
		confus	clair	confus	clair		
1 boucan							
2 bourdonnement							
3 chuchotement							
4 clapotis							
5 détonation							
6 explosion							
7 fracas							
8 gazouillement							
9 potin							
10 ronflement							
11 rumeur							
12 sifflement							
13 brouhaha							
14 murmure							
15 vacarme							

2 *Complétez les phrases suivantes par un verbe exprimant une certaine façon de rire.*
sourire – pouffer – rigoler – s'esclaffer – rire jaune – avoir toujours le mot pour rire – se dérider, etc.
1 Hier, en ville, j'ai aperçu ta cousine dans un magasin. Elle m'a gentiment...
2 – Très sympathique, ton copain Jean-Luc. Avec lui, on ne s'ennuie jamais!
   – En effet, il raconte beaucoup de plaisanteries, il a...
3 Tu as vu la tête d'Yves aujourd'hui? Je lui ai dit que je fais du tennis avec sa petite amie. Il n'était pas content, il...!
4 Le nouveau professeur ne rit jamais, cependant il s'est... quand Sabine a sorti ses drôleries!
5 On est allé voir ce film comique avec quelques copains. Nous... d'un bout à l'autre!
6 As-tu été à ce bal costumé? Et le costume de Jacques, tu l'as vu? Il était si cocasse qu'on s'est... en le voyant arriver!

3 *Remplissez (à l'aide du dictionnaire!)*
Si vous saviez tout ce que j'ai appris pendant les vacances à la campagne dans la ferme de mes grandsparents!
Ce qui m'a peut-être le plus frappé, moi, jeune citadin, ce sont les bruits! Oh! la campagne n'est pas silencieuse! Ici on entend le... d'un cheval, là le... d'une vache ou le... d'un âne. Et je ne parle pas de... du chien qui vous fait sursauter lors de vos promenades! Cela commence déjà le matin tôt. Le... des oiseaux, le... des pigeons vous tire hors du lit! Et la basse-cour! Quelle cacophonie que le... des poules, le... des dindes et le... des poussins. Quand le... d'un chat n'y déchaîne pas un véritable vacarme!
Même la nuit tombante n'apporte pas de calme. Tantôt le... d'un corbeau vous fait frissonner, tantôt le... d'un hibou vous empêche de trouver le sommeil!
J'ai regretté d'avoir laissé mon magnétophone – cassette chez moi. Quel bruitage cela n'aurait-il pas fait!

Pauline, l'enfant terrible

Françoise Mallet-Joris

Pauline est notre enfant terrible. Bébé, elle fut un ange de douceur et de gaieté. Dormant dans notre chambre, jamais elle ne cria la nuit, ne réclama son biberon avant 7 heures du matin, et en dormant, encore elle riait.

Mais dès qu'elle eut quatre ans, nous nous aperçûmes que cette humeur sociable avait son revers. Pauline prétendait mener une vie indépendante. A cinq ans elle dînait en ville.

– Tu m'invites à dîner, dis? Quand? disait-elle aux voisins avec son sourire radieux, ses yeux d'étoiles. Et elle y allait. Elle se fiança deux fois entre cinq et six ans. Son fiancé préféré habitait la cour de notre immeuble. Dès l'aube, sous sa fenêtre, il lui envoyait des baisers, auxquels elle répondait par des cris joyeux d'oiseau.

Elle inaugura un système de migration, couchant chez l'un, chez l'autre, heureuse partout. Un été, nous la confiâmes à la famille de Dolores, braves gens habitant les faubourgs de Madrid et ne parlant pas un mot de français. Quand Jacques alla la chercher six semaines après, Pauline menait une joyeuse bande de gamins espagnols, courait pieds nus et ne disait plus un mot de français, Mais elle jurait fort proprement en espagnol.

– C'est toujours Pauline, Pauline, dit Alberte un jour d'amertume. Moi, je suis plus sage et je travaille plus. Qu'est-ce qu'elle a de plus que moi, Pauline?

C'est vrai. Alberte est sombre et passionnée, intelligente et sensible, travailleuse et secrète, loyale enfin. Mais Pauline..... Pauline est la joie, et c'est tout, et c'est assez.

La Maison de Papier

Vocabulaire

Recherchez vous-même les mots difficiles dans le dictionnaire.

Quelques questions

1 Quel aspect de la psychologie de l'enfant est traité ici?
2 Les parents pouvaient-ils prévoir l'évolution de l'enfant?
3 Le côté «enfant terrible» de Pauline est-il en contradiction avec sa douceur et sa gaieté de bébé?
4 Quel sens faut-il donner à l'expression «enfant terrible»?
5 A la fin du paragraphe 3, on lit: «des cris joyeux d'oiseau». Quel mot du paragraphe suivant prolonge la comparaison de Pauline à un oiseau?
6 Citez quelques traits du caractère de Pauline.
7 Quel rapprochement de termes attire notre attention dans la dernière phrase?

Rédactions

1 *Portrait de... (ma sœur, mon père, mon ami...)*
2 Vous est-il arrivé de regretter votre enfance, ou au contraire, avez-vous hâte de devenir adulte? Analysez vos sentiments et donnez clairement vos raisons.

3 *Le héros (l'héroïne) de mon enfance*
Vous avez bien eu dans votre enfance un héros, un modèle que vous admiriez beaucoup, à qui vous vouliez ressembler, soit un personnage de film, de livre, de légende... Présentez-le et montrez ce qui vous attirait tellement en lui.

4 Les poètes chantent si souvent les «verts paradis de l'enfance». Ont-ils raison d'idéaliser cette période de la vie? Un enfant n'est-il pas parfois vraiment malheureux? Pouvons-nous parler en souriant des «chagrins de gosse»? N'avons-nous pas tendance à oublier les peines de l'enfance devant les problèmes de l'âge adulte?

Françoise Mallet-Joris
Romancière, née à Anvers en 1930, fille de l'écrivain Suzanne Lilar. Elle fait des études aux Etats-Unis et à la Sorbonne. A 19 ans, elle écrit son premier roman *Le Rempart des Béguines*, mais c'est à partir de la publication de *l'Empire céleste* qu'elle devient célèbre.
Toute son œuvre est une recherche lucide de la vérité, de l'absolu. *La Maison de Papier* est une sorte de chronique familiale très colorée, présentée avec humour et tendresse. Les réactions de ses quatre enfants y alternent avec les réflexions, pleines de sagesse, de l'auteur.

Une vie effacée

Sniffer un solvant, «partir au Tipp-Ex» peut être mortel. Une écolière de 13 ans en a fait l'expérience.

Les adolescents de l'école secondaire de Jolimont, à Fribourg, appellent ça «*partir au Tipp-Ex*». Verser sur un mouchoir un solvant pour liquide correcteur, ce produit qui sert à corriger les fautes, à effacer les mots. Presser le mouchoir contre son nez, aspirer les émanations. Essayez: c'est parfaitement __A__. Les gosses avertissent, jouent au maître: «*Cela dépend des moments, des gens. Vous pouvez vous sentir bien, __B__. C'est plutôt rare. Et il ne faut pas aspirer longtemps. Pas plus d'une minute. Sinon, bonjour les nausées, les vomissements.*»

Bérengère, 13 ans, une enfant de cette école, l'a fait, ce voyage. Elle n'en est pas revenue. Une fille __C__ qui vivait avec sa grand-mère, sa mère divorcée et sa sœur plus âgée. Elle avait le goût de la musique: leçons de piano au Conservatoire, chansons avec le chœur des Marmousets. Ses copains la décrivent comme une fille __D__ peu sûre d'elle, prête à tout pour s'intégrer.

Justement, il y avait, dans sa classe, des filles __E__ à ce genre de voyage. Alors Bérengère, en pleine leçon de maths, pour imiter des copines qu'elle admirait, pour entrer dans la bande, a tenté l'expérience. Pour la première fois de sa vie. Et longtemps, très longtemps, tellement désireuse de réussir cet examen

de passage, ce rite __F__. Vingt minutes! Et ça la faisait rire. A tel point que le professeur lui a demandé de quitter la classe. A peine dehors, elle crie, s'écroule. Tous les moyens mis en œuvre sont vains. Bérengère est morte.

L'autopsie est __G__. L'inhalation prolongée du solvant est la seule cause du décès. __H__ à hautes doses, ces solvants, qui contiennent des substances qui passent directement dans le sang, sont un danger réel, peuvent provoquer des lésions cérébrales, des arrêts __I__.

A l'école de Jolimont, à Fribourg, parents et enseignants sont encore sous le choc. Ce qui contraste avec la lucidité cruelle des gosses. Il y a les garçons qui estiment que s'envoyer en l'air avec du Tipp-Ex est __J__. Un truc de filles. Pour rouler des mécaniques, mieux vaut l'alcool. «*Et puis*, ajoutent-ils, *Bérengère était vraiment inconsciente.*»

En somme, ils répètent un refrain connu: ça n'arrive qu'aux autres... ●

Pierre Pauchard

L'Hebdo (CH)/20-3-86

Exercices

1 *Choisissez dix adjectifs/participes dans la liste suivante pour remplir les blancs dans le texte. Attention! Tous les adjectifs ci-dessous ne sont pas utilisés.*

formelle	dangereuse
fragile	respirés
dégueulasse	physique
initiatique	minable
absorbé	importante
cardiaques	sensible
graves	adhésive
habituées	euphoriques

2 *Expliquez en français les sens des locutions suivantes:*
1 Les gosses avertissent, jouent au maître. . .
2 Sinon, bonjour les nausées. . .
3 en pleine leçon de maths. . .
4 désireuse de réussir cet examen de passage. . .
5 Bérengère était vraiment inconsciente. . .

Je me demande d'ailleurs si le mot jeunesse ne serait pas à redéfinir

Marie Cardinal

Question préliminaire

Le roman de M. Cardinal s'intitule «La Clef sur la Porte». Quelle serait la signification de ce titre, d'après vous?

Je me demande d'ailleurs si le mot jeunesse ne serait pas à redéfinir. Je parle de la jeunesse qui inquiète les gouvernements et les adultes. Je pense que le jeune en Europe et aux Etats-Unis est celui qui est capable de s'enfoncer avec religiosité dans une certaine musique. Il n'y a aucune moquerie de ma part dans ce que je viens d'écrire. Je crois que la musique moderne est extrêmement importante si je veux comprendre la génération de mes enfants et je sais que je ne peux pas l'aborder en simple amateur, en spectateur, en observateur. Ou je m'enfonce dedans complètement, ou je n'ai aucune idée de ce qu'elle est réellement et du coup je ne peux pas comprendre ce qui les fascine, ce qui les fixe. Pratiquement je ne peux pas communiquer profondément.

Peut-être que j'exagère. Peut-être que je suis en train de généraliser ce qui ne concerne qu'un minuscule petit groupe. Peut-être que j'ai des œillères, que je dramatise. Je ne le crois pas. J'ai vu arriver à la maison des apprentis ingénieurs, des ouvriers, des apprentis clochards, des Anglais, des Hollandais, des Canadiens, des Allemands, des Américains, des Suisses, des Belges, des Japonais, des Africains. Ils entraient, il y avait de la musique, ils se reconnaissaient entre eux. Ils savaient se définir et communiquer, même sans mots. J'ai vécu au Canada et aux Etats-Unis avec mes enfants. Au départ des rencontres intéressantes, il y avait toujours la même chose: la musique, la même musique. Que ce soit des arpèges d'une chanson de folk grattés sur une guitare ou un banjo dans la nuit chaude du lac Huron, ou un disque de Jimmy Hendrix qui tourne au maximum de la tonalité sur un électrophone de New-York, de Montréal ou de Paris.

La Clef sur la Porte

Travail d'équipe: Réflexion critique

1 «Le jeune en Europe et aux Etats-Unis est celui qui est capable de s'enfoncer avec religiosité dans une certaine musique».

   a Comment cette définition vous paraît-elle?
- *exagérée* ou bien
- *incomplète*
- *subjective*
- *simpliste*
- *unilatérale*
- *réaliste*
- *exacte,* etc.?

   b Comment définiriez-vous:
- le jeune d'autres continents que le vôtre, d'autres civilisations que la civilisation industrielle;
- le jeune qui ne s'intéresse pas à la musique;
- la jeunesse actuelle?

2 Etes-vous d'accord pour reconnaître que la jeunesse inquiète les gouvernements et les adultes?
- Par quels moyens?
- Pour quelles raisons?

3 Croyez-vous qu'il soit possible de comprendre vraiment la jeunesse actuelle, de communiquer profondément avec elle, si l'on n'a aucune idée de sa musique?

4 A quels genres de musique les jeunes de 16 à 19 ans s'intéressent-ils le plus? Essayez de les classer par ordre décroissant d'importance. Ajoutez les genres qui auraient été oubliés, d'après vous: – la chanson folk – la chanson dans le vent – le jazz – les spirituals – l'opéra – l'opérette – la musique classique – la musique pop – la musique électronique – la musique folklorique.

5 Certains prétendent que la musique pop ne serait qu'une mode passagère, habilement exploitée par les industriels et les commerçants (fabricants de disques, industriels, agents publicitaires) et dont les jeunes seraient les «victimes». Qu'en pensez-vous?

6 La musique pop est «l'expression d'une révolte contre la société». Etes-vous d'accord?

7 Croyez-vous que les générations futures attacheront autant d'importance à la musique que la vôtre?

Exercices

1 *Complétez librement.*

Modèle: *Le jeune est celui qui inquiète les gouvernements.*

1 Le jeune	. . .	. . .	. . .
2 L'élève distrait	. . .	. . .	. . .
3 Le fiancé timide	. . .	. . .	. . .
4 Les clochards	. . .	. . .	. . .
5 Le chauvin	. . .	. . .	. . .
6 Les amoureux	. . .	. . .	. . .
7 La coquette	. . .	. . .	. . .
8 Les flegmatiques	. . .	. . .	. . .
9 La chanson dans le vent	. . .	. . .	. . .
10 L'imbécile	. . .	. . .	. . .

Les réponses correctes les plus drôles, les plus comiques seront récompensées!

2 *A l'aide du dictionnaire, vous ajoutez à la liste ci-dessus cinq autres substantifs. Avec chacun de ces mots, vous essayez de former des phrases, différentes chaque fois au point de vue style, registre. (comique, tragique, lyrique, etc.).*

3 *Voici les noms des vingt instruments de musique:*

1 la batterie	11 la mandoline
2 l'orgue	12 le cor
3 le bombardon	13 la clarinette
4 la flûte traversière	14 les timbales
5 le violon	15 la guitare
6 le hautbois	16 le clavecin
7 la harpe	17 le saxophone
8 la trompette	18 le piano à queue
9 le violoncelle	19 la contrebasse
10 la flûte de Pan	20 le trombone.

Est-ce que vous reconnaissez les instruments à la page 85?

   a Consultez le dictionnaire afin de les identifier plus facilement.

   b Classez-les par famille.
1 Instuments *à cordes:*. . .
2 Instuments *à vent en bois (les bois):*. . .
3 Instuments *à vent en cuivre (les cuivres):*. . .
4 Instuments *à percussion:*. . .
5 Instuments *à clavier:*. . .

   c Quels instruments utilise-t-on surtout dans un orchestre symphonique?

   d Les musiciens d'un orchestre pop, de quels instruments jouent-ils généralement?

   e Citez quelques instruments qui ne figurent pas dans la liste ci-dessus.

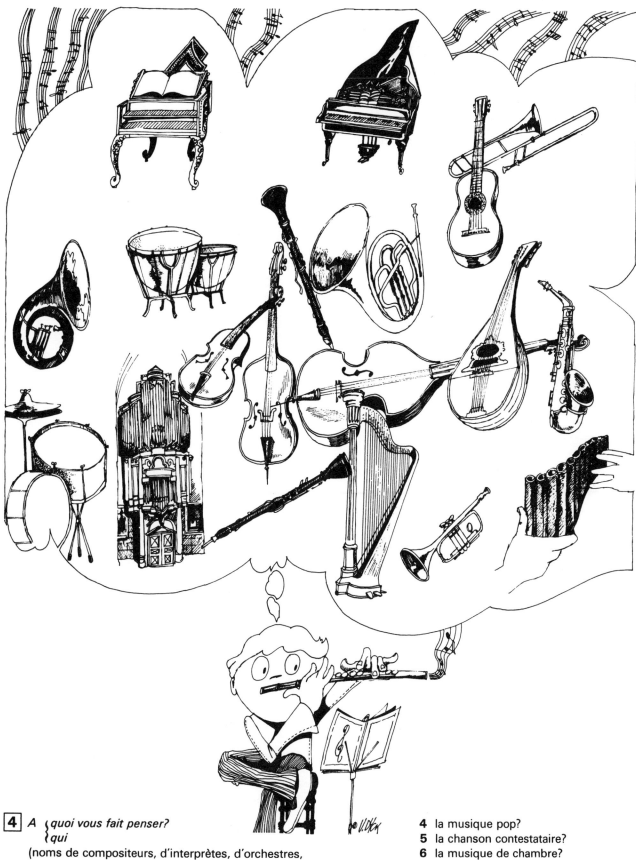

4 A { *quoi vous fait penser?*
    { *qui*
(noms de compositeurs, d'interprètes, d'orchestres,
de groupes, de pièces musicales, etc.)
1 la chanson de folk?
2 l'opérette?
3 la musique militaire?
4 la musique pop?
5 la chanson contestataire?
6 la musique de chambre?
7 le blues?
8 la musique folkorique?
9 le jazz?
10 la musique contemporaine?

Suggestions

– *Lettre:* Ecrivez une lettre pour demander de la documentation sur des appareils de haute fidélité (magnétophone-cassette, platine, amplificateur, lecteur de disques compacts).

– *Dialogue:* Après avoir étudié la terminologie nécessaire, grâce à votre documentation, vous rédigez un dialogue à propos de l'achat de disques ou d'une chaîne de haute fidélité. Ces dialogues seront interprétés en classe. A la fin du cours, un prix sera décerné par toute la classe: – au meilleur vendeur; – au consommateur le plus avisé; – au sens critique le plus développé.

Suggestions pour rédactions ou élocution

1 Si vous avez déjà assisté à un festival ou à un concert de musique pop, racontez vos expériences. Comment y êtes-vous allé? Avec qui? Décrivez l'ambiance.

2 Il vous est certainement déjà arrivé de rencontrer des jeunes d'autres pays. Racontez. A quelles occasions cela s'est-il passé? Comment le contact s'est-il établi? Est-ce qu'il y avait la musique au départ? N'y a-t-il pas d'autres moyens de communication qui sont entrés en jeu?

lorsque l'enfant paraît

André Roussin

Jacquet: Mais regarde-toi! Regarde-toi un peu dans une glace! De quoi as-tu l'air? Tu as l'air d'être mon fils? Tu as l'air d'habiter cet appartement? Tu ressembles à un de ces hurluberlus de Saint-Germain-des-Prés; tu as les cheveux trop longs, tu es foutu comme un as de pique avec des ongles noirs et des chaussettes en vrille. . . . . C'est avec cet air de chien battu et des cheveux dans les yeux qu'on séduit les jeunes filles aujourd'hui?

D'où sors-tu, toi? Où as-tu été élevé? Et qu'est-ce que tu fais dans la vie? Tu te prépares à la gagner, ta vie? Comment la gagneras-tu le jour où tu sortiras d'ici? Tu as vingt-trois ans, tu n'as jamais pu arriver à décrocher seulement ta licence en droit et tu t'es fait réformer à ton service pour avoir les pieds plats: voilà ta carrière jusqu'ici. Là-dessus, tu bricoles sur des appareils de T.S.F. et tu suis vaguement des cours de radio. Tu appelles ça être armé pour la vie, toi? Et tu commences tranquillement ta petite existence en faisant des enfants à droite et à gauche.

Georges: J'en ai fait un. . . . .

Jacquet: Un que tu aurais mieux fait de laisser où il était! D'habitude on apprend d'abord un métier et quand on sait que l'on pourra nourrir sa famille, on fonde son foyer. Voilà comment les choses doivent se passer, figure-toi. Toi, tu commences par la bagatelle, naturellement, et tu y vas carrément. Le reste!. . . . . On verra plus tard. Eh bien! regarde maintenant. Regarde. C'est le moment. Ton avenir, ta carrière, ta situation dans le monde. . . . . tu es en train de tout ficher par terre. Un enfant dans ces conditions-là, c'est un mariage forcé. A ton âge, on a la vie devant soi: les voyages, l'aventure, l'imprévu, les femmes. Tu viens de tirer un grand trait sur tout cela. Tu viens de t'attacher un boulet à chaque jambe et tu es un homme fini avant d'avoir commencé. Voilà ce que j'ai à te dire puisque tu me demandes mon avis.

L'auteur: André Roussin
Fils d'un industriel, né à Marseille en 1911, membre de l'Académie française depuis 1974.
Lorsque l'enfant paraît date de 1951. Comme auteur dramatique, Roussin est un technicien très habile. Avec Marcel Achard il est un des maîtres du «boulevard», c.-à-d. de la comédie légère, facile, dont le seul but est de divertir.
Le titre *Lorsque l'enfant paraît* est le début du premier vers d'un poème de Victor Hugo faisant partie du recueil lyrique *Feuilles d'Automne*.

Georges: Je te remercie.

Jacquet: Il n'y a vraiment pas de quoi.

Georges: Tu oublies quand même un petit détail: c'est que nous nous aimons, Natacha et moi.

Jacquet: Ah! Vous vous aimez par-dessus le marché?

Georges: Oui.

Jacquet: C'est complet! Je me demande pourquoi par exemple! Jamais je n'aurais pensé qu'elle puisse avoir des goûts de ce genre, cette fille-là. Il est vrai qu'elle est russe, j'oubliais ce détail. Comme tu as l'air d'un moujik, ça donne à cette histoire un air de vraisemblance. Alors quoi? Tu n'as pas l'intention de l'épouser tout de même?

Georges: Oui.

Jacquet: Tu as l'intention de l'épouser?

Georges: Tu dis toi-même qu'un enfant, c'est un mariage forcé.

Jacquet: Enfin 'forcé', 'forcé', il y a des limites! On n'est jamais forcé de faire une boulette!

Georges: Mais moi, je ne me forcerai pas: j'en ai envie. J'aime Natacha.

Jacquet: Tu l'aimes! Tu ne la connais pas!

Georges: Tu dis toi-même que c'est une perfection.

Jacquet: Comme secrétaire! Comme belle-fille, non.

Georges: Et comme femme?

Jacquet: Non plus!

Georges: Pourquoi?

Jacquet: Parce qu'elle est ma secrétaire!

Georges: Et que moi, je suis ton fils.

Jacquet: Oui.

Georges: Mais tu dis justement que je n'en ai pas l'air.

Jacquet: Fichtre non!

Georges: Alors? C'est vrai: je n'ai rien de commun avec votre monde. Je le sens bien!

Jacquet: Tu n'es pas du même milieu que nous? Tu es né dans une poubelle à Saint-Germain-des-Prés, peut-être?

Georges: Ce qui est certain, c'est que je n'ai rien de commun avec le milieu dont tu me parles.

Comédies de Famille

Vocabulaire

M. Laroche est un homme très sérieux, mais son fils, c'est un véritable **hurluberlu**. **(un hurluberlu)**

Saint-Germain-des-Prés

Mais tu es **foutu** comme un vagabond, toi! *(familier)*

l'as de pique
(un as)

Tu ne vas pas te mettre à table avec des **ongles** noirs pareils, non? **(un ongle)**

type extravagant, bizarre

quartier de Paris, situé près de la Sorbonne, rendez-vous des poètes, des chansonniers et, après la deuxième guerre mondiale, des existentialistes

habillé; *tu as l'air de*

ici: personne mal faite, mal habillée

des chaussettes en **vrille** (une vrille)

Le rêve de ce Don Juan est de **séduire**
toutes les filles du monde.

faire tomber sous son charme
*(On peut être séduit par la beauté d'un
paysage, d'un spectacle, par une idée,
etc.)*

un séducteur
une séductrice
une séduction
séduisant, séduisante (adj.)

Après tant d'années, il n'a toujours pas réussi
à **décrocher** un diplôme.

obtenir

Pour devenir avocat, il faut **une licence** en
droit.
(une licence)

un diplôme de licencié
(diplôme universitaire)

une(e) licencié(e)
licencier un ouvrier, un employé, etc.

Comme il est handicapé, il s'est fait
réformer à son service militaire.
(se faire réformer)

*il a été déclaré incapable de faire son
service militaire*

une réforme
un réformateur
réformer (verbe)

Pierre s'est fait réformer **pour avoir** les
pieds plats.

parce qu'il a

François passe tout son temps libre à
bricoler sur des appareils radio.

*travailler à, essayer de réparer pour
s'amuser*
(ici: nuance péjorative)

un bricoleur
un bricolage

des appareils de **T.S.F.**
(la T.S.F.)

Télégraphie sans fil
Téléphonie sans fil
(la radio par exemple)

Son ami suit **vaguement** des cours de
philosophie.

plus ou moins regulièrement

vague (adj.)

Fonder un foyer, n'est-ce pas le souhait de
beaucoup de jeunes?

Former une famille
(se marier, avoir des enfants)

une fondation
un fondateur
une fondatrice

Figure-toi qu'il faut se lever tous les jours à
6 h.
(se figurer quelque chose)

Imagine-toi

une figure
un figurant
figuratif, figurative (adj.)

Ne perds pas ton temps à des **bagatelles**.
(une bagatelle)

choses sans importance; futilités
l'amour physique *(ironique)*

Cet imbécile commence par **la bagatelle**.

Tu ne veux pas écouter, mais tu es en train
de tout **ficher par terre**. *(familier)*

mettre par terre; détruire; gâcher

Un mariage **forcé**.

contraire: voulu; librement consenti

forcer (verbe)
une force

Il est impossible de prévoir
l'imprévu (m.).

l'inattendu; ce qui n'a pas été prévu

prévu(e) – imprévu(e) (adj.)
prévoyant(e) – imprévoyant(e) (adj.)
une prévoyance – une imprévoyance
prévisible – imprévisible (adj.)

tirer un grand trait sur quelque chose

Le prisonnier ne pouvait pas bouger, puisqu'il
avait **un boulet** attaché au pied.

Moi, je ne comprends pas qu'on puisse faire
une boulette pareille. *(familier)*

bêtise; gaffe

Fichtre! *(familier)*

exclamation d'étonnement, de colère

Voilà un homme qui **n'a rien de commun
avec** notre monde.
(avoir quelque chose de commun avec
quelqu'un)

*Entre son monde et le nôtre, il n'y a pas
de rapport; rien ne nous unit.*

commun(e) (adj.)
une commune
une communauté
un communisme
une communion
une communication
communiquer (verbe)

N'oubliez pas de sortir **la poubelle**.

Préparation de la lecture

1 Avec qui *discutez-vous* le plus souvent? (parents – frères – sœurs – copains – copines – professeurs, etc.)

2 Avec qui *vous disputez-vous* le plus souvent? (parents – frères – sœurs – copains – copines – professeurs, etc.)

3 Quelles sont les principales *raisons* de ces disputes? *Classez*-les par ordre décroissant d'importance. *Complétez* la liste, s'il y a lieu.
- L'argent
- La façon de vous habiller, les vêtements, les toilettes
- Les sorties
- Votre façon de parler
- Les camarades
- La politique
- Les résultats scolaires.

4 Quelle est votre tactique dans une dispute?

5 Comment ces disputes se terminent-elles dans la plupart des cas?
- *a* Y a-t-il un vainqueur et un vaincu?
- *b* Les points de vue se sont-ils rapprochés par rapport au départ?
- *c* Arrive-t-on à un compromis, à une solution?

Audition du texte

1 *Après une première audition:*
1 Quels sont les personnages?
- A quel milieu appartiennent-ils?
- Quel âge peuvent-ils avoir?

2 Dans quelle situation se trouvent-ils?

3 De quel genre de conflit s'agit-il? S'agit-il uniquement d'un conflit de génération?

2 *Après une deuxième audition:*
Analyse du texte – répondez aux questions suivantes.
1 A quoi Georges ressemble-t-il? Décrivez-le.
2 Comment semble-t-il vouloir séduire les jeunes filles?
3 Comment Jacquet résume-t-il la carrière de son fils?
4 «Etre armé pour la vie» qu'est-ce que Georges semble entendre par là?
5 Jacquet est-il d'accord avec cette interprétation?
6 Quel aveu Georges fait-il?
7 Quelle est la réaction de Jacquet?
8 Comment les choses doivent-elles se passer d'après lui?
9 Pourquoi Georges n'aurait-il pas respecté cet ordre des choses?
10 Quelles sont les conséquences de sa gaffe?
11 Qu'est-ce qu'un enfant signifie dans ces conditions-là, d'après Jacquet?

12 Que signifie pour Jacquet «avoir la vie devant soi»?
13 «Tu es un homme fini avant d'avoir commencé». Qu'est-ce que cela signifie?
14 Est-ce que Jacquet s'étonne que Natacha puisse aimer son fils?
15 Natacha est Russe. Quelle est l'importance de ce détail?
16 Jacquet estime-t-il que son fils devrait se marier étant donné la situation?
17 Pourquoi Natacha est-elle une perfection comme secrétaire et non comme belle-fille?
18 «Tu es né dans une poubelle de Saint-Germain-des-Prés, peut-être». Qu'est-ce que Jacquet veut dire par là?
19 «Le milieu dont tu me parles». De quel milieu s'agit-il?

Sentez-vous l'écart?

A *Remplacez les mots en italiques par les mots employés dans le texte.*
1 Tu ressembles à un de ces *types extravagants de* Saint-Germain-des-Prés.
2 Tu *es fait* comme un as de pique avec tes chaussettes *pendantes*.
3 Depuis deux ans tu *t'amuses à réparer des postes de radio* et tu suis des cours *de temps en temps*.
4 *En outre* tu viens de te *mettre un poids* à chaque jambe.
5 Jamais tu n'arriveras à *obtenir* un *diplôme* de droit.
6 Pourtant à vingt ans *tout est encore possible*.
7 Toi tu commences par *l'amour physique* évidemment et tu t'y mets *sans avoir* peur.
8 De cette façon tu vas tout *gâcher*.
9 Personne ne pourrait t'*obliger* à *commettre une erreur*.
10 Enfin, il y a des *mesures*!

B *Comparez les mots en italiques aux expressions de Roussin.*
Sentez-vous, pouvez-vous expliquer pourquoi elles sont plus savoureuses, en quoi elles diffèrent exactement?

Synthèse

Complétez individuellement:
- Les *causes* du conflit:...

	Jacquet	Georges
– *Le point de vue* (implicite ou explicite)	...	...
– *Arguments:*	...	...
– *Conclusion:*	...	...

Votre avis?

1 *Comparez les deux listes:*
   – Quelle est la valeur de chaque réplique, de chaque argument?
   – Qui a raison? Qui a tort? Pourquoi?
2 *Comparez* l'image que le père donne de son fils avec celle que vous en avez après avoir écouté le texte.
3 *Comparez les caractères:*

Jacquet:

1 Comment Jacquet apparaît-il? Choisissez les qualificatifs qui vous semblent convenir le mieux pour le caractériser.
   Complétez, nuancez éventuellement:
   – réaliste   – sage
   – bourgeois   – humain
   – intelligent   – autoritaire
   – conservateur   – dominant
   – vieux jeu   – sévère
2 Comment jugez-vous Jacquet
   – en tant que père de famille,
   – en tant qu'éducateur?
3 Croyez-vous qu'il aime son fils?
4 Pense-t-il d'abord au bonheur de Georges?
5 Pour Jacquet «avoir la vie devant soi» signifie: les voyages, l'aventure, l'imprévu, les femmes. Et pour vous?
6 Pourquoi Jacquet ne peut-il pas supporter que son fils ait d'autres idées que lui?
7 Pourquoi est-ce lui qui rappelle son fils à l'ordre et non la mère?
8 Comment voit-il le fils idéal?
9 Quelle serait sa profession?

Georges:

1 Comment Georges apparaît-il? Choisissez les qualificatifs qui vous semblent convenir le mieux.
   – timide   – ingrat
   – résigné   – impoli
   – impulsif   – éloquent
   – enfantin   – lâche
2 Comment jugez-vous Georges
   – en tant que futur père de famille,
   – en tant que fils,
   – en tant que fiancé de Natacha?
3 Pourquoi serait-il devenu un hurluberlu?
4 Etes-vous d'accord qu'il faut des cheveux longs pour séduire les jeunes filles aujourd'hui?

Forme

1 De quel genre de texte s'agit-il? (dialogue, monologue, sermon, etc.)
2 Qu'est-ce qui rend ce texte si vivant?
3 Quels sont les éléments comiques? De quel comique s'agit-il? (comique de situation, comique de mots, etc.). Donnez des exemples.

4 Relevez quelques éléments caractéristiques de la langue parlée? (tournures expressives, familières, ordre des mots, etc.)
5 Jacquet s'adresse souvent à son fils à l'impératif et par des interrogations oratoires. Quel(s) effet(s) cela doit-il produire? Au fond est-ce qu'il s'adresse uniquement à son fils ou à d'autres témoins également?
6 Comment Jacquet dramatise-t-il?
7 Relevez les différences entre la façon de parler du père et celle du fils.
8 Le choix du titre vous paraît-il heureux?

Sujet de discussion

Faut-il être armé pour la vie?
1 Quel est le sens des expressions suivantes:
   a «devenir quelqu'un»
   b «être armé pour la vie»
      – pour vos parents,
   – pour vous personnellement?
   Justifiez votre interprétation.
2 Pourquoi les parents attachent-ils tellement d'importance à la carrière de leurs enfants?
3 Certains jeunes reprochent à l'école de ne pas les préparer à la vie, etc.
   – Citez d'autres reproches importants.
   – Qu'y répondriez-vous?
   – Quels sont les remèdes que vous proposez?
4 S'il est vrai que le conflit des générations existe, quelles en seraient les causes principales?
5 Que devraient faire les parents et les adultes en général pour mieux comprendre les jeunes?
6 Que devraient faire les jeunes pour mieux comprendre les adultes?

Dialogues

A rédiger deux par deux. Les meilleurs seront lus ou interprétés en classe.
– Discussion entre Georges et Jacquet mais cette fois-ci c'est Georges qui explose alors que Jacquet intervient moins violemment ou même de façon compréhensive.
– Discussion entre Natacha et Georges après la scène que Jacquet vient de lui faire.

Elargissement

Imaginez d'autres discussions ou disputes (avec d'autres personnages, dans d'autres circonstances et à propos d'autres sujets).

Lettres

– Après la scène, Georges écrit à son père pour lui répondre à tête reposée. Jacquet répond en s'excusant de sa réaction furieuse.
– Lettre de réconciliation comique, humoristique entre Jacquet et Georges.

Exercices

1 Les sigles

a Consultez un dictionnaire pour connaître la signification et le genre des sigles suivants:
- T.S.F.   - S.A.
- P.D.G.   - S.M.I.G.
- C.N.R.S. - C.A.P.E.S.
- H.L.M.   - C.E.E.
- C.F.D.T. - C.E.S.
- S.N.C.F. - U.D.R.
- D.U.E.L. - U.R.S.S.
- D.U.E.S. - P.C.

b Complétez par le sigle qui convient:
1 L'étudiant qui a terminé le. . . ou le. . . peut se présenter au. . . s'il veut enseigner dans un. . . ou dans un lycée.
2 La. . . est la transmission de signaux au moyen des ondes hertziennes.
3 En France l'. . . est un des partis les plus puissants tandis qu'en. . . il n'y avait qu'un seul parti, c'était le. . .
4 Bien que le. . . varie avec l'évolution du coût de la vie, il ne suffit plus en cette période d'inflation galopante.
5 Nombreux sont les Français qui habitent une. . . , construite par la. . . Dunod. Les. . . eux, résident dans les quartiers riches.
6 La. . . , fondée en 1919, groupe environ 750 000 adhérents.
7 Ce n'est que depuis 1972 que l'Angleterre fait partie de la. . .
8 Ce dictionnaire a été publié avec la collaboration de plusieurs membres du. . .
9 Si vous désirez réserver une couchette, adressez-vous au bureau de la. . .

C Expliquez les sigles suivants. Dites de quoi ces institutions s'occupent, quel est leur but, etc.:
1 O.N.U.
2 S.O.F.R.E.S.
3 O.T.A.N.
4 O.R.T.F.
5 I.F.O.P.

Jeu: Elève A cite un sigle (la liste peut-être allongée à l'infini:
U.N.E.S.C.O., BBC, CIA, FBI, etc.) Il s'agit de décider d'avance quelles seront les limites. Elève B devine et explique en français.

2 Modèle

Ma secrétaire est parfaite.
C'est *une perfection.*
1 La fiancée de Bernard est belle.
2 La coiffure de Jeanne est horrible.
3 Cette dinde est délicieuse.
4 François se croit génial.
5 Leur villa est merveilleuse.
6 Ce bandit est terrible.

3 Modèle (1)

– Tu t'es fait réformer parce que tu as les pieds plats?
– En effet, je me suis fait réformer pour avoir les pieds plats
1 Tu t'es fait réformer parce que tu as les cheveux longs?
2 Vous vous êtes fait réformer parce que vous avez le cœur gros?
3 Ils se sont fait réformer parce qu'ils ont eu le fou rire?
4 Il s'est fait réformer parce qu'il a la gueule de bois?
5 Tu t'es fait réformer parce que tu as les doigts longs?
6 Vous vous êtes fait réformer parce que vous avez des idées révolutionnaires?

1 Cet exercice demande une préparation: les expressions dans les phrases 2, 3, 4, 5 doivent être expliquées d'abord.

4 Micro-conversation

A1 Tu n'as jamais pu arriver à décrocher seulement *ta licence en droit.*
B Et c'est tout ce que tu as à me *dire? Eh bien, je te remercie!*
A2 Il n'y a vraiment pas de quoi!

Clés:

A1		B	
1	ta licence de mathématiques	1	reprocher
2	ta licence de sciences po(litiques)	2	faire savoir
3	ton diplôme d'ingénieur	3	lancer à la tête
4	ton doctorat en médecine	4	reprocher
5	ton certificat d'aptitude	5	faire remarquer

5 *Micro-conversation*

A1 Tu sais ce qu'il va faire, Jean-Jacques?
B1 Jean-Jacques fera *son droit.*
A2 Et *Jean-Pierre*, qu'est-ce qu'il faisait, lui?
B2 *Jean-Pierre?* Il *faisait des affaires.*

Clés:

B1	A2–B2
1 la médecine	**1** Jean-Luc
2 la philosophie	**2** Jean-Philippe
3 l'Ecole militaire	**3** Jean-Claude
4 de l'informatique	**4** Jean-Christophe
5 de la politique	**5** Jean-Michel
6 un excellent avocat	**6** Jean-Marie

B2 (verbe à l'infinitif)
1 faire l'imbécile
2 faire du cheval
3 faire ses dents
4 faire le ménage
5 faire des gaffes
6 en avoir assez

6 *Modèle*

A   Qu'est-ce qu'il faut pour devenir avocat?
B   Pour devenir avocat? il faut *savoir bien parler.*

Elève A pose les questions. Elève B répond en
complétant librement. et d'une façon originale.
1 Qu'est-ce qu'il faut pour devenir architecte?
   Réponse: Pour... il faut... etc.
2 Qu'est-ce qu'il faut pour devenir vétérinaire?
3 Qu'est-ce qu'il faut pour devenir chimiste?
4 Qu'est-ce qu'il faut pour devenir artiste?
5 Qu'est-ce qu'il faut pour devenir une vedette?
6 Qu'est-ce qu'il faut pour devenir ministre?
7 Qu'est-ce qu'il faut pour devenir écrivain?
8 Qu'est-ce qu'il faut pour devenir chansonnier?
9 Qu'est-ce qu'il faut pour devenir journaliste?
10 Qu'est-ce qu'il faut pour devenir professeur?
11 Qu'est-ce qu'il faut pour devenir riche?
   etc.

7 *Certains noms de personnages de l'histoire, de la
littérature, etc., sont employés tels quels ou ont
donné lieu à des dérivations. Complétez les phrases*

*suivantes à l'aide d'un des noms propres ou d'un
mot dérivé. Consultez une encyclopédie pour
identifier ces personnages.*

- La Palice   - Jérémie
- Poubelle   - Dr. Guillotin
- Mansard   - Chauvin

1 Avez-vous déjà sorti la...? Les éboueurs passeront
   tantôt pour enlever les ordures.
2 Ma voisine ne fait que se plaindre. J'en ai vraiment
   assez de ses...
3 «Depuis que je suis né, je suis au monde» est une...
4 Moi je préfère une... chez moi à un château en
   Espagne.
5 C'est sur la Place de la Concorde actuelle que bien
   des nobles ont été... en 1792.
6 Proclamer que Paris est la plus belle ville du monde,
   c'est faire preuve de...

8 *Modèle*

A   Je me suis marié avec Natacha.
B   Eh bien! *Tu aurais mieux fait de* la laisser où elle
    était.
En s'inspirant du modèle A, l'élève A formulera une
série d'aveux.
En s'inspirant du modèle, B, l'élève B répondra librement
par un reproche au conditionnel passé.
1 la secrétaire au P.D.G.:
   A: ...   B: ...
2 le fiancé à sa fiancée:
   A: ...   B: ...
3 le politicien au citoyen:
   A: ...   B: ...
4 le joueur à l'arbitre:
   A: ...   B: ...
5 l'élève au professeur:
   A: ...   B: ...

Sujets de rédaction

1 «La jeunesse n'est pas faite pour le plaisir mais
   pour l'héroïsme» (Claudel)
2 «La jeunesse n'est qu'un mauvais moment à passer»
3 «Adressez-vous aux jeunes gens, ils savent tout»
4 «Il faut que jeunesse se passe»
5 «Si jeunesse savait, si vieillesse pouvait»
6 «Les charmes de la jeunesse»
7 Dans X années, j'aurai un | fils
                             | une fille de 17 ans.
Comment réagirez-vous? Rédigez un dialogue avec
lui ou avec elle.

ces jeunes de quarante ans

Michel de Saint-Pierre

Au fond, ce qui déconcerte la jeunesse d'aujourd'hui, ce qui la dépayse étrangement, c'est qu'il n'y ait plus d'âge mûr. La jeunesse, pour s'affirmer, veut et doit s'opposer à quelque chose ou à quelqu'un, et d'autant plus qu'involontairement elle s'appuie en s'opposant. Et quand elle a perdu ses adversaires et ses victimes, elle a perdu en même temps ses meilleurs soutiens. Or, qu'elle le veuille ou non, elle ne peut plus s'adosser à la vieillesse ni à l'hostilité des générations précédentes, car elle se trouve à présent face à face avec la jeunesse de ses pères. C'est effrayant,

tous ces hommes de quarante ans qui jouent au tennis, qui plaisent aux femmes, qui font la foire sans fatigue et qui n'ont pas de rhumatismes! Les progrès extraordinaires de la chirurgie et de la médecine – et l'hygiène de l'époque, en Occident – font que le sommet de la jeunesse d'un homme est à chercher quelque part, maintenant, entre sa trentième et sa cinquantième année. Oui, pour ces jeunes gens et ces jeunes filles, c'est un peu effrayant, tous ces croulants qui ne croulent pas.....

On pouvait dire autrefois que les gens d'âge mûr ne comprenaient pas

les jeunes. Aujourd'hui, ce sont les jeunes gens qui ne comprennent rien aux adultes.

La jeunesse n'est pas un âge créateur. Elle ne le sera jamais. L'enfance elle-même n'est créatrice que de rêves, faits avec des arcs-en-ciel et des gouttes de rosée. Mais la création est le fait essentiel de l'âge mûr, qui seul a le courage d'élever sa pyramide.

Vous voulez la vérité, la voici: la jeunesse est férocement jalouse de l'âge mûr. Il arrive, Dieu merci, qu'une merveilleuse alchimie puisse muter en amour cette jalousie.....

Les Nouveaux Aristocrates

Vocabulaire

Ce qui me **déconcerte** le plus, c'est qu'elle n'a pas eu peur, elle si peureuse d'habitude. **(déconcerter)**	**surprend**	déconcertant(e)
Je me suis **adossé** au mur. (s'adosser)	**appuyé contre**	dos le dossier
J'ai eu un rêve **effrayant** cette nuit.	**terrible; épouvantable**	effrayer effroi effroyable effroyablement
Vive le camping! Les vacances à l'hôtel, c'est bon pour **les croulants**. **(une(e) croulant(e))**	*personne d'âge mûr dans le langage des jeunes.*	crouler s'écrouler
Les vacances à la mer! Ce que nous avons **fait la foire**.	*Nous sommes sortis tout le temps; nous avons fait la fête.*	
Un arc-en-ciel splendide annonçait le retour du soleil.		

La rosée du matin mouillait nos chaussures.	*petites gouttes sur les plantes, les fleurs, le matin très tôt*	
Les jeunes sont **férocement** jaloux.	**terriblement; cruellement**	la férocité féroce (adj.)
Ce fonctionnaire a été **muté**, après ce scandale. **(muter)**	**déplacé**	la mutation

«A Paris, ce qu'on appelait autrefois l'âge mûr tend à disparaître. On reste jeune très longtemps, puis on devient gâteux.»

A. Capus

Analyse

Après une première lecture:
  1 Quelle est la période de la vie que l'on qualifie généralement d'âge mûr?

Questions plus détaillées:
  2 Qu'y a-t-il de déconcertant pour les jeunes dans la société moderne?
  3 Pourquoi les jeunes ont-ils besoin des adultes?
  4 Comment l'auteur décrit-il l'homme moderne d'âge mûr?

  5 Par quoi ce changement est-il expliqué?
  6 Comment les termes classiques du problème des générations sont-ils inversés?
  7 Quelle aptitude l'auteur refuse-t-il d'accorder aux jeunes?
  8 Pourquoi le «courage d'élever sa pyramide» constitue-t-il le symbole de la créativité de l'homme mûr?
  9 La conclusion est à la fois pessimiste et optimiste. Pourquoi?

Lecture Familiale

JACQUES PRÉVERT

La mère fait du tricot
Le fils fait la guerre
Elle trouve ça tout naturel la mère
Et le père qu'est-ce qu'il fait le père?
Il fait des affaires
Sa femme fait du tricot
Sons fils la guerre
Lui des affaires
Il trouve ça tout naturel le père
Et le fils et le fils
Qu'est-ce qu'il trouve le fils?
Il ne trouve absolument rien le fils

Le fils sa mère fait du tricot son père des affaires lui la guerre
Quand il aura fini la guerre
Il fera des affaires avec son père
La guerre continue la mère continue elle tricote
Le père continue il fait des affaires
Le fils est tué il ne continue plus
Le père et la mère vont au cimetière
Ils trouvent ça naturel le père et la mère
La vie continue la vie avec le tricot la guerre les affaires
Les affaires la guerre le tricot la guerre
Les affaires les affaires et les affaires
La vie avec le cimetière

Jacques Prévert

Discussion

1 L'auteur trace-t-il un portrait fidèle de l'homme mûr?
2 La maturité vient-elle nécessairement avec l'âge?
3 Qu'est-ce qui fait la maturité de quelqu'un?
4 Vous sentez-vous «férocement jaloux» de l'adulte?
5 Etes-vous d'accord avec l'opinion de l'auteur quand il avance. «La jeunesse n'est pas un âge créateur»? Pourriez-vous donner des exemples du contraire? (dans les domaines: art, inventions,. . .)
6 Trouvez-vous que ce texte soit valable aussi indistinctement pour un homme (jeune ou d'âge mûr) que pour une femme (jeune ou d'âge mûr), ou pensez-vous qu'il s'adresse plutôt à l'un qu'à l'autre?

Exercices

1 *Modèle*

– La jeunesse, comment trouve-t-elle l'âge mûr?
– *Ce qui déconcerte* la jeunesse, *c'est qu'il n'y ait plus d'âge mûr.*
1 Comment trouvez-vous la jeunesse?
2 Comment trouves-tu l'esprit sportif parmi les jeunes?
3 Vos parents, comment trouvent-ils cette ambiance étudiante?
4 Comment trouve-t-il la camaraderie?
5 Vos professeurs, comment trouvent-ils l'esprit compétitif entre les jeunes?
6 Comment trouves-tu le patriotisme?

2 *Modèle*

C'est effrayant, tous ces hommes qui jouent au tennis.
Il est effrayant de voir tous ces hommes *jouer* au tennis.
1 C'est effrayant, toutes ces dames qui se déguisent en jeunes filles dans le vent.
2 C'est effrayant, tous ces hommes mûrs qui gagnent des épreuves sportives.
3 C'est effrayant, tous ces adultes qui se moquent de leur âge.
4 C'est effrayant, tous ces pères qui empruntent le blue-jean de leur fils.
5 C'est effrayant, toutes ces mères qui ont du succès comme leur fille de 18 ans.
6 C'est effrayant, tous ces hommes de quarante ans qui plaisent aux filles.
7 C'est effrayant, tous ces adultes qui se moquent des jeunes.

3 *Modèle*

– La jeunesse peut-elle s'adosser à l'hostilité des générations précédentes?
– *Qu'elle le veuille ou non,* elle *ne peut* s'adosser à l'hostilité des générations précédentes.
1 Pouvons-nous revenir sur nos pas?
2 Thérèse peut-elle compter sur l'aide de son amie?
3 Jacques et Pierre peuvent-ils rattraper le temps perdu?
4 Toi et moi, pouvons-nous courir ce risque?
5 Albert peut-il envisager de se marier?

Pierre de Ronsard
Ode à Cassandre

Mignonne, allons voir si la rose
Qui ce matin avait déclose
Sa robe de pourpre au soleil
A point perdu cette vêprée
Les plis de sa robe pourprée,
Et son teint au vôtre pareil.

Las! voyez comme en peu d'espace,
Mignonne, elle a dessus la place
Las, las, ses beautés laissé choir!
O vraiment marâtre Nature,
Puisqu'une telle fleur ne dure
Que du matin jusques au soir!

Donc, si vous me croyez, mignonne,
Tandis que votre âge fleuronne
En sa plus verte nouveauté
Cueillez, cueillez votre jeunesse:
Comme à cette fleur, la vieillesse
Fera ternir votre beauté

Les Odes

LES VIEUX

Jacques Brel

1   Les vieux ne parlent plus ou alors seulement parfois du bout des yeux.
Même riches ils sont pauvres ils n'ont plus d'illusions et n'ont qu'un cœur pour deux
Chez eux ça sent le thym le propre la lavande et le verbe d'antan
Que l'on vive à Paris on vit tous en province quand on vit trop longtemps
5   Est-ce d'avoir trop ri que leur voix se lézarde quand ils parlent d'hier
Et d'avoir trop pleuré que des larmes encore leur perlent aux paupières
Et s'ils tremblent un peu est-ce de voir vieillir la pendule d'argent
Qui ronronne au salon qui dit oui qui dit non qui dit je vous attends
Les vieux ne rêvent plus leurs livres s'ensommeillent leurs pianos sont fermés
10   Le petit chat est mort le muscat du dimanche ne les fait plus chanter
Les vieux ne bougent plus leurs gestes ont trop de rides leur monde est trop petit
Du lit à la fenêtre puis du lit au fauteuil et puis du lit au lit
Et s'ils sortent encore bras dessus bras dessous tout habillés de raide
C'est pour suivre au soleil l'enterrement d'un plus vieux l'enterrement d'une plus laide
15   Et le temps d'un sanglot oublier toute une heure la pendule d'argent
Qui ronronne au salon qui dit oui qui dit non et puis qui les attend
Les vieux ne meurent pas ils s'endorment un jour et dorment trop longtemps
Ils se tiennent la main ils ont peur de se perdre et se perdent pourtant
Et l'autre reste là le meilleur ou le pire le doux ou le sévère
20   Cela n'importe pas celui des deux qui reste se retrouve en enfer
Vous les verrez peut-être vous la verrez parfois en pluie et en chagrin
Traverser le présent en s'excusant déjà de n'être pas plus loin
Et fuir devant vous une dernière fois la pendule d'argent
Qui ronronne au salon qui dit oui qui dit non qui leur dit je t'attends
25   Qui ronronne au salon qui dit oui qui dit non et puis qui nous attend

Avec l'autorisation spéciale des Editions Pouchenel-Bruxelles

Jacques Brel
Acteur – auteur – compositeur – chansonnier, né à Bruxelles en 1929.
La tendresse, la solitude, la mort, la révolte sont parmi les thèmes principaux que Brel chante d'une façon très poétique, personnelle et souvent ironique.
Il est mort en 1978.

Vocabulaire

parler **du bout des** | **lèvres**
| **dents**

à peine *(en ne remuant presque pas les lèvres)*
(aussi: sans plaisir)

le **verbe d'antan**
les paroles d'autrefois

Leur voix **se lézarde.**
se casse; s'affaiblit

un lézard
une lézarde

les **paupières (une paupière)**

la paupiere

la **pendule**

la pendule

le pendule

le **pendule**

Ecoute, le chat **ronronne.**
(ronronner)

fait ronron *(un bruit sourd et continu)*

un ronron

Tous les dimanches, ils vont boire leur **muscat. (le muscat)**

(Voir dictionnaire)

Les livres **s'ensommeillent.**
(s'ensommeiller)

s'endorment

un sommeil
un somme

Ces vieillards ont beaucoup de **rides.**
(une ride)

ridé(e)
dérider

sortir **bras dessus bras dessous**

Ils sont toujours habillés de **raide.**
(le raide)

contraire: souple
vêtements raides, qui ne se plient pas facilement

L'enterrement s'est déroulé dans la plus stricte intimité. Seule la famille du défunt était présente. **(un enterrement)**

la mise en terre

enterrer (verbe)

Cette fille n'est pas si **laide** que cela. **(laid, laide**: adj.)

contraire: beau

une laideur

Lorsque l'enfant fut puni, il éclata en **sanglots. (un sanglot)**

il se mit à pleurer

sangloter (verbe)

Le vieillissement de la France semble irréversible. En 1900 13 % de la population avaient 60 ans et plus. Ils sont 19 % aujourd'hui, dont 58 % de femmes. Il pourrait y avoir 14 millions de plus de 60 ans en 2050.

En vieillissant on comprend de moins en moins la vie et les hommes: cela s'appelle avoir de l'expérience.

M. Chapelan

On ne voit vieillir que les autres

A. Malraux

Préparation de la lecture

1 Qu'est-ce que c'est pour vous, un «vieux», une «vieille»? A quoi pensez-vous? (– aspect physique, psychologique, santé, comportement, attitude, gestes, façon de parler, caractère, etc.)
2 Quand diriez-vous de quelqu'un qu'il est vieux, qu'il devient vieux? Est-ce que cela ne dépend que de l'âge? De quel âge?
3 Quels sont d'après vous les premiers symptômes de la vieillesse?
4 Il y a des symptômes physiques, psychologiques, physiologiques. Lesquels vous paraissent les plus importants?

Sentez-vous l'écart?

Remplacez les mots en italiques par ceux employés par Jacques Brel. Etudiez l'écart au point de vue expressif, poétique, etc. Il ne s'agit pas toujours d'expressions parfaitement équivalentes ou synonymes.

1 Les *vieillards* parlent *encore à peine*.
2 Leur voix *se casse*, des larmes leur *tombent des yeux*.
3 Chez eux, on *entend ce qu'ils disaient autrefois*.
4 Ils *ont peur* parce qu'ils voient vieillir *l'horloge* qui *fait un bruit sourd* au salon.
5 Le *vin* du dimanche ne les fait plus chanter.
6 Ils sortent parfois *en se donnant le bras* pour aller à l'enterrement de *quelqu'un qui est moins beau*.

Analyse

A

1 Les vieux ne sont plus ce qu'ils etaient.
   a Comment se manifeste leur déchéance?
   b S'agit-il d'une déchéance physique uniquement?
2 Qu'est-ce que l'auteur suggère par
   – le thym?
   – la lavande?
   – le verbe d'antan?
3 Remarquez le passage du sujet «les vieux» à «on» (Vers 4).
   a Quelle en est la signification?
   b Expliquez l'opposition «à Paris» – «en province».
   c Quelle est la portée de ce vers dans la strophe, dans toute la chanson?
4 Expliquez pourquoi
   a «leur voix se lézarde»;
   b «des larmes leur perlent aux paupières»;
   c «ils tremblent»
5 Qu'est-ce qui leur permet d'oublier le temps pendant un instant?
6 Expliquez et étudiez la valeur poétique des images suivantes:
   a «ils parlent du bout des yeux»;
   b «même riches ils sont pauvres»;
   c «ils n'ont qu'un cœur pour deux».

B

1 «Les vieux ne rêvent plus. . .» (vers 9)
   a Quel aspect de la vieillesse ce vers évoque-t-il?
   b Par quels exemples est-il illustré?
2 Pourquoi les vieux ne bougent-ils plus?
3 En quoi le vers 12 résume-t-il toute leur situation et son évolution?
4 A quelle occasion unique sortent-ils encore?
5 Comment se présentent-ils dans ce cas-là?
6 Expliquez et étudiez la valeur poétique des images suivantes:
   a «le petit chat est mort»;*
   b «le muscat du dimanche. . .»;
   c «leurs gestes ont trop de rides»

C

1 «Les vieux ne meurent pas, ils s'endorment» (vers 17)
   S'agit-il d'un simple euphémisme?
2 a Quelle correspondance y a-t-il entre les vers 13 et 18?
   b Est-ce un geste typique des vieux?
   c Quelle est sa valeur symbolique?
3 Quel est l'aspect de la mort évoquée au vers 19?
4 De quel «enfer» s'agit-il? (vers 20)
5 a De quoi le survivant s'excuse-t-il?
   b Pourquoi cette excuse? Y a-t-il de quoi s'excuser?
6 Pourquoi cette fuite devant la pendule? (vers 23)

Synthèse

1 De quelle façon Brel chante-t-il les vieux? De façon:
   positive – négative
   fataliste – réaliste
   sympathique – ironique
   pessimiste – optimiste?
   Choisissez les adjectifs qui vous semblent convenir le mieux.
   Expliquez pourquoi.
2 Avez-vous l'impression que Brel se moque des vieux?
3 En quoi consiste leur vie?
4 Brel ne fait pas parler les vieux. Il réussit pourtant à les animer, à les faire vivre? Comment?
5 Quel est le rôle de la pendule d'argent? La valeur symbolique?
6 Quelle serait la conclusion, s'il y en a une?

Forme

Le Poème
1 Remarquez
   – la répétition du mot «lit» au vers 12.
   – l'allitération «du lit au lit».
   Qu'est-ce que cela pourrait suggérer?

*C'est une citation de Molière (l'Ecole des Femmes)

2 Il y a dans le texte plusieurs répétitions à la forme négative. Relevez-les.
  a Pourquoi? Quel est l'effet qu'elles produisent?
  b Y a-t-il une progression dans ces verbes autour desquels s'articulent les trois strophes?
3 a Comment Brel suggère-t-il le mouvement du pendule?
  b Pourquoi le choix du verbe «ronronner» vous semble-t-il heureux au point de vue sonorité?
  c «... je *vous* attends»   (vers 8)
    «... je *les* attends»   (vers *16*)
    «... je *t'* attends»   (vers *24*)
    «... qui *nous* attend»   (vers 25)
    – Pourquoi ce changement de pronom personnel?
    – Qui est-ce que ces pronoms indiquent exactement?
  d Quel rapport y a-t-il entre les vers 4–12–20?
  e Le texte est écrit à l'indicatif présent. Ce temps prend-il une valeur particulière ici?
  f Il n'y a pas de signes de ponctuation. Pourquoi pas, pensez-vous?

Discussion

1 Etes-vous d'accord avec le portrait que Brel nous présente des vieux?
  a N'est-il pas un peu trop pessimiste?
  b A-t-on le droit de parler des «vieux» en général?
2 Reconnaissez-vous dans cette évocation quelqu'un que vous connaissez, un membre de votre famille, un voisin peut-être? Racontez.
3 En quoi ce texte vous concerne-t-il, vous qui êtes jeunes?

Suggestion

Pour un concours de photographie, on vous demande de photographier un vieillard, une vieille femme. Où chercheriez-vous votre sujet? Avez-vous une idée? Quelle attitude, quel geste, quel décor choisiriez-vous pour cette photo?
Que les amateurs photographes se mettent à l'œuvre. Les meilleures photos seront commentées, classées et exposées en classe.

Sujets de rédaction

1 Portrait: décrivez une vieille personne que vous connaissez.
2 «*Mon grand-père est un type marrant*»
  «*Ma grand-mère est une femme formidable*»
3 «*Que l'on vive à Paris on vit tous en province quand on vit trop longtemps*»
4 «*Les vieux se répètent et les jeunes n'ont rien à dire*»
  J. Bainville

L'AIEUL

Tu n'es plus bon à rien, tu vieillis, on te laisse
La garde des enfants quand tes fils vont aux champs,
Et les gamins, plutôt étonnés que méchants,
Rient parfois et parfois ont peur de ta faiblesse.
Ils regardent, avec de clairs yeux ronds, tes mains,
Ta barbe; mais ce qui, plus que tout, les arrête,
C'est de voir constamment branler, branler la tête:
'J'en sais long, j'en sais long sur tous les maux humains',
Dit-elle. Et quand, le soir, vague, chenue, horrible,
Dans l'ombre elle poursuit son triste hochement,
Les petits cœurs craintifs sentent obscurément
Que le malheur est assis là, pauvre et terrible.

François Porché

«*C'est avec des adolescents qui durent un certain nombre d'années que la vie fait des vieillards*»
Marcel Proust

témoignage
«*Le plus dur dans la vieillesse pour moi, c'est de vieillir. Et je n'ai que soixante-neuf ans. On sent qu'on n'est plus ce qu'on était, on perd ses forces, la vie n'est plus la même, j'avais le goût de vivre, je me levais à six heures alors que maintenant je ne sais pas, il y a quelque chose, il y a quelque chose, c'est une pesanteur, on n'a plus envie. Voilà, on n'a plus envie*».

Exercices

1 *Défendons les vieux.*

a *Voici un certain nombre de reproches que les vieilles personnes s'entendent faire fréquemment. Répliquez.*
On dit:
1 Qu'elles accueillent avec scepticisme la nouveauté.   R: ...
2 Qu'elles constituent une charge pour les actifs.   R: ...
3 Qu'elles s'attachent trop à l'argent.   R: ...
4 Qu'elles perdent leur gaieté.   R: ...
5 Qu'elles sont sales.   R: ...
6 Qu'elles n'ont plus confiance en personne.   R: ...
7 Qu'elles sont indifférentes.   R: ...

b *Allongez la liste vous-même.*
Étudiant(e) A formule une critique. Étudiant(e) B réplique et vice versa.

2 *Modèle:*
– Les vieillards n'ont pas les moyens de faire valoir leurs droits. Ils ne constituent aucune force éonomique.
– *Si* les vieillards..., *c'est qu'ils* ne constituent...
1 Les vieux scandalisent. Ils ont les mêmes désirs que les jeunes.
2 Vous tremblez. Vous avez peur de tomber.
3 Nous nous promenons bras dessus bras dessous. Nous avons peur de nous perdre.
4 Je m'excuse. Je me suis rendu compte de mon erreur.
5 Ils sortent encore. Ils vont à l'enterrement d'un ami.

3 *Le vocabulaire de la décadence*

a *Cherchez dans un dictionnaire de la langue française le sens exact des «synonymes» suivants. Notez également les adjectifs et les verbes dérivés.*
1 la décadence

2 la déchéance
3 le déclin
4 la décrépitude
5 la dégradation
6 la détérioration

b Complétez par le substantif qui convient (le mieux).
1 Après une période de grande prospérité, la civilisation romaine est arrivée à son...
2 Au 17ème siècle, la monarchie française est à son apogée. Le 18ème siècle voit son...
3 La... de sa santé nous a inspiré de vives inquiétudes.
4 La vieillesse est souvent représentée comme une période de... physique, de...
5 Au 18ème siècle, la poésie française connaît une période de...
6 Montesquieu est l'auteur d'un ouvrage qui s'intitule «Considérations sur les causes de la grandeur des Romains et de leur...»
7 La... de cette maison est telle qu'il faudra la démolir.
8 La... de ces institutions devait aboutir à un changement radical.

[4] *Modèle*
Ils ont trop ri. Leur voix s'est affaiblie.
Est-ce d'avoir trop ri que leur voix s'est affaiblie?
1 Le vieillard avait trop souffert de la solitude. Il s'est suicidé.

2 Les enfants avaient trop pleuré. Ils avaient les yeux tout rouges.
3 Son ami avait trop bu. Il a causé un accident.
4 Tu as gaspillé trop d'argent. Ta maison a été vendue sans doute.
5 Nous avons trop regardé la télé. Nous devons porter des lunettes.

[5] *Modèle*
Même si l'on est riche, on est tous pauvres quand on est vieux.
Que l'on soit riche,...
1 Même si l'on met en pratique une politique de la vieillesse, le fond du problème ne sera toujours pas résolu.
2 Même si l'on construit des maisons de repos, on ne pourra pas accueillir tout le monde.
3 Même si l'on est âgé on a besoin de l'affection des siens.
4 Même si les enfants leur donnent de l'argent, ils ne les sauveront pas de la solitude.
5 Même si l'on prétend que la vieillesse constitue les vraies grandes vacances, moi je ne voudrais pas changer.

> «Ne pas honorer la vieillesse, c'est démolir la maison où l'on doit coucher le soir»
> *Delvaux*

tout ce qui dépasse 55 ans doit être mis au rebut!

Simone de Beauvoir

L'économie est basée sur le profit, c'est à lui pratiquement que toute la civilisation est subordonnée: on ne s'intéresse au matériel humain que dans la mesure où il rapporte. Ensuite, on le jette. 'Dans un monde en mutation, où les machines font des carrières très courtes, il ne faut pas que les hommes servent trop longtemps. Tout ce qui dépasse 55 ans doit être mis au rebut', a dit récemment au cours d'un congrès le docteur Leach, anthropologue de Cambridge. Le mot 'rebut' dit bien ce qu'il veut dire. On nous raconte que la retraite est le temps de la liberté et des loisirs. Ce sont des mensonges éhontés. La société impose à l'immense majorité des vieillards un niveau de vie si misérable que l'expression 'vieux et pauvre' constitue presque un pléonasme; inversement: la plupart des indigents sont des vieillards.

Les loisirs n'ouvrent pas au retraité des possibilités neuves; au moment où il est enfin affranchi des contraintes, on ôte à l'individu les moyens d'utiliser sa liberté. Il est condamné à végéter dans la solitude et l'ennui, pur déchet. Que pendant les quinze ou vingt dernières années de sa vie un homme ne soit plus qu'un laissé pour compte, cela manifeste l'échec de notre civilisation: cette évidence nous prendrait à la gorge si nous considérions les vieillards comme des hommes, ayant une vie d'homme derrière eux, et non comme des cadavres ambulants. Ceux qui dénoncent le système mutilant qui est le nôtre devraient mettre en lumière ce scandale. C'est en concentrant ses efforts sur le sort des plus déshérités qu'on réussit à ébranler une société. Pour démolir le système des castes, Gandhi s'est

attaqué à la condition des parias; pour détruire la famille féodale, la Chine communiste a émancipé la femme. Exiger que les hommes restent des hommes pendant leur dernier âge impliquerait un radical bouleversement. Impossible d'obtenir ce résultat par quelques réformes limitées qui laisseraient le système intact: c'est l'exploitation des travailleurs, c'est l'atomisation de la société, c'est la misère d'une culture réservée à un mandarinat qui aboutissent à ces vieillesses déshumanisées. Elles montrent que tout est à reprendre, dès le départ. C'est pourquoi la question est si soigneusement passée sous silence; c'est pourquoi il est nécessaire de briser ce silence: je demande à mes lecteurs de m'y aider.

La Vieillesse

Vocabulaire

C'est au profit que la civilisation **est subordonnée**.
la civilisation a moins d'importance que le profit
une subordination
un(e) subordonné(e)

Notre système économique ne s'intéresse pas beaucoup **au matériel humain**.
aux hommes
le matériel = les outils, les instruments
le matériau – la matière dont on se sert

Notre monde est **en mutation** constante.
(une mutation)
en train de changer constamment
muter (verbe)

Ces machines **font des carrières** très courtes.
Leur durée de service est très courte.
la carrière
faire carrière

tout ce qui **dépasse** 55 ans
(dépasser)
a plus de

mettre au rebut
(un rebut)
(Voir dictionnaire)

L'**anthropologue** M. Mead a étudié plusieurs tribus indiennes.
spécialiste qui s'occupe de l'étude de l'homme en tant qu'espèce: son histoire, son évolution, les différentes races, etc.
une anthropologie

65 ans, c'est l'âge de **la retraite** pour la plupart des salariés.
l'âge où l'on se retire de la vie active
un(e) retraité(e)
prendre sa retraite

Ne le crois pas, il ne raconte que des **mensonges**.
(un mensonge)
contraire: la vérité
mensonger, mensongère (adj.)

Voilà un mensonge **éhonté**!
dont on devrait avoir honte
une honte
avoir honte de
honteux, honteuse (adj.)

inversement
vice versa
inverser (verbe)
une inversion

La plupart des **indigents** vivent dans les villes.
(un(e) indigent(e))
pauvres
une indigence

Il s'est affranchi des contraintes.
(**s'affranchir** se conj. comme finir)
(une contrainte)
Il s'est libéré des obligations.
contraindre (verbe)

On **ôte** à l'individu les derniers moyens de subsister.
(ôter)
enlève; reprend; retire

Il est condamné à **végéter** depuis qu'il n'a plus aucun revenu.
vivre misérablement
une végétation

C'est du pur **déchet**.
(le déchet)
(Voir dictionnaire)

un laissé pour compte
quelqu'un qu'on a abandonné, dont on ne s'occupe plus

Malgré tous nos efforts, nous avons subi un nouvel **échec**.
(un échec)
contraire: une réussite
échouer – réussir (verbe)

Cette évidence nous **prendrait à la gorge**.
(prendre à la gorge)
choquerait

Il a tellement maigri qu'on dirait un cadavre **ambulant**.
en train de se promener
une ambulance

Ceux qui **dénoncent** le système devraient proposer autre chose!
(dénoncer)
accusent
une dénonciation

C'est un système **mutilant**.
(mutiler)
qui blesse tout en coupant
un mutilé (de guerre)

Il veut **mettre en lumière** les qualités de son protégé.
faire remarquer

Il a été **déshérité** par son oncle riche.
(déshériter)
Il n'a pas reçu sa part de l'héritage.
hériter – déshériter (verbe)
un héritier, une héritière
un héritage

Il faut penser aux **déshérités** de la société.
pauvres

Ces mesures ont **ébranlé** la société.
(ébranler)
fait trembler
mettre en branle

Si l'édifice tombe en ruine, il vaut mieux le **démolir** carrément.
une démolition
un démolisseur

Connaissez-vous le système des **castes** en Inde?   *classes sociales fermées*
(une caste)

Cela **impliquerait** un changement radical.   **entraînerait; comprendrait**   une implication
(impliquer)

L'atomisation de la société   *le fait de la répartir en petites unités*   un atome

La culture ne devrait pas être réservée à **un mandarinat** uniquement.   **une élite; une caste**   un mandarin

Ces efforts n'**aboutissent à** rien du tout.   **conduisent à; se terminent par**   un aboutissement
(aboutir à)

Trop souvent, la vieillesse **est déshumanisée**.   **n'est plus humaine**   humain (adj.)
(déshumanisé(e), adj.)   un humanisme
humaniser
une humanisation
une déshumanisation
déshumaniser

La question est **passée sous silence**.   *on n'en parle pas, on évite d'en parler*
(passer sous silence)   *contraire: briser le silence*

> «De tous les phénomènes contemporains, le moins contestable, le plus sûr dans sa marche, le plus facile à prévoir longtemps d'avance et peut-être le plus lourd de conséquences est le vieillissement de la population».
>
> *A. Sauvy*

Synthèse

1 Formulez exactement le raisonnement de S. de Beauvoir.
2 Quels sont ses arguments?
3 De quel point de vue étudie-t-elle la vieillesse?
4 Qui tient-elle responsable de la situation des vieillards?
5 Comment envisage-t-elle la société? Est-elle la seule coupable?

Analyse

1 A quoi notre civilisation est-elle subordonnée?
2 Dans quelle mesure s'intéresse-t-elle au matériel humain?
3 «Tout ce qui dépasse 55 ans doit être mis au rebut». Pourquoi?
4 Quelle comparaison le docteur Leach utilise-t-il pour illustrer son point de vue?
5 On dit que la retraite est le temps de la liberté et des loisirs. Simone de Beauvoir n'est pas d'accord. Pourquoi pas?
6 Pourquoi les adjectif «vieux» et «pauvre» sont-ils presque synonymes?
7 Qu'est-ce qui illustre l'échec de notre civilisation?
8 Cet échec ne semble pas nous choquer. Pourquoi pas?
9 Comment réussit-on à ébranler notre société?
10 Citez les facteurs qui aboutissent à des vieillesses déshumanisées.
11 Quelques réformes ne suffiraient pas. Pourquoi pas?
12 Expliquez «tout est à reprendre dès le départ» Pourquoi?

Votre avis

A discuter en groupe éventuellement
1 Simone de Beauvoir réagit de façon:
– objective – subjective
– aggressive – résignée
– impulsive – réfléchie
– pessimiste – optimiste?
Discutez.
2 Le choix du terme «le matériel humain»* trahit une prise de position de l'auteur. Laquelle?
3 Si la plupart des vieux sont des pauvres, à quelle catégorie appartiendraient les autres pauvres de la société?
4 Croyez-vous que la pauvreté soit le problème numéro un des vieux? Quels seraient leurs autres soucis principaux?
5 Etes-vous d'accord avec les quatre affirmations suivantes de l'auteur? Discutez-en en groupe.

*C'est une expression empruntée au titre d'une piece de Paul Raynal (*Le matériel humain*).

Donnez des exemples du contraire éventuellement.

a «On ne s'intéresse au matériel humain que dans la mesure où il rapporte».

b «Vieux et pauvre» constitue presque un pléonasme.

c «La retraite est le temps de la liberté et des loisirs».

d «Les loisirs n'ouvrent pas au retraité des possibilités neuves».

6 Quelles sont les causes de la pauvreté?

7 Pourriez-vous donner des exemples de «l'atomisation» de la société?

8 Les vieux seraient-ils plus malheureux dans notre société que dans d'autres sociétés?

9 Les vieux ne se révoltent pas. Pourquoi pas? N'en ont-ils vraiment pas les moyens?

10 Comparez le texte de Brel à celui de Simone de Beauvoir:
   – leur point de vue;
   – le genre du texte;
   – ce qu'ils disent des vieux;
   – la façon dont ils le disent.

11 Qui était Gandhi? Consultez les dictionnaires, des encyclopédies, etc.

Exercices

1 *Modèle*

Toute la civilisation est subordonnée au profit.
C'est à lui qu'elle est subordonnée.

1 Le secrétaire d'Etat est subordonné au ministre.

2 Les entreprises nationales sont subordonnées aux entreprises multinationales.

3 Ces deux employés te sont subordonnés.

4 Les plans d'exécution doivent être soumis aux autorités compétentes.

2 *Complétez par le mot qui convient. Ne les confondez pas.*

matériel (adj.) – la matière
le matériel – le matériau

1 L'homme moderne est plus attaché aux biens. . . qu'aux valeurs spirituelles.

2 Les personnes âgées n'ont pas que des soucis. . . Leurs problèmes psychologiques sont plus graves encore.

«Pépé. . . Quand est-ce que tu la casseras, ta pipe?

Mais. . . Mais je ne sais pas mon chéri. Pourquoi me poses-tu une question pareille?

Parce que papa a dit à maman: quand pépé cassera sa pipe, on achètera une nouvelle voiture. . .»

raconté par F. Raynaud

---

3 L'ingénieur étudie la résistance des. . .

4 Les locomotives, les wagons, etc. constituent le. . . roulant du chemin de fer.

5 Excusez-nous; nous étions dans l'impossibilité. . . de venir.

6 De quelle. . . est faite cette cabine spatiale?

7 L'Allemagne exporte. . . de laboratoire alors qu'elle importe des. . . premières.

8 Le prix des. . . de construction a doublé en cinq ans.

9 Pour effectuer une enquête, il faut rassembler un tas de. . .

3 *Jeu*

a Complétez librement
Elève A: L'économie est basée sur le profit. Et la publicité?
Elève B: La publicité? Elle est basée sur. . .

1 Et la politique?

2 Et le pouvoir d'achat?

3 Et la démocratie?

4 Et la société de consommation?

5 Et la guerre?

6 Et la justice?

7 Et la course aux armements?
   etc.

b Cherchez d'autres exemples et changez les rôles.

4 *Micro-conversation*

A Est-ce que *l'économie* s'intéresse vraiment *au matériel humain*?

B Oui, mais elle ne s'y intéresse que dans la mesure où *il rapporte*.

Clés:

A	B
1 la plupart des gens/ les problèmes du Tiers monde	1 toucher à son propre bien-être
2 les banques/ les vieillards	2 avoir beaucoup d'argent
3 les jeunes/ la politique	3 s'intéresser à eux
4 la publicité/ les femmes	4 acheter les produits de la société de consommation.
5 le retraité/les possibilites de distraction	5 être à la portée de sa bourse

Rédactions

1 Un vieillard parle: «Si j'avais 20 ans. . .»

2 Lettre à une personne âgée à l'occasion d'un anniversaire par exemple.

3 «On met longtemps à devenir jeune». (Picasso)

4 Interview d'un(e) centenaire (style comique).

5 Une vieille personne écrit: «Lettre ouverte aux jeunes gens».

RETRAITE MIRACLE? RETRAITE CATASTROPHE?

Ecoutons trois témoignages:

1 *Une employée célibataire:*
  'Le lundi je vais au club et je tricote'

'Les premiers temps après que ma retraite est
venue, quand je me suis retrouvée dans ma chambre,
toute seule, ça a été très dur. Je m'ennuyais
tellement que l'assistante sociale elle est venue me
voir. La vie ça ne me disait rien du tout. Cherchez
des buts, elle me disait, cherchez des buts. Alors,
peu à peu je me suis fait des buts, mais ça n'a pas
été facile, j'ai mis longtemps à me faire une existence.
Je me suis ennuyée comme vous ne pouvez pas
savoir.
Alors j'ai arrangé mes journées comme ça, que
chacun ils aient une raison, un but. Le lundi je vais
au club et je tricote. Tricoter, j'aime ça, qu'est-ce
que vous voulez. Le mardi j'ai une dame très âgée
qui vient me voir, alors on parle ensemble pendant
que je tricote, on discute. Le mercredi je remonte au
club et puis le jeudi je sortais avec une dame de ma
maison, on faisait un tour. Maintenant elle est morte,
le mois dernier elle est morte. Et ça me fait un jour
creux, alors je reste chez moi et je tricote'.

2 *Un écrivain: François Mauriac: 'Vivre suffirait
  désormais à m'occuper'.*

'Je ne me sens détaché de rien ni de personne. Mais
vivre suffirait désormais à m'occuper. Ce sang qui
afflue encore à ma main posée sur mon genou, cette
mer que je sens battre en dedans de moi, ce flux et
ce reflux qui ne sont pas éternels, ce monde si près
de finir exige une attention de tous les instants, de
tous ces derniers instants avant le dernier: la
vieillesse, c'est cela'.

Nouveaux Mémoires intérieurs

3 *Grenadou, un agriculteur de la Beauce, après 60
  ans de labeur: 'J'ai encore autant de courage
  comme si j'avais trente ans. . . . .'*

'. . . . Tout ça. . . . . Ça me prend. . . . . quand je suis
dans les champs. . . . . la terre. . . . . la pousse. . . . . je
vais voir ça tous les jours. . . . . Voilà: mes champs,
eh bien! ce que je sème dedans, c'est comme si
c'étaient mes enfants. Je ne peux plus aller en
vacances, c'est comme si j'en avais la garde, et alors,
s'ils ont besoin d'engrais. . . . . de quelque chose. . . . .
il faut que je traite, je suis effrayé, responsable. . . . .
Je les ai semés, pas? Je peux pas rester dans la
maison. Ma plus grande peur, c'est d'être bourgeois.
Je vais céder à mon garçon, mais je l'aiderai, sinon je
serai malade. Vous savez, moi, la terre, et puis la
culture, ça m'intéresse tellement que j'ai encore
autant de courage comme si j'avais trente ans';
quand je vais dans les champs, je prépare tout,
comme si. . . . . *comme si j'allais point mourir'*.

Questions

1 Comparez l'attitude vis-à-vis de la vieillesse et vis-à-
  vis de la retraite de ces trois témoins.
2 Dans quelle mesure est-elle conditionnée par leur
  profession?
3 Quel sens ont-ils donné à leur vie?

LA RETRAITE: CAUCHEMAR OU NOUVELLE VIE... ptc.

A 89 ans, toujours prêt à décoller

Pour Archie, c'est reparti comme en 14! Ce vétéran de la Première Guerre mondiale, qui a quatre-vingt-neuf ans aujourd'hui, fume vingt cigarettes par jour, ne crache pas sur un bon whisky et figure déjà sur le livre Guinness des records comme le plus vieux parachutiste de chute libre du monde, remet ça. Il a passé la journée de jeudi avec la fameuse équipe aérienne acrobatique de Nigel Lamb. Et, après s'être bien amusé là-haut, il a demandé si on ne voulait pas l'engager pour un prochain meeting...

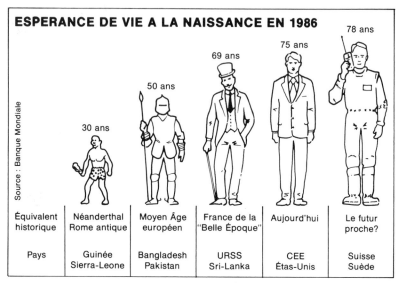

ESPERANCE DE VIE A LA NAISSANCE EN 1986

Source : Banque Mondiale

Équivalent historique	Néanderthal Rome antique	Moyen Âge européen	France de la "Belle Époque"	Aujourd'hui	Le futur proche?
	30 ans	50 ans	69 ans	75 ans	78 ans
Pays	Guinée Sierra-Leone	Bangladesh Pakistan	URSS Sri-Lanka	CEE Étas-Unis	Suisse Suède

L'EVENEMENT DU JEUDI - 10 AU 16 SEPTEMBRE 1987

Un grand tournant, ça doit se préparer

On l'attend, on l'attend le jour où l'on arrêtera enfin de trimer. Et quand il arrive, on jubile... avant de sombrer, parfois, dans l'angoisse. Pourtant, à 60 ans, on n'a jamais été aussi gâté...

Marcel est heureux... Ses camarades d'atelier viennent de lui offrir un combiné scie-perceuse électrique, le dernier modèle, hypersophistiqué. Comment ont-ils su qu'il en rêvait? Bricoleur-né, il va enfin pouvoir réparer la porte du grenier et offrir à son épouse les étagères de cuisine, promises depuis longtemps... Alors, ils pourront emménager dans cette maisonnette de campagne, achetée près de Chartres. Sa retraite, Marcel ne l'a pas volée! Il a commencé à travailler à 14 ans, à l'époque du Front populaire. Après un dernier pointage, plutôt symbolique, il offre sa tournée au bar du coin. Accolades, *«T'en as de la chance! Je voudrais bien être à ta place... Tu viendras nous voir?»* Oui, oui, bien sûr...

Mais Marcel sait déjà qu'il évitera tout contact avec la banlieue industrielle qu'il a fréquentée de jour comme de nuit pendant plus de trente ans: il y a le jardin à entretenir,

les boutures à repiquer, la bicyclette à remettre à neuf. Pour l'arrière-saison, le couple a prévu une petite virée en Bretagne. Marcel ira à la pêche. Il dormira. Il apprendra à apprécier le silence de la nature... le bonheur, ce n'est pas compliqué. Une exception Marcel? Pour la plupart des actifs, le passage à la vie de retraité est souvent plus heurté. Bien sûr, même ceux qui partent encore jeunes, au faîte de leur carrière, entonnent volontiers le refrain «Vivement la retraite!...» Mais le jour venu, quel vide! les habitudes changent. Quelques jours émerveillés à écouter le chant des oiseaux qui remplace le vacarme des machines. Et puis petit à petit, on s'agace. L'inactivité pèse, devient oisiveté. Les petites manies du conjoint deviennent horripilantes. On s'ennuie.

C'est l'histoire de Françoise, épouse d'un gérant de magasin d'alimen-

tation. Elle avait continué à travailler après le départ en retraite de son mari. A 65 ans, elle le suit dans leur belle maison, à 150 kilomètres de Paris. Au début, c'est l'euphorie, et puis les réveils en douceur se transforment rapidement en enfer domestique. Françoise ne sait pas s'occuper. Elle prend cette trop grande maison en horreur. Son angoisse laisse progressivement place à une profonde dépression. Le couple doit revendre la maison pour une bouchée de pain et s'installer dans un deux-pièces en banlieue parisienne. Son isolement s'atténue, mais Françoise marche toujours aux anti-dépresseurs. Elle a peur de se retrouver seule, sans ressources, si son mari meurt. *«Je n'ai pas vu passer la vie. On n'a pas fait d'enfant, parce qu'on pensait ne pas avoir le temps de les élever. Aujourd'hui, on le regrette. Du moins, ils viendraient nous voir...»*

Le vieux sage sait depuis toujours que la vie paraît beaucoup plus longue quand on se prive de tous les plaisirs

France-Soir, 29.8.87

Exercices

1 *Trouvez dans le texte la locution ou le mot qui correspond:*

1 ne méprise pas
2 recommence
3 travailler d'arrache-pied
4 traité avec trop d'indulgence
5 celui qui s'occupe chez soi à de petits travaux manuels d'entretien
6 opération pour contrôler la présence d'un ouvrier
7 paie des consommations pour tous
8 jeunes pousses à planter
9 l'automne/l'âge voisin de la vieillesse
10 au point culminant
11 lorsque le moment arrive
12 s'énerve
13 désoeuvrement
14 époux
15 commence à détester
16 par degrés
17 presque rien
18 diminue

2 *Complétez les phrases suivantes, utilisant tous les détails nécessaires des textes pour donner le sens complet:*

1 Archie est l'homme le plus âgé. . .
2 Marcel rêvait depuis. . .
3 Ses collègues de travail voudraient que. . .
4 Pour bien des retraités il est difficile. . .
5 Françoise, après avoir. . .
6 Il a fallu que Françoise et son mari. . .

Enquête

Vous avez peut-être des grand-parents âgés ou peut-être connaissez-vous des vieux. Faites des recherches auprès d'eux en leur posant des questions à propos de leurs problèmes et de leur vie. Comment peut-on les aider à résoudre ces problèmes?
Le rôle et la responsabilité de l'État et de la famille?
Comment la société les aide-t-elle?
Qu'est-ce qu'on devrait faire de plus?
Par groupes de deux ou trois, ou individuellement, préparez vos conclusions et présentez-les oralement aux autres membres de la classe.

DOSSIER 6: La Loi c'est la loi

la justice
au festival correctionnel

d'après Vassilis Alexakis

Au tribunal correctionnel, aujourd'hui, il y a du monde. Vous réussissez tout de même à entrer et même à y trouver une place assise. Vous regardez autour de vous et vous constatez qu'il n'y a, dans toute la pièce, qu'un seul tableau: il représente une femme. Vous vous demandez pourquoi la justice ne cherche pas à accrocher sur ces murs si hauts, si nus, autre chose que son portrait: un paysage, par exemple, une scène de la vie quotidienne aux champs, quelque chose enfin qui fasse ressembler cette pièce, où l'on juge la vie de tous les jours, aux pièces où l'on vit tous les jours.

Au lieu de cela, vous êtes bien obligé de constater que les fenêtres sont placées suffisamment haut pour qu'on ne puisse pas voir la vie qui passe dans la rue. C'est donc dans ce monde à part que l'inculpé doit expliquer comment il a eu l'idée étrange de voler cent francs.

Son histoire paraît, bien sûr, un peu ridicule. Il la raconte d'ailleurs très mal, il ne trouve pas ses mots, il fait des fautes de français. Enervée, la vieille dame qui est assise devant vous murmure à sa voisine, une vieille dame également:

– Les étrangers n'ont qu'à rentrer chez eux.

L'aspect le plus curieux de la pièce qui se joue ici, c'est que le personnage principal connaît mal son rôle. Il a peut-être déjà eu affaire à la justice, mais combien de fois? Dans ce cas-ci, c'est la première. Il reste, de toute façon, un amateur. Face à lui des professionnels, qui jouent la même pièce plusieurs fois par jour depuis des années.

Pour qu'il y ait une apparence d'équilibre dans l'interprétation de la pièce, le moins que vous puissiez demander aux professionnels, c'est de ne pas profiter des bafouillages des amateurs pour faire valoir leur éloquence. Le président de la chambre où vous êtes à présent répond tout à fait à ce vœu.

Demain, quand vous reviendrez au tribunal, vous verrez que ce n'est pas toujours le cas. Vous ferez la connaissance d'un président qui ne laisse

pas passer l'occasion de placer une plaisanterie pour faire rire la salle au détriment de l'inculpé. Vous l'entendrez dire à un jeune homme qui a provoqué un accident en conduisant sans permis une voiture: 'Il fallait vous acheter une voiture à âne!'

Le public, dans lequel vous reconnaîtrez cette même vieille dame et son amie qui sont aujourd'hui assises devant vous, rira aux larmes. Après-demain, quand vous reviendrez au tribunal, les vieilles dames y seront aussi.

C'est que le spectacle en vaut la peine.

Au début de la pièce, vous vous demandiez pourquoi le seul personnage pour lequel aucun costume spécial n'est prévu est le personnage principal. Maintenant, vous savez que cela aurait été parfaitement inutile, puisque la pièce est construite, justement, autour du déshabillage de ce personnage, qui se débarrasse progressivement de tous ses secrets, à commencer par les plus petits: son âge, sa profession.

Il serait normal qu'un programme soit présenté au public à l'entrée du tribunal, qui le renseigne, non pas sur l'inculpé, puisqu'il apprendra suffisamment de choses sur son compte pendant l'audience, mais sur ceux qui le jugent: où sont-ils nés? quel âge ont-ils? dans quelles conditions ont-ils fait leurs études? où habitent-ils? où passent-ils leurs vacances? sont-ils mariés?

Pendant ce temps, la mise à nu du protagoniste continue, et les vieilles dames tremblent d'impatience, car la chose devient très intéressante: il a proposé à la fille, dont il venait à peine de faire la connaissance, d'aller avec lui à l'hôtel. Qu'est-ce qu'elle lui a répondu? Elle lui a dit: 'Oui!' Les vieilles dames sont d'autant plus ravies que la fille en question est venue au tribunal pour récupérer l'argent que l'inculpé lui a volé à l'hôtel.

Vous la regardez aussi. Elle joue son rôle sans beaucoup d'assurance: toute la salle a ri lorsqu'elle a su que l'inculpé, qui est jeune, lui a fait croire qu'il était chirurgien! C'est qu'il est beau. Mais à présent elle évite de le regarder.

Enfin, la parole est à la défense. La rude tâche de l'avocat consiste à justifier avec la plus grande sincérité possible ses honoraires. Lorsque vous entendez un avocat dire: 'Je crois sincèrement que mon client n'a voulu tuer personne en tirant un coup de revolver', vous aimeriez pouvoir lui demander, en privé, après l'audience: 'Vraiment?'

Si l'affaire était plus importante, si le public était plus nombreux, si la presse était là, peut-être ce personnage ferait-il un plus grand effort d'imagination. Aujourd'hui, il se contente de ce qu'il a: l'enfance de l'inculpé. Une enfance malheureuse d'ailleurs: renversé par une voiture à onze ans et blessé à la tête. Ses parents ne s'entendaient pas. Tout cela est peut-être vrai, seulement, il faut un terrible effort d'imagination pour dire, dans ce monde à part, les choses les plus simples.

La pièce est maintenant terminée. Vous sortez dans la rue, vous allumez une cigarette, vous marchez. Vous marchez longtemps, très longtemps, puis vous vous arrêtez dans un café que vous ne connaissez pas, dans un quartier qui n'est pas le vôtre, vous commandez une bière et, tandis que vous la buvez tranquillement, vous imaginez que vous êtes devant le juge, qui vous demande avec insistance ce que vous faisiez ce soir-là dans un café que vous ne connaissiez pas, dans un quartier inconnu.

Vous bafouillez terriblement.

Vocabulaire

L'inculpé était devant les juges.	*La personne qui a commis une faute grave et qui doit se présenter devant le tribunal.*	inculper quelqu'un de une inculpation
Est-ce qu'**il y a un équilibre des forces**? Il roulait à vélo lorsque tout à coup il a perdu l'équilibre et il est tombé. **une apparence d'équilibre.**	*Est-ce que des deux côtés les forces sont égales?*	équilibrer
	Un équilibre à première vue. Ce n'est peut-être pas un vrai équilibre. L'apparence est ce que l'on peut voir; ce n'est pas toujours la réalité.	apparemment apparent
Comment cette pièce est-elle interprétée? Est-ce une bonne ou une mauvaise interprétation?	*Est-ce que les comédiens jouent bien ou mal? dans quel style?*	un(e) interprète
Les amateurs **bafouillent** parfois.	*parlent mal, en hésitant souvent*	le bafouillage un bafouilleur
Les professionnels **font valoir leur éloquence.**	*mettent leur éloquence en valeur, en soulignent les qualités.*	se faire valoir
Le président **répond à nos vœux.** (un vœu)	*Il est tout à fait ce que nous voulions, ce que nous désirions*	'meilleurs vœux!'
Il raconte sans cesse **des plaisanteries.** (une plaisanterie)	**des histoires amusantes, des histoires pour rire**	plaisanter – un plaisantin Tu parles sérieusement ou tu plaisantes?
On fait rire la salle **au détriment de** l'inculpé.	**en faisant tort à**	
La vieille dame **rit aux larmes.** (une larme)	*rit jusqu'à ce que les larmes lui coulent sur les joues.*	
le déshabillage	*l'action de déshabiller (contraire: habiller)*	('s) habiller – l'habillage – un habit l'habillement – (se) déshabiller
L'inculpé **se débarrasse de** tous ses secrets	**se défait, se libère de** *(Maintenant, on sait tout de lui.)*	

A un visiteur qui entre chez vous:
'Débarrassez-vous'.

Enlevez votre chapeau, votre pardessus.

Que savons-nous **sur le compte de l'inculpé**?

de ce qu'il a fait, de sa vie...

une **audience**

Lors d'un procès, il peut y avoir deux audiences par jour, la première la matin, à neuf heures. A midi, le président se lève et annonce que l'audience reprendra à quatorze heures.

La mise à nu continue.

Le déshabillage complet.

mettre à nu

Les vieilles dames sont **ravies**.

très contentes

le ravissement

L'avocat a **une rude tâche devant lui.**

un travail qui demande beaucoup d'efforts, de peine.
(Généralement, la tâche a un sens plus noble que le travail, qui est le terme plus neutre.)

L'avocat veut **justifier ses honoraires.**
(m.pl.)

Il veut prouver que l'argent qu'il demande à son client correspond au travail pour le défendre.

Ses parents **ne s'entendaient pas.**
(s'entendre)

Ses parents n'avaient pas les mêmes idées; ils n'étaient pas d'accord sur un certain nombre de points.

une entente

Le bon argument, dessin de Honoré Daumier

Après une première lecture

1 A quoi l'auteur compare-t-il le tribunal?

2 Comment l'inculpé est-il présenté?

3 L'auteur ne critique pas que le tribunal. De qui se moque-t-il encore?

Observation du texte

LA TECHNIQUE NARRATIVE

LE LECTEUR, C'EST VOUS

Pour intégrer le lecteur, Alexakis utilise un procédé assez courant dans ce genre de textes, mais efficace. Lequel?

LE PUBLIC ET VOUS

Est-ce que le lecteur est considéré comme associé au public tel qu'il est décrit tout au long du texte? Quel est le statut du lecteur? Justifiez votre réponse.

LA COMPARAISON

Développons les deux termes de la comparaison tribunal-théâtre. Faisons l'inventaire des mots et expressions choisis par l'auteur pour la réaliser.

COMPORTEMENTS ET PAROLES

Deux types de narration alternent. Tantôt, c'est l'œil du lecteur qui se promène dans la salle d'audience et qui observe l'aspect extérieur des personnages. A ces moments-là, rien n'est capté du contenu de leurs paroles. Tantôt, justement, nous parviennent des mots, des pensées. Montrez la variété de la technique narrative. (Ainsi, Alexakis dispose de plusieurs moyens différents pour nous transmettre les paroles des personnages.)

L'IRONIE

Suivons Alexakis au fil du texte et découvrons son ironie. Quels sont les messages qui se cachent derrière cette ironie?

Exemples

Vous réussissez *tout de même* à entrer et *même* à y trouver *une place assise*...

L'inculpé doit expliquer comment il a eu l'*idée étrange* de voler cent francs.

DROIT AU BUT

Parfois les critiques sont plus apparentes, plus explicites.

Exemples

C'est donc *dans ce monde à part* que...

«Les étrangers n'ont qu'à rentrer chez eux»

Donnez d'autres exemples.

LA PIECE EST TERMINEE

Pourquoi l'auteur nous fait-il «marcher longtemps, très longtemps» à la sortie du tribunal? Quel est le sens de la réaction finale prêtée par l'auteur au lecteur?

IL Y A TEXTE ET TEXTE

Pour informer le public de lecteurs, Vassilis Alexakis a pensé atteindre le mieux son but en choisissant le type de texte que nous avons sous les yeux. C'est un texte narratif: l'auteur nous «raconte une histoire» (ou plusieurs histoires). Il aurait très bien pu transmettre les mêmes informations, le même message, en écrivant un texte non narratif (où ne figurerait que peu ou même aucun élément descriptif).

Essayez vous-même de traduire *Au festival correctionnel* en texte non-narratif. Il peut s'agir d'une dissertation sur *L'homme devant la Justice*.

LE CONTENU

POUR...

L'auteur tient à nous présenter successivement trois cas. Comment opère-t-il la transition d'un cas à l'autre sans rompre trop brutalement le déroulement de son texte? Comparez les trois cas en question. Pourquoi l'auteur a-t-il choisi ceux-là?

...OU CONTRE

On pourrait objecter que si le texte est assez habilement conçu, il n'en est pas moins unilatéral (il n'éclaire qu'un seul côté du problème). Que pourrait-on répondre à chacune des critiques explicites ou implicites formulées par l'auteur? Comment peut-on expliquer, sinon justifier, certains aspects de la justice, certains comportements, certaines attitudes de ses serviteurs?

Exercices

1 *Modèle*

Il a tiré. Est-ce qu'il voulait tuer quelqu'un?

Non, *en tirant*, il ne voulait tuer personne.

Voici comment un avocat sans imagination répondrait aux questions d'un juge.

1 Il est donc allé acheter le revolver. Est-ce qu'il comptait s'en servir?

2 Le vendeur lui a remis le revolver. Est-ce qu'il a remarqué quelque chose de suspect?

3 L'homme est rentré chez lui. Est-ce qu'il s'attendait à une visite?

4 Madame Dubois a sonné. Est-ce qu'elle savait ce qui l'attendait?

5 L'homme a ouvert la porte. Est-ce qu'il avait le revolver à la main?

6 Madame Dubois a demandé son argent. Est-ce qu'elle mesurait le danger?

7 Madame Dubois a vu sortir le revolver. Est-ce qu'elle a pensé à s'enfuir?

8 L'homme a tiré. Est-ce qu'il voulait la tuer?

2 *Modèle:*

En quoi consiste la tâche de l'avocat? Est-ce qu'il doit justifier ses honoraires?
Justement, elle (a) *consiste à* justifier ses honoraires, (b) *consiste en* la justification de ses honoraires.
Choisissez. Indiquez les cas où les deux constructions sont possibles.

1 En quoi consiste un tribunal? Est-ce une série de salles plutôt impressionnantes?
2 En quoi consiste la tâche du président? Est-ce qu'il pose des questions?
3 En quoi consiste le rôle du procureur? Est-ce qu'il défend la loi?
4 En quoi consistent les procès selon Alexakis? Est-ce qu'il s'agit de déshabiller l'inculpé?
5 En quoi consiste un programme au théâtre? Est-ce qu'on y trouve des informations sur la pièce?
6 En quoi consiste l'intervention de la jeune fille? Est-ce qu'elle veut récupérer son argent?
7 En quoi consiste le talent de l'avocat? Est-ce que c'est le fait de bien parler?
8 En quoi consiste le texte d'Alexakis? Est-ce qu'il veut critiquer le monde judiciaire?

3 (Pour les réponses pensez aux raisons qui sont données dans le texte.)

Exemple:
Les vieilles dames reviennent au tribunal. Pourquoi?
C'est que le spectacle en vaut la peine.

1 Il ne faut pas arriver trop tard dans la salle. Pourquoi?
2 Les fenêtres sont placées assez haut. Pourquoi donc?
3 L'histoire de l'inculpé paraît un peu ridicule. Pourquoi?
4 La vieille dame est énervée. Pourquoi?
5 Il n'y a pas que ça. Vous ne voyez pas une autre raison?
6 Le personnage principal connaît mal son rôle. Pourquoi?
7 Les professionnels, eux, connaissent très bien leur rôle. Pourquoi?
8 Le public vient de rire aux larmes. Pourquoi?

4 *Modèle:*

Les juges ne font jamais rire la salle.
C'est tout le contraire: *ils ne laissent pas passer l'occasion de* la faire rire.

1 Les vieilles dames ne vont jamais au tribunal.
2 Le tribunal ne s'intéresse jamais aux petits secrets de l'inculpé.
3 Alexakis ne critique jamais les juges.
4 L'avocat de la défense parle rarement de l'enfance de l'inculpé.
5 Les professionnels n'aiment jamais faire valoir leur éloquence.
6 La jeune fille n'est pas venue récupérer son argent. *(Répondez au passé composé!)*
7 Le jeune homme n'a jamais dit à la fille qu'il était chirurgien. *(Passé composé – Deux pronoms)*
8 Il n'a pas volé son argent. *(Passé composé – Deux pronoms)*

5 *Modèle:*

Les vieilles dames sont *ravies*. Est-ce que c'est surtout parce que la fille est venue pour récupérer son argent?
C'est cela. Elles sont *d'autant plus ravies que* la fille est venue pour récupérer son argent.

1 Il y a du monde. Est-ce que c'est surtout parce que le spectacle en vaut la peine?
2 L'étranger raconte mal. Est-ce que c'est parce qu'il ne connaît pas le français?
3 La dame est énervée. Est-ce que c'est parce que l'étranger ne trouve pas ses mots?
4 Les professionnels, eux, jouent bien (!) la pièce. Est-ce que c'est surtout parce qu'ils la jouent depuis des années?
5 Il n'y a pas beaucoup d'équilibre dans la pièce. Est-ce que c'est parce qu'elle est jouée à la fois par des professionnels et par des amateurs?
6 Les juges et les avocats font valoir leur éloquence. Est-ce que c'est parce qu'ils sont face à un amateur?
7 Il est inutile de donner un costume spécial à l'inculpé. Est-ce que c'est parce que la pièce est construite autour de son déshabillage?
8 A l'entrée, un programme sur l'inculpé n'est pas nécessaire. Est-ce que c'est parce que le public en apprendra suffisamment pendant l'audience?

Organisation de la justice en France

De l'infraction au tribunal, le chemin est long

Jean Transcenne est comédien. Mais son second métier, c'est escroc. Le matin, en général, les comédiens sont libres. Alors, Jean Transcenne se présente chez les dames seules pour leur proposer des contrats d'assurance. Des faux, bien sûr. Jean parle bien. Il arrive souvent à convaincre. Oui, évidemment, parfois il faut revenir une deuxième, même une troisième fois avant de 'conclure l'affaire', mais ça en vaut la peine. Jean Transcenne n'est pas exigeant. Il se contente toujours d'un premier versement. Jean est aussi discret. Après le premier versement, les dames n'entendent généralement plus parler de lui.

Un jour, madame Têtemolle, s'aperçoit de l'escroquerie. Elle *dépose plainte*. J. Polata, officier de *la police judiciaire, arrive sur les lieux*. Madame Têtemolle est fort agitée. Tant bien que mal, elle *donne un signalement de* son courtier-escroc. Ça ne servira pas à grand-chose: notre Jean se déguise, quand il opère. La plainte est *transmise au* procureur de la République. Celui-ci *ordonne une enquête*. J. Polata ne trouvera rien.

Un jour qu'une autre victime est allée au théâtre pour applaudir la Compagnie de la Rive droite, elle y a reconnu son faux courtier dans le même costume que le jour du délit.

Jean Transcenne *est interpellé par* la police. Il ne dit rien. Au quai des Orfèvres, siège de la police judiciaire, il *est* longuement *interrogé*. Cette *garde à vue* durera vingt-quatre heures, le maximum. Après quoi, Polata *rédigera* son *procès-verbal* d'enquête pour le procureur. La culpabilité de Transcenne n'est pas établie. Le procureur transmet le dossier *au juge d'instruction*, pour qu'il *instruise* l'affaire. A peine Jeanjean a-t-il été relâché par la police, qu'*un mandat d'amener* le *fera comparaître devant* le juge. Nouvel *interrogatoire*. Jean, d'ordinaire si bavard, se tait. C'est son avocat qui

répond.

Mais le juge d'instruction a d'assez grands pouvoirs. Il ordonne une confrontation *du prévenu* avec toutes les Têtemolle connues. De plus, un matin, il se rend au domicile du comédien pour *faire une perquisition*. Il espère trouver les faux contrats. Et il les trouve.

Cette fois, c'est fichu. Jeanjean sait qu'il n'y a plus rien à faire. Rien ne sert de continuer à *nier*. Il *passe aux aveux*. Il *reconnaît* tous les délits.

Le juge alors *délivre un mandat de dépôt contre* lui.

Voilà Jean Transcenne *en détention préventive*. Il *est placé en maison d'arrêt*: c'est la prison.

Pendant la détention préventive, le juge termine *l'instruction de l'affaire*. Lorsqu'il estime avoir rassemblé suffisamment de renseignements, il remettra son rapport au procureur qui *engagera les poursuites*. Dans un an, un an et demi peut-être, Jean Transcenne *comparaîtra devant* la Xe chambre.

La justice pénale

Elle punit les personnes ayant commis des fautes – en termes juridiques des infractions – contre le Code pénal.

On distingue les niveaux suivants.

Le tribunal d'instance. C'est le tribunal de simple police. On y juge les affaires peu importantes comme les contraventions (par exemple suite au non-respect du Code de la route). La loi y est représentée par le ministère public. Il n'y a qu'un seul juge. *Le tribunal de grande instance*. C'est le tribunal correctionnel. On y juge des fautes plus graves: les délits comme le vol ou l'escroquerie. La victime peut se faire défendre par un avocat de la partie civile.

C'est le procureur de la République ou un de ses substituts qui représente la loi. Les juges sont au nombre de trois.

Quand un jugement ne satisfait pas, on va en appel: cela signifie que l'affaire sera traitée une nouvelle fois, et par d'autres magistrats que l'on appelle des conseillers. En cas d'erreur grave (dans les cas où la procédure suivie à la Cour d'appel aurait été incorrecte, ou encore si la loi a été mal appliquée par la Cour d'appel), on peut faire un pourvoi en Cour de cassation en vue de faire casser le jugement.

Les crimes, infractions très graves comme le meurtre ou le vol à main

Les juridictions

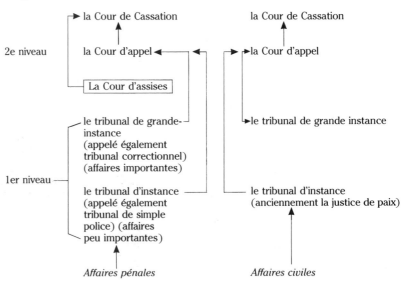

armée, sont portés devant la Cour d'assises, présidée par un conseiller, assisté de deux juges, ainsi que d'un jury, composé de neuf membres, les jurés. Ces derniers sont des non-professionnels dont le nom a été choisi par loterie. L'avocat de la défense a le droit, s'il a de bonnes raisons, de faire révoquer certains membres du jury.

Les jugements de la Cour d'assises sont sans appel. Cependant, dans les conditions décrites ci-dessus, reste la possibilité de la Cour de cassation.

La justice civile

Il s'agit le plus souvent de contestations entre des personnes. Ici aussi, il y a plusieurs niveaux: la différence entre le tribunal d'instance et le tribunal de grande instance est basée également sur l'importance des affaires soumises à la justice.

Ainsi, au tribunal d'instance se traitent les accidents de la circulation, les procès entre les paysans au sujet des limites de leur champ, etc.

Les affaires graves sont portées devant le tribunal de grande instance. Dans les villes d'une certaine importance, les juges de ce tribunal sont répartis en chambres ayant chacune une spécialisation: les divorces, les expropriations, etc.

A la demande d'une des parties, la Cour d'appel réexamine les affaires jugées par le premier niveau.

Tout comme dans le pénal, la Cour de Cassation intervient dans les cas où la loi ou la procédure n'a pas été respectée.

Dans le civil, il n'y a pas d'équivalent de la Cour d'assises.

Les tribunaux spécialisés

Ce sont des tribunaux dont les juges sont en partie des magistrats (donc des professionnels) et des représentants des professions dans le domaine desquelles s'est produit l'infraction ou le désaccord.

Les principaux sont:
– le tribunal des forces armées
– le tribunal de commerce
– le conseil des prud'hommes (pour les conflits entre patrons et employés).

La Cour d'assises

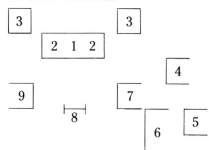

1 le président
2 les assesseurs
3 le jury (les jurés)
4 le greffier
5 l'accusé
6 les avocats de la défense
7 les avocats de la partie civile
8 le(s) témoin(s)
9 le représentant du ministère public

ACTIVITÉ DE GROUPE

Répartissez-vous en groupes de quatre. Chaque groupe invente le début d'une histoire policière. (Inspirez-vous du texte DE L'INFRACTION AU TRIBUNAL..., p. 114. Tenez compte également du vocabulaire: les mots soulignés.

Chaque histoire est laissée inachevée. Il vaut mieux d'ailleurs qu'elle s'arrête sur un point d'interrogation.

Chacun des groupes rédige un texte.

Les meilleures histoires sont sélectionnées et font l'objet d'une suite (et d'une fin) imaginée(s) par un groupe différent.

PLACE AUX ACTEURS

a. La classe est divisée en équipes. Chaque équipe invente et rédige brièvement une histoire policière où il y a plusieurs suspects et, bien entendu, un coupable. Le professeur choisit l'une des histoires. On fait sortir un(e) étudiant(e) d'une autre équipe. Le groupe qui a rédigé l'histoire choisie la raconte brièvement à la classe. On fait rentrer l'étudiant(e) et on lui explique le crime qui a eu lieu. A lui de jouer le rôle du juge d'instruction et d'interroger les suspects un à un afin de retrouver le 'coupable'. Les rôles des suspects sont tenus par les étudiant(e)s qui ont inventé l'histoire.

b. Autre possibilité: chaque équipe prépare une petite «pièce» où un juge d'instruction interroge un suspect et lui fait avouer un crime. Deux étudiant(e)s de chaque équipe jouent la scène devant la classe.

un juge nous parle

Jacques Libert est juge* au tribunal d'instance de Tours. Il a tout juste dépassé la cinquantaine. Avec ses années de barreau, il a plus de vingt ans d'expérience de la justice, des hommes qui la servent, et de ceux qui la subissent.
C'est Paul Rissard, chroniqueur judiciaire, qui l'interroge pour nous.

Le journaliste:	Monsieur le juge, vous avez accepté très aimablement de faire le point avec moi sur un certain nombre de problèmes qui touchent le monde de la justice. Je vous en remercie.
Le juge:	Je vous en prie.
Le journaliste:	Je voudrais vous demander d'abord de faire un retour dans le temps et de nous expliquer comment, dans la société des hommes, s'est manifesté le besoin de justice.
Le juge:	Eh bien, vous avez raison de poser cette question dans ce sens, parce que, voyez-vous, il est tout à fait exact que toute société, aussi primitive soit-elle, à un certain stade de son évolution, éprouve un véritable 'besoin de justice'.
Le journaliste:	Oui, vivre ensemble, en communauté, cela veut dire que l'homme a sa vie, ses biens, sa liberté à protéger.
Le juge:	Certainement. Pour ce faire, il lui faut des règles, pour lui-même et pour les autres. Les membres de la communauté ont un chef et généralement c'est lui, parfois assisté des anciens, qui se charge de faire respecter les obligations et les interdictions.
Le journaliste:	De la société primitive à la société moderne, sur le plan de la justice, l'évolution s'est faite progressivement?
Le juge:	Il est évident qu'avant l'écriture, les règles se communiquaient de génération en génération en se raffinant, en se compliquant aussi au fur et à mesure que devenait plus complexe la structure de la société elle-même. Mais, dans l'Antiquité déjà, nous avons des exemples de codes de lois assez élaborés.
Le journaliste:	On parle souvent de l'importance du droit romain.
Le juge:	A juste titre; il est à la base de notre droit à nous. Chez les

*Celui qu'on appelle *juge* dans la langue quotidienne, les juges eux-mêmes l'appelleraient plutôt *magistrat*.

Le magistrat français a un désir d'indépendance extrême: indépendance pour lui indépendance aussi dans ses jugements des autres.

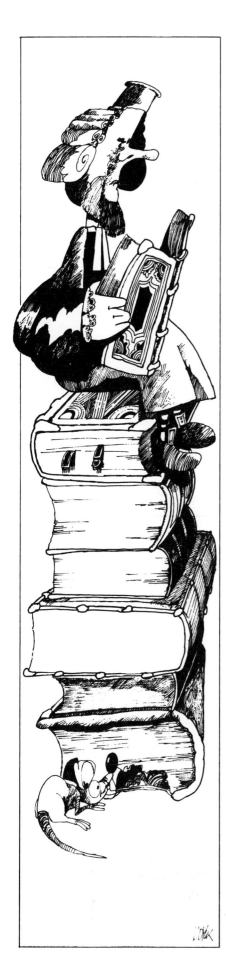

magistrats romains, par exemple, il y a déjà le sacro-saint principe de l'indépendance du pouvoir judiciaire.

Le journaliste: Qu'en est-il, justement, de l'indépendance des juges à la période actuelle?

Le juge: Je dirais qu'elle est fonction de la qualité de la démocratie. Moins un pays est démocratique, que le régime soit de gauche ou de droite, moins ses juges seront indépendants.

Le journaliste: Cette indépendance, n'est-elle pas importante surtout dans les procès politiques?

Le juge: Oui, en effet. Dans les régimes totalitaires, elle est grande, la tentation d'exercer des pressions sur les juges lorsqu'il s'agit de protéger un ami politique ou au contraire d'éliminer les adversaires.

Le journaliste: D'accord, mais que peut craindre le juge s'il n'obéit pas à la volonté de l'Etat? Il est inamovible.

Le juge: Inamovible, oui. Cela veut dire, comme chacun sait, qu'on ne peut pas lui faire quitter son poste. Vous voyez le danger? Il peut voir sa carrière bloquée.

Le journaliste: C'est ce qui fait que les relations de la magistrature et du gouvernement sont parfois difficiles. Mais le peuple, lui, que pense-t-il de ses juges?

Le juge: D'abord on nous reproche, bien sûr, d'être trop loin du peuple – et ceci de plusieurs façons. Les lois d'abord, nos instruments de travail. On souligne le retard des textes sur l'évolution de la société. Mais ça, c'est un reproche d'intellectuel. On dit aussi qu'elles servent le régime en place et surtout les riches. Les juges, par leur toge, leur langage, leur origine sociale, sont parfois très étrangers au peuple.

Le journaliste: Il paraît que jusqu'au siècle dernier, la charge de magistrat s'achetait.

Le juge: C'est vrai. Le magistrat n'était pas payé. Seuls les nobles et les grands bourgeois pouvaient se permettre ce luxe. Aujourd'hui, cela a changé, heureusement. Mais il est encore rare d'y rencontrer des fils d'employés ou d'ouvriers.

Le journaliste: On dit souvent aussi que la justice est chère.

Le juge: Eh oui. Intenter un procès pour défendre ses biens, sur le plan financier, ça reste encore l'aventure. Même si on gagne le procès, on n'est pas sûr de retrouver son argent.

Le journaliste: Et le travail des juges?

Le juge: Il y a une série d'idées fausses sur le travail des juges et sur leurs pouvoirs. On devrait savoir cependant que pour tout non-respect de la loi, de quelque importance qu'il soit, le Code prévoit une intervention sous forme d'amende ou d'emprisonnement, mais toujours à l'intérieur de limites bien précises.

Le journaliste: Le magistrat n'a-t-il pas la liberté d'interpréter les textes?

Le juge: Je sais, ça nous laisse une part de décision. Mais les limitations sont là quand même. Et puis, il y a le fait tout simple que, si la loi n'est pas appliquée comme il faut, il y aura appel. Pour éviter ce genre de complication, il y a la jurisprudence.

Le journaliste: Justement, qu'est-ce qu'exactement la jurisprudence?

Le juge: Une nouvelle loi est votée au Parlement. Peu de temps après, dès que le cas se présente quelque part dans le pays, un tribunal est chargé de l'interpréter, de lui donner un sens concret. Eh bien, pour qu'à l'avenir d'autres tribunaux jugent les affaires du même genre sur une même base, on enregistre l'interprétation qui a été faite la première fois. Nous disons que l'affaire 'fait' jurisprudence. A l'avenir, tous les tribunaux du pays devront s'y référer.

Vocabulaire

Le tribunal d'instance

(Voir p. 114, *L'organisation de la justice en France.*)

La plupart des juges **font d'abord quelques années de barreau.**
sont d'abord avocat pendant quelques années

Le chroniqueur judiciaire
C'est le journaliste spécialisé dans les procès, à propos desquels il écrit des chroniques.
une chronique

Il y a eu une catastrophe. Ecoutons le journaliste. Il va **faire le point de la situation.**
nous résumer ce qui s'est passé et nous dire où en est la situation

Il faut protéger **ses biens.** (m.)
ce qui vous appartient, votre propriété

Je me charge de ce travail.
(se charger de)
Je m'occupe de ce travail, j'en prends la responsabilité.
charger quelqu'un de quelque chose
une charge

Les lois se compliquent **au fur et à mesure** que se complique la société.
dans le même temps et dans la même proportion

Dans **l'Antiquité** (f.) il y avait déjà des textes de lois.
la période avant la naissance de J.C. et après l'invention de l'écriture
l'Antiquité, égyptienne, grecque, romaine

Ce texte est **fort élaboré.**
On a beaucoup travaillé ce texte.

On parle de ce problème **à juste titre.**
Et on a de bonnes raisons de le faire.

Ce principe est **sacro-saint.**
On ne peut pas toucher à ce principe.

Le pouvoir judiciaire doit être indépendant du pouvoir politique.
Montesquieu, auteur du XVIIIe siècle, a défini le célèbre principe de la séparation des pouvoirs législatif (le parlement), exécutif (le gouvernement) et judiciaire (la magistrature).

L'indépendance des juges **est fonction de** la qualité de la démocratie.
dépend de, est proportionnelle à

La Grèce, sous le gouvernement des militaires (1967-74) a connu un régime **totalitaire.**
contraire: démocratique

Le gouvernement a **la tentation** d'intervenir dans le travail du magistrat.
fort envie

Cela le tente.
Il en a fort envie.

Le gouvernement **exerce des pressions sur les juges.**
tente d'influencer les juges
(par sa puissance, son autorité)

Le magistrat est **inamovible**
L'Etat ne peut pas renvoyer (révoquer) le magistrat, le priver de sa fonction.

Le peuple **reproche aux juges d'être trop loin de lui.**
leur fait la critique suivante: ils sont trop loin du peuple.
un reproche

Au tribunal, magistrats et avocats portent **une toge.**

Pierre **intente un procès à** Paul.
Pierre, pour défendre ses intérêts, contre Paul, engage un procès contre lui.

Le procès est fini. Paul a été condamné à **une amende de 1.000 F. et à un emprisonnement de trois mois.**
à payer 1.000 F et à passer trois mois en prison

Si l'une des parties n'est pas contente des résultats du procès, elle peut **faire appel.**
(voir p. 114, *L'organisation de la Justice en France.*)

Ta chanson est si belle qu'il faudrait **l'enregistrer.**
la mettre sur disque, sur bande (pour la conserver)
un enregistrement
un enregistreur

On **enregistre l'interprétation**, le sens donné à une loi.
la conserve sur un registre pour la rendre officielle et la faire connaître.

Pour comprendre les lois, il faut **se référer** à leur interprétation.
recourir à, se reporter à

Si tu veux d'autres explications, il faut te référer à ton professeur.

La justice est de plus en plus sévère avec les criminels. Depuis 1978 le nombre des condamnations à de lourdes peines de prison (10 ans ou plus) a augmenté de 50 %. Dans le même temps, la population carcérale a augmenté de 20 %.

Je vous en prie

En réponse à des remerciements
A – Quelle heure avez-vous, s.v.p.?
B – Dix heures et quart.
A – Merci, Monsieur.
B – **Je vous en prie.**

Pour accompagner un ordre, un souhait
Ex. – Dites-le-moi, **je vous en prie.**
    – Laissez-moi passer, **je vous en prie.**
Pour laisser passer quelqu'un
    – *A* arrive devant une porte, la pousse pour l'ouvrir. *A* ce
    moment-là, il s'aperçoit
    que *B* arrive et se dirige vers la même porte.
    A laisse passer *B* et dit: **je vous en prie.**
Pour protester
    – *A* cherche à ennuyer B, par exemple en le photographiant.
    B dit: **je vous en prie.**

Questions

Après une première audition
1 de la première partie (jusqu'à. . . *il est à la base de notre droit à nous*)
    – Avez-vous compris quelle est selon le juge l'origine de la loi des hommes?
2 de la deuxième (jusqu'à. . . *Il peut voir sa carrière bloquée*)
    – Il est question ici des relations entre deux sortes de pouvoir à l'intérieur de l'État. Lesquels? Qui représente chacun de ces deux pouvoirs?
3 de la troisième (jusqu'à. . . *on n'est pas sûr de retrouver son argent*)
    – Citez l'un des reproches qui est fait aux juges.
4 de la dernière
    – Donnez au moins une des raisons pour lesquelles le magistrat n'est pas entièrement libre de juger comme il veut.

Après une seconde audition de l'ensemble
Introduction
– Montrez que le journaliste n'a pas choisi n'importe quel juge pour répondre à ses questions.

A

1 Est-ce que la justice et les lois sont des inventions des temps modernes?
    A partir de quand l'Homme a-t-il besoin de justice? Pour quelle raison?
2 Qui se chargeait d'exercer la justice dans les sociétés primitives?
3 Comment explique-t-on la complexité des lois actuelles?
4 Est-ce qu'il faut attendre la période moderne pour trouver de véritables codes de lois?
5 Est-ce que les codes anciens sont sans importance pour nous?

B

1 De quoi l'indépendance des magistrats d'un pays est-elle fonction?
2 Comment faut-il expliquer la tentation des régimes totalitaires d'exercer des pressions sur les juges? Qu'espèrent-ils de cette façon?
3 Quel est l'avantage pour le magistrat d'être inamovible? Quel en est aussi le danger?

C

1 Que reproche-t-on souvent aux lois?
2 Est-ce les ouvriers qui font ce reproche?
3 Et les juges, qu'est-ce qui les rend étrangers au peuple, eux?
4 Quelle était la raison évidente de la distance entre le peuple et ses juges, jusqu'au siècle dernier?
5 Quelle est la situation aujourd'hui, à ce point de vue-là?
6 Pourquoi peut-on dire que la justice n'est pas vraiment au service de tous, ni même des pauvres?

D

1 Au moment de prononcer la peine (amende ou emprisonnement), le magistrat n'est pas entièrement libre. Par quoi est-il limité?
2 Que se passerait-il si, même à l'intérieur des limites fixées par le Code, le magistrat exagérait dans un sens ou un autre?
3 S'il est vrai que le magistrat a une certaine liberté dans l'interprétation des textes, à quoi doit-il néanmoins se référer?
4 Comment fonctionne cette seconde garantie qui veille à ce que, à faute égale, il y ait peine égale?

Exercice d'élocution

Imaginez qu'après l'interview, Rissard, le journaliste, est allé boire «l'apéro» au bistrot d'en face. Il y rencontre un confrère qui lui demande de ses nouvelles. Rissard lui parle de l'interview qu'il vient de faire. Le confrère s'intéresse au sujet et lui pose un certain nombre de questions sur ce qu'a dit le juge.
Reconstituez leur conversation.

Discussion

En 1748, Montesquieu écrivait déjà dans l'*Esprit des Lois* à propos de la séparation des pouvoirs, le législatif (celui de faire des lois: le Parlement), l'exécutif (celui de les faire exécuter: le gouvernement) et le judiciaire (la magistrature): «Lorsque dans la même personne (. . .), la puissance législative est réunie à la puissance exécutrice, il n'y a point de liberté. . . Il n'y a point encore de liberté si la puissance de juger n'est pas séparée de la puissance législative et de l'exécutrice. Si elle était jointe à la puissance législative, le pouvoir sur la vie et la liberté des citoyens serait arbitraire: car le juge serait législateur. Si elle était jointe à la puissance executrice, le juge pourrait avoir la force d'un oppresseur»

Expliquez plus largement les deux dangers évoqués par Montesquieu. Quant au dernier, que nous raconte l'histoire contemporaine? (Pensez aux procès politiques dans divers pays).

Connaissez-vous également des exemples du contraire, c'est-à-dire de certaines formes de contrôle du pouvoir politique par le pouvoir judiciaire?

Quelle est la situation dans notre pays?

Exercices

1 *Modèle:*

– Est-ce que les sociétés *primitives* n'éprouvent jamais de besoin de justice?

– Toute société, aussi *primitive* soit-elle, l'éprouve un jour ou l'autre.

1 Est-ce que les hommes honnêtes ne sont jamais mêlés aux affaires judiciaires?

2 Est-ce que les personnes peu curieuses n'ont jamais envie d'assister à un procès?

3 Est-ce que les régimes démocratiques n'ont jamais la tentation de faire pression?

4 Est-ce que les gouvernements totalitaires ne font jamais rien pour le peuple?

5 Est-ce que les lois justes ne causent jamais d'injustice?

6 Est-ce que les juges expérimentés n'éprouvent jamais de besoin d'indépendance?

2 *Modèle:*

– Parlez-moi des rapports entre la *complexité* des lois et celle de la société.

– Les lois se *compliquent au fur et à mesure que* se complique la société.

1 Parlez-moi des rapports entre la démocratisation de la magistrature et celle du régime politique.

2 Parlez-moi des rapports entre l'augmentation de la criminalité et celle de la population.

3 Parlez-moi des rapports entre l'apparition du besoin de justice et celle de la vie en communauté.

4 Parlez-moi des rapports entre la diminution des interventions de l'État et celle du nombre de ses adversaires.

5 Parlez-moi des rapports entre la disparition des libertés et celle des personnes qui les défendent.

3 *Modèle:*

– On parle souvent de l'importance du droit romain.

– A juste titre, il est à la base de *notre droit à nous.*

1 On parle souvent de l'importance de la démocratie athénienne.

2 On parle souvent de l'importance de la mode parisienne.

3 On parle souvent de l'importance du jazz des Noirs.

4 On parle souvent de l'importance de l'esprit cartésien.

5 On parle souvent de l'importance de la géométrie d'Euclide.

6 On parle souvent de l'importance de la grammaire classique.

4 Mêmes stimuli que l'exercice précédent.

Modèle:

– On parle souvent de l'importance du droit romain.

– *Qu'en est-il justement* du droit romain à la période actuelle?

5 – Dans un régime totalitaire, que peut-il arriver à la carrière d'un juge? (bloquer)

– Il peut *voir* sa carrière bloqu*ée.*

1 Que peut-il arriver à ses jugements? (casser)

2 Et aux affaires qu'il a jugées? (juger par un autre tribunal)

3 Et à ses biens? (vendre par l'État)

4 Et à ses amis? (arrêter)

5 Et à sa famille? (menacer)

6 *Modèle:*

– Que peut-il arriver à un homme qui sortant de prison, revient chez lui?

– Arrive-t-il que sa femme le quitte?

– Justement, il peut *voir* sa femme le quitt*er*

1 Arrive-t-il que ses enfants le haïssent?

2 Que son patron lui ferme la porte au nez?

3 Que ses collègues le critiquent?

4 Que ses amis le fuient?

5 Que ses voisins lui tournent le dos?

6 Que les membres de sa famille lui fassent des reproches?

7 *Modèle:*

– Que peut-il arriver à un homme que l'on met en prison?

Arrive-t-il qu'on lui enlève ses affaires personnelles?

– Ça arrive. *Il se voit enlever* ses affaires personnelles.

1 Qu'on lui reproche ses biens?

2 Qu'on lui arrache sa famille?

3 Qu'on lui conteste ses droits?

4 Qu'on lui refuse toute liberté?

5 Qu'on lui ôte la nourriture?

ENTRETIEN AVEC UN ANCIEN DETENU

les prisons

- Qui étais-tu, avant d'entrer en prison?

- J'étais ouvrier, j'avais un C.A.P., c'est même l'origine de ma révolte, je me suis mis à 'casser' parce que je me trouvais exploité, je gagnais un salaire dérisoire.

- Une question d'argent, donc?

- Oui et non. D'un côté, on se révoltait contre le système, contre le capitalisme, quoi, mais alors sans aucune conscience politique. Et puis de l'autre côté, on restait vachement prisonnier du système. On avait des idéaux à l'intérieur du système; ce qu'on voulait c'était ce qu'ont les idoles du système, les stars, les grands écrivains, tout ça... alors, l'idéal, c'était le fric... les bagnoles...

- Tu faisais partie d'une bande?

- Oui... tous des gars qui préfèrent gagner trois millions en dix minutes plutôt que de travailler toute leur vie à l'usine, quoi. Peu à peu, je ne croyais plus à rien, il n'y avait plus que l'aventure, le risque, la fuite en bagnole à toute vitesse, en cognant les trottoirs, les voyages... jusqu'au jour où à force d'accumuler les risques, on s'est fait arrêter.

- Et alors, devant les flics, on avoue?

- C'est vrai, ils dressent les gars les uns contre les autres, ils vous prennent séparément, ils tapent une fausse déposition, avec quelques éléments, ils reconstruisent une affaire, ils te font entrer, ils te racontent leur histoire, ils te montrent la déposition et puis ils te disent, tu peux y aller, ton petit collègue a reconnu les faits, alors tu t'énerves et puis voilà...

- Et puis on arrive en prison...

- Ben oui, alors là, au début, t'es complètement assommé, tu dors, tu bouffes, tu penses à rien... Et puis après, au contraire, tu recommences comme dehors, la révolte, tu décides que personne te marchera sur les pieds. La première année, moi, j'l'ai passée au mitard, enfin, une bonne partie...

- La prison, pour toi, qu'est-ce que c'est?

- C'est une petite société en réduction, tu connais tout le monde, tu repères très vite les ennemis, et ceux-là, tu décides de les avoir. T'as tout ton temps, si c'est pas aujourd'hui, ce sera demain, mais toi, ma vache, je t'aurai...

- Jamais pensé à t'évader?

- Si, pendant cinq ans, j'ai pensé qu'a ça, j'ai fait trois plans... Et puis, avec le temps, les grâces qui tombaient, je me suis mis à calculer, je me suis dit que ça ne valait plus le coup.

- Alors, venons-en à la sortie...

- Eh ben, on est complètement inadapté: pendant des années on n'a pas ouvert une porte, on tire quand il faut pousser, on tourne quand il faut enfoncer et on sent tous les regards braqués. On rase les murs, on a les traits marqués, on relève le col de son manteau, pour passer inaperçu, du coup, on ressemble à un flic de cinéma, on attire tous les regards...

- T'as essayé de chercher du boulot?

- Le boulot, c'est pas possible, les employeurs demandent le casier, ceux qui demandent pas le casier demandent un certificat de l'ancien employeur... C'est une catastrophe...

- Alors, quoi?

- Alors il y a la tentation de recommencer, bien sûr. Tu t'en sors pas, tu te décourages, tu penses que tu t'en sortiras jamais. Et peu à peu tu te rends compte que la société ne veut plus de toi et que t'es devenu un marginal, en attendant mieux...

d'après Chr. Martineau et J.-P. Carcasso,
Le Travail dans les prisons

Vocabulaire

A

Voici d'abord quelques mots et expressions plutôt *populaires* ou même *argotiques* ou dont le sens dans le texte n'est pas courant.

Quand a-t-il commencé à **casser**?	*entrer de force dans une maison, dans une banque, etc., avec l'intention de voler quelque chose (cambrioler)*
Ce musicien joue **vachement** bien.	**très**
le fric	**l'argent**
une bagnole	**une voiture**
bouffer	**manger**
le mitard	*la cellule spéciale dans laquelle on isole un prisonnier indiscipliné*
le boulot	**le travail**

B

un **C.A.P.**	*certificat d'aptitude professionnelle*	
Cet ouvrier est **apte à** faire ce travail.	**capable de**	
Il gagne un salaire **dérisoire**.	**ridicule**	tourner en dérision
	(Il gagne si peu que ça fait presque rire.)	
Il est **conscient des** problèmes que sa décision entraînera.	*Il sait bien que sa décision entraînera des problèmes.*	
Il se révolte contre le capitalisme **sans aucune conscience politique**.	**sans avoir réfléchi à ce système**	
Chaque fois qu'elle entre dans cette rue, cette voiture **cogne** le trottoir. **(cogner)**	**heurte** *(touche violemment)*	
A force de s'entrainer, il améliorera sa condition physique.	**en s'entraînant beaucoup**	la force forcer
A force de patience, il réussira.	**grâce à beaucoup de**	
Il essaie de **dresser mon ami contre moi.**	**le mettre en colère contre moi**	le dressage d'un chien
C'est lui qui **a tapé** cette lettre? **(taper)**	*a écrit cette lettre à la machine*	
Ce témoin a fait **une déposition** importante.	*une déclaration devant le tribunal, ou au commissariat de police*	déposer
Il avait **assommé** son frère. **(assommer)**	*Il lui avait donné un coup violent sur la tête.*	
Après l'interrogatoire de la police **il était assommé**.	**il n'avait plus la moindre résistance**	
une société **en réduction**	**en plus petit, en miniature**	réduire un réduit
Il a **repéré** son ami dans la foule. **(repérer)**	**découvert, reconnu**	
un point de repère	*Quelque chose qui permet de retrouver son chemin, de savoir où on est, etc.*	
Il s'est **évadé** de prison. **(s'évader)**	**échappé**	une évasion
Enfoncer un bouton.	**pousser sur**	enfoncer une porte ouverte
Braquer un revolver **sur quelqu'un.**	*le pointer dans la direction de quelqu'un*	
Il sent **tous les regards braqués**.	*Il sent que tout le monde le regarde.*	
Il rasait les murs. **(raser)**	*Il marchait le long des murs presque en les touchant.*	
Il a **les traits** délicats. **(un trait)**	*les lignes caractéristiques du visage*	
Le prisonnier **a les traits marqués.**	*Il porte sur le visage les traces de son séjour en prison.*	
le casier judiciaire	*feuille sur laquelle sont enregistrées les condamnations prononcées par un tribunal*	
Il est **tenté** par ce travail. **(tenter)**	*Il aimerait, il a bien envie de faire ce travail.*	
une tentation	*ce qui fait naître le désir, l'envie*	
Il n'arrive pas à **s'en sortir.**	**sortir des difficultés, de l'embarras, d'une situation pénible**	

ATTENTION!

Examinez toutes les négations qui se trouvent dans le texte. Que constatez-vous?

Questionnaire

(Evitez les mots argotiques ou trop populaires.)

1 Qui était cet ancien détenu avant d'entrer dans le milieu?
2 Quelle est l'origine de sa révolte?
3 Voulait-il seulement gagner plus d'argent ou avait-il des motifs d'ordre politique?
4 Une fois membre d'une bande, il a évolué peu à peu. Expliquez.
5 Racontez comment les policiers font avouer les membres d'une bande.
6 Quelles sont les premières réactions d'un nouveau prisonnier. Et après?
7 La prison, c'est «une société en réduction». Expliquez.
8 Avait-il pensé à s'évader? Pourquoi ne l'a-t-il pas fait?
9 Comment se sentait-il à sa sortie de prison? Donnez quelques exemples.
10 Chercher du travail, pour lui, c'est impossible. Pourquoi?
11 Quel est l'effet que ça fait sur un ancien détenu?

Discussion

1 Quelles sont d'après vous les causes les plus importantes de la criminalité?
2 Avons-nous tous autant de chances de terminer en prison? Expliquez.
3 Quelle est la fonction d'une prison pour vous?
4 Que pensez-vous des méthodes de la police telles qu'elles nous sont décrites dans ce texte?
5 Comment voyez-vous le rôle de la police dans notre société?
6 Faudrait-il supprimer le casier judiciaire? Pourquoi (pas)?

Exercices

1 *Micro-conversation*
Modèle:
A1 Tu te révoltais contre *le système capitaliste?*
B1 Oui et non. D'un côté *j'étais contre le capitalisme* et puis, de l'autre côté, *j'étais prisonnier du système.*
A2 Qu'est-ce que tu voulais au fond?
B2 Ce que je voulais c'était *ce qu'ont les grandes vedettes du cinéma.*
Clés:

A1	B1	B2
1 l'école traditionnelle	1 se disputer avec ses professeurs – avoir toujours de bonnes notes	1 un enseignement plus engagé
2 l'armée	2 avoir horreur du militarisme – avoir peur d'une invasion	2 un monde où les armées seraient de trop
3 le travail en prison	3 être contre un travail abrutissant – vouloir gagner un peu d'argent	3 un travail qui prépare à la vie en société
4 le système pénitentiaire	4 être dégoûté par la vie en cellule – se sentir coupable	4 un traitement plus humain
5 le droit traditionnel	5 accuser la magistrature de s'isoler dans un monde à part – profiter du système comme avocat	5 un droit plus simple

2 *Micro-conversation*
Modèle:
A1 Et puis, on *arrive en prison.*
B1 Oui. Au début, on *est complètement assommé.*
A2 Et après?
B2 *On s'habitue peu à peu.*
Clés:

A1	B1	B2
1 être interrogé pendant des heures	1 nier tout	1 être fatigué et finir par avouer
2 comparaître devant le tribunal	2 avoir terriblement honte	2 commencer à haïr ce triste spectacle
3 être condamné	3 ne pas se rendre compte de ce qui se passe	3 réaliser peu à peu ce qui est arrivé
4 être enfermé	4 ne penser à rien	4 s'ennuyer terriblement
5 quitter la prison	5 être complètement inadapté	5 constater peu à peu qu'on est devenu un marginal

3 *Modèle:*
Il préfère gagner trois millions en dix minutes *plutôt que de* travailler toute sa vie à l'usine.
1 vagabonder – mener une vie monotone
2 s'amuser – se consacrer à son travail
3 être renvoyé de l'usine – être exploité par quelques grands seigneurs
4 faire une fausse déposition – trahir ses camarades
5 écrire cette lettre à la main – la taper à la machine
6 passer inaperçu – sentir tous les regards braqués
7 s'en sortir soi-même (!) – être aidé par une organisation
8 être assommé – reconnaître les faits

4 *Modèle:*
*A force d'*accumuler les risques, il s'est fait arrêter.
1 répéter la même phrase – apprendre par cœur
2 avoir des contacts avec le milieu – perdre ses principes
3 réfléchir – réussir à organiser son évasion
4 penser à sa situation – se désespérer de plus en plus
5 courage – tenir le coup

6 interroger le prisonnier – briser sa résistance
7 travailler – s'en sortir

5 Rédigez en *six* phrases une petite histoire d'évasion en vous servant dans l'ordre des verbes suivants. Veillez à ce que ces verbes soient toujours suivis d'un infinitif complément.
Exemple:
Il arrive *à s'échapper de* prison.
Il espère *trouver* du travail.
1 penser
2 décider
3 se mettre
4 essayer
5 être contraint
6 réussir

Rédaction

Résumez le témoignage de cet ancien détenu en «bon français».

Pourquoi ne t'es-tu pas échappé comme les autres?
De quoi j'ai l'air, là, toute seule?

le travail des détenues

Nicole Gérard

Nicole Gérard ne vivait plus avec son mari, un médecin parisien. Depuis des années celui-ci fréquentait une autre femme. Ils avaient un fils. Un jour, le père a demandé au tribunal de pouvoir prendre l'enfant chez lui. Alors, ça a été la catastrophe. Nicole Gérard a tué son mari. Elle a été condamnée à sept ans de prison. Nous la retrouvons le premier jour de sa détention. C'est le matin, après le petit déjeuner.

Un quart d'heure plus tard, je retrouve l'odeur tenace de l'atelier, d'autant plus insupportable que nous sommes fin juin et que la chaleur commence à mouiller les corps.

J'entends: 'Marie-Paule, du carton!', 'Marie-Paule, je n'ai plus de colle.' Marie-Paule, c'est une autre détenue. C'est elle qui fournit le matériel. C'est elle aussi qui compte les pièces terminées. 'Marie-Paule, il me manque des étiquettes!' Ça crie, ça rit. Marie-Paule répond à pleine voix: 'Oui, ça va, minute, j'arrive!'

Elle vient déposer devant moi des feuilles de carton à coller. Voilà donc le fameux travail des prisons! Je regarde toutes ces femmes plus ou moins coupables. Elles ont eu comme moi des amours et des chagrins, et leur vie a été interrompue comme la mienne.

Peu de beautés dans cette masse de visages: il y a là de soixante à soixante-dix prisonnières qui n'ont d'autre possibilité pour tenter d'être 'présentables' que la pratique d'une hygiène élémentaire, et c'est tout. Pas de coiffeur à l'horizon. Les cheveux poussent au petit bonheur. Ceux qui sont teints en blond montrent des racines noires, dont la longueur permet de dater l'entrée en prison. A un centimètre de pousse par mois, le calcul est facile.

Je remarque aussi les ongles abîmés, les vêtements usés, les bas filés, les chaussures aux talons fatigués... ou même absents.

Le maquillage? Nous n'y avons pas droit. Peigne? Oui. Miroir? Oui, à condition qu'il soit encadré de plastique. Brosse à dents et dentifrice? D'accord. Seule crème permise: une crème incolore, pour les mains et le visage. Comme je m'étonne que certaines travailleuses, dans cet atelier, aient le visage couvert d'une épaisse couche de fond de teint, des faux cils et les ongles faits, ma voisine de table murmure: 'Oh, on n'est pas au bagne!... Seulement, au prochain contrôle, on les leur prendra, leur rouge et leur vernis!' Après avoir lavé ma gamelle dans la cour en même temps que les soixante autres lavent leurs soixante gamelles – ce qui veut dire désordre, de l'eau sur les pieds, des bousculades plus ou moins voulues – je commence mes collages.

La contremaîtresse d'atelier verse la colle du grand bidon dans des petits pots individuels, apporte du carton à plier et à coller. Je ne sais pas encore à ce moment-là que je ne suis pas obligée de travailler, alors je colle et je plie, je plie et je colle. Boîtes de savon, paquets de biscottes, ce sont là les fabrications les plus courantes. Ajoutons-y les prospectus publicitaires à plier et à mettre sous enveloppe. Tout cela est payé au cent ou au mille.

Le fin du fin de cet artisanat, c'est l'étiquette munie d'un petit fil de nylon, d'une toute petite plume et destinée à un vêtement. L'étiquette à plume est payé 1,50 F le mille. Le travail n'est pas sorcier mais long et énervant, et l'argent dont on dispose au bout de quelques mois en faisant ce genre de travail ne permet pas d'acheter une maison de campagne.
– J'en vois qui ne font rien, dis-je à ma voisine.
– Elles ont le droit. Tu peux t'arrêter si tu veux. Celles qui travaillent, c'est parce qu'elles manquent d'argent de poche. Si tu as un peu d'argent de côté, tricote, lis, écris, tourne-toi les pouces dans les deux sens, on ne dira rien.
– J'ai commencé, je continue. Mais vraiment, ça n'est pas tout à fait intéressant.

A midi, le travail s'arrête. Je mange de bon appétit. Il y a du bifteck.

D'après N. Gérard, *Sept années de pénitence*

Vocabulaire

Dans l'atelier, il y a une odeur **tenace**.	*qui tient bon, qui n'est pas facile à éliminer*	
Paul est un homme **tenace**.	*qui n'abandonne pas ce qu'il a décidé de faire*	la ténacité
La vie est faite de plaisirs et de **chagrins**. (un chagrin)	*souffrance morale*	
Qu'est-ce qui te chagrine?	**Qu'est-ce qui te fait souffrir?** **Qu'est-ce qui ne va pas?**	
Quand je ne sais pas la réponse à une question, je réponds **au petit bonheur**.	*n'importe comment, en espérant que ce sera la bonne réponse*	
Marie est brune. Son fiancé aime les blondes. Alors elle **s'est teint** les cheveux en blond. (teindre, *également: teindre un vêtement, mais peindre un objet.*)		une teinte
La racine du cheveu.	**La base** du cheveu *Egalement: la racine des plantes, des arbres.*	déraciner s'enraciner

Un **bas**
Une paire de bas.
des bas (de) nylon.

Une **chaussette**
Une paire de chaussettes
Les bas **filent**

Les chaussettes sont plus courtes; elles sont aussi en laine, en coton. Les bas fins, même chers, filent presque tous. Les femmes ne peuvent les mettre que quelques jours tout au plus.

Une crème **incolore**.
Elle s'est mis des **faux cils**.
(un cil)

sans couleur
Les faux cils sont plus longs que les cils naturels.

Elle s'est fait les ongles.
(un ongle)
Elle a les ongles faits.

Elle s'est soigné les ongles; elle a mis du vernis (à ongles)

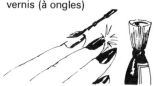

On l'a envoyé **au bagne**.

la prison où l'on envoyait les détenus condamnés aux travaux forcés   un bagnard

La gamelle

La boîte métallique dans laquelle mangent (mangeaient) les soldats, les ouvriers sur les chantiers.

la bousculade

Le soir, à la gare, il y a beaucoup de monde sur le quai. Quand le train arrive et s'arrête, il y a une bousculade terrible: tous veulent monter les premiers de peur de ne pas trouver de place assise.   se bousculer

Attention, voilà **le contremaître!**
   (la contremaîtresse)

La personne chargée de surveiller une équipe de travailleurs.

L'artisanat (m.)
L'étiquette **munie d'**une ficelle.
Une robe **munie d'**une ceinture, une voiture **munie de** phares spéciaux.
Ce n'est pas **sorcier**. (familier)

La fabrication d'objets à la main.   un artisan
à laquelle est attachée

*Ce n'est pas **compliqué**.*
L'expression n'existe que dans sa forme négative et interrogative.

tricoter

Pour tricoter, il faut de la laine, de longues aiguilles et... beaucoup de patience.   le tricot

Quelques questions

1 C'est la première journée de prison de Nicole Gérard. L'auteur, au moment d'écrire ce passage, a su évoquer l'état psychique qui était le sien le jour où elle a vécu ses premières heures de travail en prison. Quel est cet état et où transparaît-il dans le texte?

2 En dehors du travail, sur quels autres domaines ses observations portent-elles?

3 Nicole Gérard semble attacher de l'importance à ce que les détenues soient présentables. Pourquoi?

4 Pourquoi l'administration ne permet-elle aux femmes que le minimum de soins de beauté? Pour des raisons économiques, morales? Pourquoi autorise-t-on la crème incolore?

5 Pourquoi faut-il que les miroirs soient encadrés de plastique?

6 Que faut-il penser du genre de travail proposé aux détenues?

7 Pourquoi ne leur propose-t-on pas de travaux plus intéressants, plus variés? Evoquez certains métiers, certaines professions et voyez pourquoi il est difficile de les faire exercer en prison.

8 Pensez-vous qu'il faut faire travailler les prisonniers? Justifiez votre réponse.

Exercices

1 *Modèle:*
Regardez-moi ces chaussures.
Les talons sont plutôt
fatigués.
Regardez-moi ces chaussures *aux talons fatigues.*
1 Regardez-moi cette robe. Les bords sont plutôt usés.
2 Regardez-moi ces doigts. Les ongles sont plutôt abimés.
3 Regardez-moi ces détenues. Elles ont le regard plutôt triste.
4 Regardez-moi ces cheveux blonds. Les racines sont toutes noires.
5 Regardez-moi cette prison. Ses fenêtres sont peu nombreuses.
6 Regardez-moi ce gardien. Il a l'œil plutôt sévère.
7 Regardez-moi cette cellule. Ses murs sont couverts d'inscriptions.

2 *Modèle:*
– Est-ce que la malade marche bien? (tomber)
– Justement, tout à l'heure, *elle a manqué (de)* tomb*er* (*de* est facultatif ici)
1 Est-ce qu'elle était dans la rue? (se faire renverser)
2 Est-ce que ta voiture roule bien? (tomber en panne)
3 Est-ce que le moteur tourne comme il faut? (s'arrêter)
4 Est-ce que les portières ferment bien? (s'ouvrir)
5 Est-ce que vous êtes resté(e) au volant? (se retrouver par terre)

3 *Modèle:*
– Vous voulez bien demander au directeur si je peux le voir?
– *Je ne manquerai pas de* le lui demander.
1 Vous voulez bien raconter mon aventure à vos parents?
2 Vous voulez bien fermer la porte à clef en sortant?
3 Vous voulez bien téléphoner la nouvelle à sa mère?
4 Vous voulez bien déposer ce paquet à la poste?
5 Vous voulez bien écrire un mot à ces clients?
6 Vous voulez bien montrer cette lettre au chef de bureau?
7 Vous voulez bien signaler l'incident au directeur?
8 Vous voulez bien transmettre ces documents à la dactylo?

4 *Modèle:*
– Je crois que notre amie ne *viendra* pas.
– *Il ne manquerait plus qu*'elle ne *vienne* pas!
1 Je crois même qu'elle ne *veut* pas venir.
2 Je pense qu'elle *a* peur.
3 J'ai même l'impression que c'*est* ça.
4 C'*est* nous qui devrions aller chez elle.
5 Ou alors *attendons* encore une semaine.
6 Il *faudrait* peut-être lui écrire.
7 Ou alors lui *envoyer* des chocolats.

5 Identifiez l'emploi du verbe *manquer* dans les phrases suivantes. Certains sont représentés dans les exercices. Tâchez de voir chaque fois aussi les modalités d'emploi syntaxique (avec ou sans préposition, impersonnel ou non, etc.)
Hier, François a *manqué* les cours. Il avait décidé de rester chez lui pour faire de la photo. C'est son passe-temps favori. Cependant, ce matin-là, il n'était pas en forme. Il a *manqué* une première photo. Furieux, il est sorti de la chambre noire en claquant la porte. Il a descendu l'escalier comme une fusée. Malheureusement il a *manqué* une marche. Il a *manqué* se retrouver à l'hôpital. Deux jours de lit à la maison. Le premier jour qu'il est retourné à l'école, il faisait tellement froid qu'il a attrapé la grippe. Il ne *manquait* plus que ça. Il ne *manquera* pas d'y penser longtemps, à cette mésaventure.

6 *Modèle:*
– Il fallait que je colle des feuilles de carton.
– *Il y avait* des feuilles de carton *à* coll*er*.
1 Il fallait que je plie des prospectus.
2 Il fallait que je vide des bidons.
3 Il fallait que je verse de la colle dans des petits pots.
4 Il fallait que j'attache des étiquettes.
5 Il fallait que je lave ma gamelle.
6 Il fallait que je fasse le ménage.
7 Il fallait que je pèle les pommes de terre.

Il a fallu que des détenus politiques français pendant la guerre, en Allemagne, découvrent le monde de la prison, pour que, après la guerre, l'on se souvienne que les hommes et les femmes emprisonnés sont des êtres humains.

La cantine. Elle tient dans la vie du détenu une place considérable. Il peut, à jour fixe, lui passer commande de produits alimentaires, mais aussi de linge, de sous-vêtements, d'ouvre-boîtes, de cigarettes (seules sont autorisées les «gauloises» sans filtre, mais pas en toutes circonstances) ou de cartes à jouer (récemment admises un peu partout). Cantiner est devenu un verbe actif. «Je cantine» signifie: je peux acheter quelque chose. «Il est très important pour un prisonnier de pouvoir acheter quelque chose, souligne M. Yves Renault, visiteur de prison à Rennes. Cela lui prouve qu'il existe encore, qu'il a encore de l'importance.»

Les Prisons, éd. Filipacchi

Peut-on mettre les Français dans des prisons suédoises?

Un criminologue français différencie les prisons françaises et suédoises comme suit.

En France, la prison est un endroit où les hommes sont gardés par d'autres hommes dont le seul souci est d'appliquer le sacro-saint règlement et de ne pas laisser filer entre leurs doigts ceux dont ils sont responsables. Point final. Le dossier d'un détenu n'est rien d'autre qu'un dossier d'état civil. Mieux encore: le délinquant est définitivement fiché, stigmatisé: la société attend qu'il recommence.

En France, un éducateur est responsable de cent cinquante à deux cents détenus. Que peut-il faire ou savoir? Or, sans confiance, rien n'est possible.

En Suède, au contraire, on dispose d'examens psychotechniques et c'est fondamental. Il faut bien comprendre que chaque délinquant est un homme désorganisé psychologiquement, hyper-névrosé, déséquilibré, qui se sabote lui-même. Il existe une lacune dans l'équilibre psychologique de tout délinquant: il faut la trouver, savoir comment il en est arrivé là, dans quel milieu il vit. Le délinquant doit être examiné médicalement, psychologiquement, socialement.

J'ai été frappé, en entrant dans une prison suédoise, de l'impression de paix qui s'en dégageait. Pourtant, j'étais dans une prison de criminels dangereux. Il y avait de grandes fenêtres (en verre incassable) d'où l'on pouvait voir le paysage. C'était propre et il y avait une certaine 'tenue'. En fait, tout donnait l'impression que le détenu était soutenu, rehaussé par rapport au niveau où il était tombé vis-à-vis de sa délinquance. Il pouvait avoir un bain, une douche, quand il le voulait.

'Les Suédois ont des congés, peuvent aller passer Noël en famille, même si ce sont des criminels, après un temps d'observation, bien sûr.'

Les détenus dont la conduite a été jugée satisfaisante sont libérés après avoir accompli les deux tiers de leur peine, parfois même la moitié. L'ancien détenu est alors placé sous la responsabilité d'un 'agent de surveillance' chargé de sa réinsertion dans la vie sociale en lui trouvant un travail et, si besoin est, un logement.

L'aspect répressif de la peine passe au second plan (alors qu'en France il est au premier plan) et seule compte la 'réinsertion sociale' comme but de la détention. Bien sûr, nulle part, le côté peine n'est aboli, mais en Suède le détenu est un citoyen payé comme tout le monde et qui paie ses impôts comme tout le monde.

En fait, la plupart des détenus sont en prisons 'ouvertes', c'est-à-dire qu'ils vont travailler au-dehors, au milieu des 'autres', et dorment en prison.

Adopter le système suédois en France? Ce n'est pas possible tout de suite. Non pas à cause des délinquants, mais à cause de la société à mentalité stigmatisante, qui a besoin de marginaux. Pour que l'on puisse espérer une révolution, il faut que la société guérisse de son besoin maladif de délinquants. Il faut que l'on arrive, comme en Suède, à réinsérer ces hommes dans la vie sociale, à leur donner une chance de se recycler. C'est notre intérêt à tous.

d'après une interview de Noëlle Namia dans *Paris-Match*

Analyse

– Il y a des mots difficiles? Eh bien, consultez le dictionnaire.
– Faites un tableau comparatif. A gauche, vous décrivez le système pénitentiaire tel qu'il existe en France et à droite, vous notez ce qui y correspond en Suède.
– Pourquoi n'est-il pas possible d'adopter le système suédois en France?

Qu'en pensez-vous?

1 Les détenus dont la conduite a été jugée satisfaisante sont libérés après avoir accompli les deux tiers ou la moitié de leur peine. Vous êtes d'accord?

2 N'y a-t-il pas de dangers au système d'une prison «ouverte»? Vous aimeriez vivre dans les environs d'une prison pareille? Expliquez votre point de vue.

3 Nous devons donner à ces hommes la chance de se recycler, de se réinsérer dans la société. «C'est notre intérêt à tous.» Pourquoi?

4 On nous reproche d'avoir besoin de marginaux inférieurs. Qu'est-ce qu'on entend par là? Vous êtes d'accord?

L'impossible réforme des prisons

Travail d'équipe
Prenez position et défendez votre opinion.

1 «Le délinquant est un homme ayant l'intention de nuire, toujours à la recherche d'une victime. Tandis que le chauffard (le chauffeur dangereux) est seulement négligent, le délinquant est notre ennemi, c'est «le voleur», «l'assassin», le bandit armé qui hante les rêves.
d'après Simone Buffard, «Le Froid pénitentiaire»

Question:
Le délinquant est-il plus dangereux que le chauffard?

2 «En 1772, une jeune servante fut condamnée à mort et pendue place de Grève pour avoir volé à sa patronne six torchons. Du temps de Jean Valjean (personnage principal des «Misérables» de Victor Hugo, 19e siècle), on allait au bagne pour avoir volé un pain. En 1990, on va encore en prison pour avoir volé une bouteille de lait. Le moins que l'on puisse dire, c'est qu'en matière de justice les progrès sont assez lents.»
(d'après Denis Langlois: «Les dossiers noirs de la justice française»)

Question:
Quelqu'un vous vole un petit objet sans grande valeur, mais dont vous avez besoin ou auquel vous tenez beaucoup. Qu'allez-vous faire?

3 «Quoi? Faudrait-il que nous payions plus d'impôts pour que des malfaiteurs vivent dans des prisons-palaces? Devrions-nous leur donner un métier pour

qu'ils viennent un jour pour prendre notre place? Sommes-nous tenus de les accepter parmi nous et de leur témoigner de la sympathie après ce qu'ils ont fait?»
(Nicole Gérard: «Sept années de pénitence»)

Question:
Comprenez-vous ces réactions? Vous les approuvez?

4 Vous exploitez un restaurant. Vous avez besoin de main-d'œuvre. Un ancien détenu bien connu dans la région vient présenter ses services.

Question:
Vous l'accepterez? Pourquoi (pas)?

5 «Il faudrait bien qu'un jour les «honnêtes gens» admettent qu'à notre culpabilite individuelle correspond une culpabilité collective.»
(Nicole Gérard, «Sept années de pénitence»)

Question:
Vous êtes d'accord?
Tirez les conclusions de votre réponse.

6 «Au matin, les deux condamnés dormaient quand la porte s'ouvrit brutalement et que les gardiens, déchaussés pour la cironstance, bondirent sur le médecin pour l'immobiliser, tandis qu'il s'éveillait en sursaut. Tout de suite, Dutoit avait compris. Déjà, dans le vaste couloir, le sinistre cortège des gens de loi s'avançait. Le procureur de la République et l'avocat général se tenaient là, découverts, de noir vêtus, avec le directeur de la prison, l'avocat du condamné. Le procureur prononça les paroles traditionnelles:
– Dutoit, votre recours en grâce a été rejeté. Ayez du courage... Voulez-vous écrire une dernière lettre?
– A qui? riposta Dutoit, avec un sourire amer. A ma femme? Elle est morte. A ma maîtresse? En dépit de ce qu'on a insinué, je n'ai pas de maîtresse!
Puis, se tournant vers son compagnon de détresse:
– Adieu! Gino. Tu es un brave garçon. Je te souhaite plus de chance! Après une brève révolte de tout son être, le médecin s'abandonna à son destin, avec une sorte de mépris. Il fut entraîné dans un couloir, assis sur un tabouret après qu'on lui eut entravé les pieds et lié les mains derrière le dos. L'aide du bourreau coupa les cheveux et le col de la chemise, pour dégager la nuque, tout à l'heure offerte au couteau.
– Dutoit, le moment est venu de dire la vérité. Voyons, libérez votre conscience! dit le procureur, penché vers lui avec une hautaine cordialité.
Le clair regard du condamné vint comme une flèche se planter dans les yeux du magistrat:
– Un aveu libérerait *votre* conscience, en vous prouvant que vous avez bien jugé. Excusez-moi: je ne vous apporterai pas ce soulagement. Sur ma tête, qui ne tient plus sur mes épaules que pour quelques instants, je jure que je suis innocent!
Et comme l'aumônier s'avançait en lui disant:
– Mon fils, vous allez paraître tout à l'heure devant le seul vrai juge! Ne voulez-vous pas vous confesser?

Dutoit considéra un instant le petit autel où le prêtre disait sa messe.

– Ce sera pour une autre fois. . . Ces messieurs sont pressés.»

(André Cayatte: «*Nous sommes tous des assassins*»)

Questions:

– Est-ce qu'A. Cayatte est pour ou contre la peine de mort? Comment le savez-vous?

– Et vous-même, vous êtes pour ou contre la peine de mort? Pourquoi?

7 'Remplacer la prison?. . . Est-ce qu'on a remplacé l'esclavage? Est-ce qu'on remplace la peine de mort? A un certain moment, l'esclavage n'a plus répondu à un besoin économique dans une société qui pouvait s'en passer et qui se trouvait alors disposée à admettre le droit des hommes à disposer d'eux-mêmes. La suppression de la peine de mort ne s'accompagne même plus de la réclusion perpétuelle dans certains pays, parce qu'ils ne sentent plus la nécessité d'une protection magique contre les criminels.»

(Simone Buffard, «*Le Froid Pènitentiaire*»)

Question:
Pensez-vous qu'on puisse supprimer les prisons? Pourquoi (pas)?

L'ETRANGER EN PRISON

En 1967, L'Etranger est porté à l'écran par L. Visconti. Ci-dessus, Meursault (interprété par l'acteur italien Marcello Mastroianni) dans sa cellule de condamné à mort.

Meursault, le héros de ce roman célèbre, a commis un meurtre dont il ne connaît pas lui-même le motif. Dans la cellule où il est enfermé, il examine sa conduite de la même façon froide et indifférente dont il s'est observé tant qu'il était un homme libre, conscient de l'absurdité de la vie.

Il y a eu aussi les cigarettes. Quand je suis entré en prison, on m'a pris ma ceinture, mes lacets de souliers, ma cravate et tout ce que je portais dans mes poches, mes cigarettes en particulier. Une fois en cellule, j'ai demandé qu'on me les rende. Mais on m'a dit que c'était défendu. Les premiers jours ont été très durs. C'est peut-être cela qui m'a le plus abattu. Je suçais des morceaux de bois que j'arrachais de la planche de mon lit. Je promenais toute la journée une nausée perpétuelle. Je ne comprenais pas pourquoi on me privait de cela qui ne faisait de mal à personne. Plus tard, j'ai compris que cela faisait partie aussi de la punition. Mais à ce moment-là, je m'étais habitué à ne plus fumer et cette punition n'en était plus une pour moi.

A part ces ennuis, je n'étais pas trop malheureux. Toute la question, encore une fois, était de tuer le temps. J'ai fini par ne plus m'ennuyer du tout à partir de l'instant où j'ai appris à me souvenir. Je me mettais quelquefois à penser à ma chambre et, en imagination, je partais d'un coin pour y revenir en dénombrant mentalement tout ce qui se trouvait sur mon chemin. Au début, c'était vite fait. Mais chaque fois que je recommençais, c'était un peu plus long. Car je me souvenais de chaque meuble, et, pour chacun d'entre eux, de chaque objet qui s'y trouvait et, pour chaque objet, de tous les détails et pour les détails eux-mêmes, une incrustation, une fêlure ou un bord ébréché, de leur couleur ou de leur grain. En même temps, j'essayais de ne pas perdre le fil de mon inventaire, de faire une énumération complète. Si bien qu'au bout de quelques semaines, je pouvais passer des heures, rien qu'à dénombrer ce qui se trouvait dans ma chambre. Ainsi, plus je réfléchissais et plus de choses méconnues et oubliées je sortais de ma mémoire. J'ai compris alors qu'un homme qui n'aurait vécu qu'un seul jour pourrait sans peine vivre cent ans dans une prison. Il aurait assez de souvenirs pour ne pas s'ennuyer. Dans un sens, c'était un avantage.

A. Camus, *L'Etranger*

Vocabulaire

L'enfant **suce** son pouce.
(sucer)

Il **arrachait** des morceaux de la planche de lit. **(arracher)** | **détachait** (avec un effort plus ou moins grand) | un arrachement / un arrache-clou

Il **abat** le chien blessé. **(abattre)** | **tue** | battre
Cette malchance **l'a abattu.** | **lui a enlevé l'espoir, la joie de vivre** |
Il arrive à quelqu'un qui a trop bu ou trop mangé d'avoir **la nausée**. | *envie de vomir, de rendre ce qu'il a mangé ou bu* |
Il m'a promené à travers Paris. (promener) | *Il a traversé Paris avec moi, pour le plaisir.* | se promener / une promenade / un promeneur

Partout il promène sa tristesse. | *Quand on le voit, il est toujours triste* |
une nausée **perpétuelle** (perpétuel) | **qui ne prend jamais fin** | la perpétuité
priver un homme de sa liberté. | *ne pas lui laisser la liberté à laquelle il a droit* | la privation

Il a **dénombré** les assistants: il y en avait 50. | **compté** | le nombre
Il **dénombre les causes** de sa faillite. | **énumère** |
Une incrustation en or sur fond d'argent | *un dessin creusé dans l'argent et couvert d'or* |

Une cloche **fêlée** sonne faux. | | fêler
La fêlure | | se fêler

Le bord ébréché de la table | | une brèche

Il a perdu le fil de son histoire. | *Il ne sait plus où il est arrivé, comment il doit continuer.* |

Au bout de quelques minutes. | **après** | le bout
Du granit **à gros grains/ à grains fins** | |

Ses qualités ont été longtemps **méconnues**. (méconnu, *part. passé* de méconnaître) | *on ne connaissait ou on n'appréciait pas ses qualités* | la méconnaissance / méconnaissable

Reproduction du texte

1 Qu'est-ce qu'on a pris au prisonnier dès son entrée en prison?
2 Qu'est-ce qui l'a le plus abattu?
3 Qu'est-ce qu'il a demandé?
4 Pourquoi ne lui a-t-on pas rendu ses affaires?
5 Comment s'est-il adapté à cette privation?
6 Quel goût est-ce que cela lui donnait?
7 Qu'est-ce qu'il ne comprenait pas d'abord?
8 L'a-t-il compris après? A quel moment?
9 Pourquoi n'était-ce plus une punition à ce moment?
10 Etait-il malheureux?
11 Quel était son grand problème?

12 A partir de quel moment ne s'est-il plus ennuyé?
13 Qu'est-ce qu'il revoyait en imagination?
14 Comment faisait-il le tour de la chambre?
15 Qu'est-ce qu'il dénombrait d'abord?
16 Et ensuite, qu'est-ce qui retenait son attention dans les objets de sa chambre?
17 Etait-il concentré quand il faisait l'inventaire des objets?
18 Cette énumération l'aidait à tuer le temps?
19 Il faisait même des découvertes en réfléchissant. Expliquez.
20 Qu'est-ce qu'il a compris dans cette situation?
21 Qu'est-ce qui était un avantage? Pourquoi?

Qu'en pensez-vous?

1 Pourquoi lui a-t-on pris ses lacets de souliers, sa cravate, sa ceinture?

2 Pourquoi craint-on que le prisonnier ne se suicide?

3 Est-ce que l'emprisonnement est présenté ici comme
   a une mesure en vue de protéger la société?
   b une mesure en vue de rééduquer le prisonnier?
   c une simple punition?

4 Pensez-vous qu'il soit utile de priver le prisonnier de ses cigarettes?
   De quoi se voit-il encore privé?
   Qu'en pensez-vous?

5 Quelles sont les conséquences de l'isolement pour notre prisonnier? Est-ce que tout prisonnier réagirait de la même façon?
   Est-ce que vous considérez l'isolement comme un élément positif dans notre système pénitentiaire?

Exercices

1 *Employez la préposition convenable.*

1 Quand est-ce qu'il apprendra. . . travailler comme il faut?

2 Ce gamin ne cesse. . . me faire des reproches.

3 Essayez. . . vous souvenir. . . tout ce que j'ai fait pour vous.

4 Il ne s'occupe jamais. . . timbres-poste. Il s'amuse presque toujours. . . lire des bouquins.

5 Il ne veut pas étudier. Il ne s'intéresse pas. . . travail intellectuel.

6 Au début, je n'aimais pas le travail qu'on me donnait, mais j'ai fini. . . m'habituer. . . ma nouvelle situation.

7 Quand est-ce qu'il commencera. . . écrire sa lettre?

8 Il a commencé. . . me dire la vérité. Ensuite il a cherché des mots pour me consoler.

9 . . . quoi se plaint-il?

10 Il m'a invité. . . assister. . . prochain match.

11 L'exercice est terminé. Il était temps, je commençais déjà. . . m'ennuyer.

2 *Modèle:*
   – Je ne comprenais jamais bien ce qu'il racontait. Un jour, il m'a expliqué ses idées.
   – *A partir de l'instant* où il a expliqué ses idées, j'ai compris *tout ce qu*'il racontait.

1 Il n'appréciait pas ce qui était beau. Alors il a suivi un cours d'esthétique.

2 Mes parents ne comprenaient jamais ce que je voulais dire. Un jour, nous avons discuté.

3 Les élèves ne réagissaient jamais à ce que le professeur leur demandait. Un jour, il s'est fâché.

4 Tant qu'un bébé ne marche pas encore, il n'est pas un danger pour ce qui se trouve à portée de la main.

5 Le chien ne fait jamais ce que son maître lui ordonne tant qu'on ne lui promet pas de récompense.

6 Les supporters apprécient ce que font leurs joueurs, tant que leur club ne perd pas.

7 Les avares vous donneront ce que vous leur demandez, tant que vous ne touchez pas à leur argent.

8 Le client achète ce que le commerçant lui offre, tant que les produits ne sont pas trop chers.

3 Employez la préposition qui convient après *commencer/finir.*

1 Dès que le criminel est arrivé à la prison, on a commencé. . . lui prendre ses cigarettes. Après, on l'a conduit à sa cellule.

2 Au début, il suçait des morceaux de bois, mais il a fini. . . s'habituer à ne plus fumer.

3 Alors il a commencé. . . réfléchir à sa situation douloureuse.

4 Mais ainsi, il n'avait pas fini. . . s'ennuyer.

5 Il n'a fini. . . s'ennuyer que le jour où il a commencé. . . se souvenir.

6 Il a commencé. . . se rappeler sa chambre. Ensuite, c'étaient les meubles qui l'occupaient.

7 Il a fini même. . . faire l'inventaire de tous les objets qui se trouvaient dans la chambre.

8 Il a commencé. . . découvrir dans cette chambre des choses méconnues.

9 Ainsi, il a fini. . . comprendre qu'un homme qui n'aurait vécu qu'un seul jour, n'aurait jamais fini. . . se souvenir.

4 *Modèle:*
J'aime beaucoup le tennis.
Je pourrais passer des heures rien qu'à jouer au tennis.
Complétez librement.

   1 J'aime beaucoup la littérature.
   2 J'aime beaucoup la guitare.
   3 J'aime beaucoup la télévision.
   4 J'aime beaucoup les timbres-poste.
   5 J'aime beaucoup les jeux de cartes.
   6 J'aime beaucoup les mathématiques.
   7 J'aime beaucoup la musique.
   8 J'aime beaucoup la peinture.
   9 J'aime beaucoup le piano.
   10 J'aime beaucoup le football.

5 *Modèle:*
   – *Quand je suis arrivé dans ma cellule,* je me suis mis à réfléchir.
   – *Une fois en cellule,* je me suis mis à réfléchir.

1 Quand il fait son entrée sur un terrain, le joueur se met à concentrer toute son attention sur le jeu.

2 Quand il se trouve sur le podium, il se met à danser.

3 Quand il s'assied dans sa voiture, il se met à penser à l'accident qu'il a eu.

4 Dès qu'il a été seul avec moi, il s'est mis à me raconter l'histoire de sa vie.

5 Dès son entrée à l'université, il s'est mis à travailler.

6 Dès qu'ils sont descendus dans la rue, ils se sont mis à crier des slogans.

7 Dès qu'il s'installe dans son fauteuil, il se met à fumer.

6   *Modèle:*

– *Cette cravate* ne fait de mal à personne. On m'en a privé.

– *Je ne comprends pas* pourquoi on m'a privé de ce qui ne fait de mal à personne.

1   Il a besoin de *sa ceinture*. On la lui a prise. (Attention!)

2   Il a demandé *de l'eau*. On refuse de lui en donner.

3   Autrefois il aimait beaucoup *ses meubles*. Il ne s'en souvient plus.

4   Autrefois *sa chambre* occupait une grande place dans sa vie. Il ne se la rappelle plus.

5   Il aime *les livres*. On ne lui en donne pas.

6   *Un meurtre* est la cause de son emprisonnement. Il n'y réfléchit jamais.

7   *Quelles difficultés* l'attendent à sa sortie de prison. Il n'y pense jamais.

Conclusion

«Une société qui n'accepte pas de se sentir responsable de tous ses membres, y compris les plus inutiles, les plus fous, les plus criminels, peut bien rêver à la réforme pénitentiaire, elle ne la fera jamais. Elle continuera à enfermer les malades mentaux avec leurs psychiatres et les délinquants avec leurs gardiens et leurs thérapeutes. Et nous ne vivrons sans doute pas assez vieux pour contempler ce crépuscule des prisons qu'on nous promet.»

Simone Buffard: «*Le froid pénitentiaire*»

Question:

Regardez attentivement les réponses que vous avez données lors des discussions sur la prison. Décrivez la mentalité avec laquelle vos camarades et vous-même avez parlé des prisonniers et des anciens détenus. Pouvez-vous en conclure que ce «crépuscule des prisons» est plus proche que S. Buffard ne le croit?

DOSSIER 7: Publicité et consommation

une société qui consomme

A l'occasion du dixième anniversaire d'une association française pour la défense des consommateurs, madame Yvonne Lechat, sa présidente, a accordé une interview à un hebdomadaire.

Le journaliste: D'où vient l'idée, tout compte fait assez récente, de constituer des associations de consommateurs?

Yvonne Lechat: A l'origine il y a un rapport des forces particulièrement injuste: en ce qui nous concerne, nous estimons que face aux industriels assistés de psychologues, sociologues et publicitaires, il fallait mettre en place un organisme qui organise professionnellement, lui-aussi, la défense des consommateurs.

Le journaliste: Que peut entreprendre une association comme la vôtre?

Yvonne Lechat: D'abord, nous guidons le consommateur dans ses achats suivant la méthode que vous connaissez: nous comparons les qualités et les défauts de produits de marques différentes. . .

Le journaliste: Et vous conseillez l'achat d'un produit au détriment des autres?

Yvonne Lechat: On nous a déjà accusés de paternalisme! On a même été jusqu'à penser que nous étions, disons, payés par le fabricant. Si nous proposons un maître achat, c'est parce que nous savons que la grande majorité de nos lecteurs le demandent.

Le journaliste: Soit! Mais qu'objecteriez-vous à ceux qui vous reprochent vos commentaires de caractère parfois un peu technique?

Yvonne Lechat: Comment faire autrement, vu la complexité du marché? Sans compter le désir, toujours croissant chez les consommateurs, d'être au courant des processus de fabrication.

Le journaliste: Bien, vos fameux tests constituent, disons, un premier temps, car votre action va plus loin, n'est-ce pas?

Yvonne Lechat: C'est à dire que les tests nous ont amenés à des constatations plus générales.

Le journaliste: Vous faites allusion à la découverte de certaines tendances dans la consommation et dans la production.

Yvonne Lechat: Exactement. Pensez par exemple à la production sauvage.

Le journaliste: Oui, produire n'importe quoi, n'importe comment!

Yvonne Lechat: D'où la nécessité d'aiguiser l'esprit critique de ceux et de celles qui achètent: nous espérons ainsi modifier des attitudes du consommateur; si celui-ci fait un choix plus rationnel, la production devra évoluer dans le même sens.

Le journaliste: Le problème est aussi celui de la quantité. . .

Yvonne Lechat: C'est évident, la surconsommation est un des phénomènes caractéristiques de notre société; il est indissolublement lié à la formidable expansion économique de ces vingt dernières années. On agrandit, on multiplie les usines, on engage du personnel; il faut alors trouver des débouchés, des marchés. Là où l'estivant de 1950 disposait d'une seule huile solaire, il a besoin aujourd'hui – c'est en tout cas ce que lui dit la publicité – d'un produit qui sert avant le bronzage, d'un autre pendant, bien sûr, et puis d'un troisième 'pour rendre à la peau sa fraîcheur', comme disent si bien les affiches! L'huile solaire X pour la plage vous recommande sa variante Y pour la montagne. Mais attention! Si vous avez la peau délicate, alors c'est Z qu'il vous faut, etc. . .

Le journaliste: Le grand mot a été lâché: publicité.

Yvonne Lechat: Comment ne pas en parler? Elle sait tout de vous, elle est psychologue, elle connaît notre souci permanent de montrer de nous-même la meilleure image possible, physiquement et intellectuellement et surtout peut-être socialement.

Le journaliste: Il n'empêche que cette publicité – cette arme terrible, selon vous – en stimulant la consommation, favorise la bonne marche des affaires et, par là, le maintien de l'emploi et donc le bien-être national.

Yvonne Lechat: Sans doute; nous n'avons nullement l'intention de mettre en danger notre économie, ha non! mais c'est une question d'équilibre. Le consommateur doit être informé, de façon précise et objective. Rendre les gens conscients de ce qu'ils achètent, voilà le but de notre association.

Vocabulaire

une société qui **consomme (consommer)** — emploie des choses qui se détruisent quand on les utilise ce qui fait qu'il faut (continuellement) en racheter — le consommateur / la consommatrice / la consommation

Je pensais aller au cinéma, mais, **tout compte fait**, je reste à la maison.
Mais, **tout compte fait**, pourquoi n'y êtes-vous pas allé? — après avoir pesé le pour et le contre / finalement, au fond

Le rapport des forces entre policiers et manifestants était injuste. — Les forces des manifestants étaient plus grandes, plus nombreuses que celles des policiers, ou le contraire.

un publicitaire — celui dont le métier est de faire la publicité — une publication / publier

Nous avons fait le **maître achat** proposé par la Revue, et nous en sommes très contents. — l'achat considéré comme le meilleur

Le nombre **croissant** des participants à cette réunion nous oblige à changer de locaux.
(croître) — toujours plus grand — accroître / un accroissement / décroître / la croissance / la décroissance

Es-tu au courant de la dernière décision du directeur? — connais-tu

Le boucher **aiguisait** son couteau avant de couper les morceaux de viande.
(aiguiser) — rendre coupant — aigu – aiguë

La longue marche a **aiguisé** mon appétit. — rendu plus vif

Dans cette affaire **nous sommes indissolublement liés**. Si on lui fait des ennuis, on m'en fera également. — on ne peut nous délier — indissoluble / l'indissolubilité / dissoudre

Cette production **ne trouve pas de débouchés**.
(un débouché) — on n'arrive pas à la vendre

Aux terrasses il n'y avait que des joyeux **estivants**.
(un estivant – une estivante) — celui qui passe ses vacances d'été dans un lieu touristique — estival – estivale – estivaux / été

Sur la plage **pour un bronzage parfait**, utilisez l'huile solaire 'GRIPO'. — pour brunir parfaitement la peau — se bronzer

Quand la situation est défavorable, **le maintien de l'emploi** est très difficile. — Il est très difficile de garantir du travail aux ouvriers, employés, cadres.

Quelques notions

1 Comment appelle-t-on l'association qui défend les intérêts des consommateurs?
2 Comment appelle-t-on les expériences qui servent à déterminer la qualité d'un produit?
3 Comment appelle-t-on le produit conseillé aux consommateurs?
4 Pourquoi avoir appelé un certain type de production, production *sauvage*?
5 Comment appelle-t-on le fait d'acheter plus de produits que l'on en a besoin?
6 Comment appelle-t-on les possibilités de vente d'une production?

Synthèse

Résumez l'interview par écrit (20 lignes). Servez-vous des questions suivantes:

1 Qu'est-ce qui rend le rapport des forces aussi injuste, d'après Yvonne Lechat?
Quelles sont les forces en présence, de part et d'autre?

2 Qu'a-t-on reproché à l'association de Madame Lechat?

3 Le niveau d'action immédiat, c'est l'examen comparatif des produits. Comment procède-t-on à cet examen? A quoi doit-il aboutir?

4 Comment les associations répondent-elles au désir des consommateurs de connaître les processus de fabrication?

5 Comment les associations sont-elles passées du niveau concret au niveau d'action plus général?

6 Comment peut-on caractériser notre économie dans les vingt dernières années?

7 Qu'est-ce que la production sauvage? Donnez un exemple.

8 En quoi consiste la dimension sociale de la production et de la consommation?

9 Quelle peut être alors l'ambition d'une association pour la défense des consommateurs?

Exercices

1 *Modèle:*

– Ils disent que l'un de vous est responsable.
– Ça, ce n'est rien encore, mais *ils sont allés jusqu'à prétendre que* le (la) responsable, c'était moi.

1 Ils disent que l'un de vous est fou.
2 Ils disent que l'un de vous est coupable.
3 Ils disent que l'un de vous est idiot.
4 Ils disent que l'un de vous est paresseux.
5 Ils disent que l'un de vous est gourmand.

2 *Modèle:*

– Finalement, est-ce que tu vas acheter ce produit, oui ou non?
– *Tout compte fait*, tu sais, je préfère ne pas l'acheter.

1 Finalement, est-ce que tu vas la vendre, cette voiture, oui ou non?
2 Finalement, est-ce que tu vas venir avec nous, oui ou non?
3 Finalement, est-ce que tu vas terminer ce travail aujourd'hui, oui ou non?
4 Finalement, est-ce que tu vas écrire à tes parents, oui ou non?
5 Finalement, est-ce que tu vas leur offrir ce livre-ci, oui ou non?
6 Finalement, est-ce que tu vas me parler de tes ennuis, oui ou non?
7 Finalement, est-ce que tu vas prendre un peu de repos, oui ou non?

3 *Modèle:*

– La consommation *s'est rationalisée.* Mais la production?
– Il faut qu'à son tour elle *se rationalise.*

1 Le client est devenu plus raisonnable. Mais le fabricant?

2 L'industriel est plus réaliste. Mais le commerçant?
3 Les producteurs concertent leur action. Mais les consommateurs?
4 Les industriels savent ce qu'ils font. Mais les clients?
5 La situation économique s'améliore. Mais celle de l'emploi?

4 *Micro-conversation*

A₁ Vous avez envie d'*accompagner Pierre et Monique*?
B   En ce qui me concerne, je n'en ai pas la moindre envie.
A₂ Pensez que *vous n'en aurez plus souvent l'occasion.*
B   Tout compte fait, je crois que vous avez raison, je vais *les accompagner.*

Clés:
1 A₁ manger un morceau avec eux.
   A₂ . . . nous n'avons plus rien ici
2 A₁ voir «L'Avare» avec eux
   A₂ Pensez que. . .
3 A₁ de boire un petit calvados
   A₂ Pensez que. . .
4 A₁ lire un Maigret
   A₂ Pensez que. . .

Dictée

Les Instituts de Sondage
Consulter les instituts de sondage, c'est comme écouter le cœur de la nation. Pour un oui, pour un non, politiciens, industriels, sociologues, journalistes, chargent l'I.F.O.P. ou la S.O.F.R.E.S., les deux plus grands, d'interroger les Français, sur les problèmes les plus divers. Cela permet aux politiciens de mesurer leur popularité, aux industriels le succès de leurs produits, aux sociologues et aux journalistes de découvrir, puis de suivre la vie des Français, leurs joies, leurs aspirations et leurs problèmes. Cette méthode est d'une haute technicité et, tout compte fait, il n'est pas étonnant que certains, après avoir applaudi au début, se rendent compte ensuite que les résultats peuvent être parfois à leur détriment.

Conversation

– Connaissez-vous des associations de consommateurs? Quelle est votre opinion à ce sujet?
– Que pensez-vous des tests comparatifs? Y croyez-vous? Pourquoi (pas)?

de l'idée d'un produit nouveau

Dans les grandes entreprises, le chemin est long qui va de l'idée d'un produit à lancer sur le marché en passant par sa réalisation pour aboutir finalement à la consommation.

L'idée

L'idée elle-même peut venir en principe de n'importe qui: on a vu quelquefois réaliser l'invention d'un amateur (après achat du brevet). Le plus souvent, elle jaillit dans l'entreprise, soit au bureau d'études techniques, soit à celui des études de marché, soit encore dans le cerveau d'un membre quelconque du comité de direction (jaloux, par exemple, des succès de la concurrence).

Elle est examinée par l'ensemble du comité de direction qui, s'il approuve, ordonne qu'un projet soit mis à l'étude.

Ce projet comportera plusieurs volets: il implique la coopération d'un certain nombre d'équipes différentes, au sein même de l'entreprise ou au-dehors.

Le calcul de rentabilité

C'est le bureau d'études techniques qui livrera aux spécialistes en recherche de rentabilité des données sur les points suivants: type de matières premières, quantité par produit-unité, type et nombre de machines; nombre d'opérations à faire effectuer par les ouvriers, les ouvrières: surface de travail, surface des entrepôts (pour les matières premières et les produits finis).

A partir de ces renseignements, on cherchera à calculer le coût global de l'opération, mais aussi le prix de revient et l'éventuel prix de vente. Faudra-t-il embaucher de la main d'oeuvre supplémentaire (spécialisée ou non), la former? Quel sera le temps de fabrication d'un produit-unité (étude des cadences de travail, chronométrages)? Combien de chaines de montage faudra-t-il constituer? Quel sera le travail supplémentaire pour l'administration de l'entreprise (cadres et employés, services de facturation, de compatibilité, du personnel chargé de l'embauche, du calcul des salaires et des traitements)? Où faudra-t-il acheter les matières premières (à quel prix? Quelle est l'évolution des prix sur les marchés mondiaux? Avec quels pays la société ou même l'Etat ont-ils des accords commerciaux)? Où faut-il se procurer les machines? Que coûte leur entretien? Que coûtera la surface de travail au mètre carré? Celle des entrepôts? Ajoutons encore le calcul des frais d'emballage des unités, leur empaquetage (par douze, vingt, cent dans les cartons, les caisses) et leur chargement sur les camions qui les transporteront jusque chez les grossistes.

S'il faut du personnel supplémentaire à la fabrication, à la production et à l'administration, c'est-à-dire dans l'usine, il en faut aussi au-dehors pour les contacts avec la clientèle. La prospection des marchés, la conclusion de contrats avec les gros clients, surtout à l'étranger, c'est le travail de cadres spécialisés. Après quoi, on charge les représentants de maintenir ces contacts, si possible de les développer encore. Tout ce petit monde se déplace. Cela aussi, ça coûte: ce sont les frais de représentation.

Le sondage – Les études de marché

Etant donné les sommes à engager, mieux vaut s'assurer un maximum de chances de réussite. On charge un institut de sondage (ou le service spécialisé de l'entreprise même) de s'informer des goûts et des besoins du public.

Parallèlement, on demande à une équipe d'experts d'entreprendre une étude de marché afin de découvrir les possibilités de vente du futur produit à partir, par exemple, de ce qui est déjà proposé par la concurrence, des marchés extérieurs qui restent à prospecter, etc.

La campagne publicitaire

Les grossistes n'accepteront d'acheter le produit qu'à condition bien sûr qu'ils aient à leur tour quelques chances de le vendre. Il en est de même pour les gros distributeurs (grands magasins et supermarchés) et les détaillants (magasins de quartier et supérettes). Il faut donc que le produit soit connu du public au moment de son lancement sur le marché.

L'agence de publicité étudie les modalités de la campagne. Publicité par affiches, à la radio et à la télévision, dans la presse écrite, publicité directe par lettre personnalisée à la clientèle potentielle, éventuellement l'envoi d'un échantillon, etc.

Le contenu du message publicitaire n'est pas laissé au hasard. Si la publicité est visuelle: va-t-on montrer le produit?

à sa vente et à sa consommation

dans quel emballage? de quelle forme? de quelle couleur? En général, quelle tranche de consommateurs veut-on atteindre? Quels 'trous' le marché actuel présente-t-il encore? quels seront les arguments de vente?

Le financement
Toutes ces dépenses ne seront possibles que si l'on arrive à trouver des modalités de financement favorables. Dans les cas où on ne trouve pas les fonds dans la société elle-même, il faut emprunter de l'argent (par exemple dans les banques et autres agences de crédit). L'argent coûte cher: les taux d'intérêt sont élevés.

*   *   *

Chaque étude se termine par la rédaction d'un rapport qui est destiné au comité de direction. Celui-ci, après en avoir pris connaissance, décide si oui ou non le produit vaut la peine d'être réalisé.

Si la réponse est affirmative, les équipes se remettent en route. Leur travail est programmé et coordonné par le comité de direction. Ainsi p.ex. les ingénieurs et les techniciens commenceront la fabrication de produits-échantillons qui seront mis au banc d'essai (les tests).

L'épreuve de vérité: la vente au consommateur
Ça y est. Le produit est sur le marché.

Quel accueil les consommateurs lui réservent-ils? Qu'est-ce qui leur plaît dans le produit? A-t-on touché la tranche que l'on voulait atteindre? Combien de publicité faut-il prévoir encore?

Dans certains cas, on préfère tenter d'abord une expérience au niveau d'une région, dans un nombre de points de vente contrôlés. Ce n'est qu'ensuite, si tout va bien, que l'on envisage la vente à grande échelle, au plan national (et international).

Quel est le verdict des associations de consommateurs? Faudra-t-il modifier quelque peu l'image du produit?

Exercice

A quel mot se rapportent les définitions suivantes:
1 Titre par lequel le gouvernement donne à l'auteur d'une découverte ou d'une invention industrielle le droit exclusif d'exploiter son invention.
2 Matière qui n'est pas encore transformée par le travail, par la machine.
3 Les possibilités d'engager un ouvrier.
4 Personnel supérieur des entreprises.
5 Bâtiment servant à abriter les marchandises.
6 Action d'établir une fracture.
7 La recherche de clients éventuels, de nouveaux marchés.
8 Installation formée de postes successifs de montage.
9 Vendeur au détail.

Enquête

Il en est probablement parmi vous, au moins quelques-uns, dont un parent ou un ami est employé par une entreprise de production. Il serait intéressant de réunir des éléments concrets sur quelques usines de la région à propos des questions soulevées ci-dessus (tout au moins à propos de certaines d'entre elles).

Exemples:
– Quelle matière première utilise-t-on?
– Doit-on l'importer? D'où?
– Quel est le type et le nombre des machines employées?
– A-t-on besoin d'entrepôts?
– Comment travaille-t-on? par chaînes de montage...?

publicité

Il y a très, très longtemps, dans un grand jardin plein de beaux arbres et de jolies fleurs, la première femme offrait au premier homme le meilleur des fruits: une pomme. Fallait-il le prendre? Fallait-il le laisser sur l'arbre? L'homme ne savait pas quoi faire... Si Adam avait vu alors, non pas sur les murs (il n'y avait pas de murs autour de ce jardin) mais sur les arbres, autant d'affiches que nous en voyons maintenant dans nos rues, il n'aurait pas attendu si longtemps pour dire oui. 'Mangez des pommes! Mangez des pommes!' lui auraient répété les affiches. 'Crues ou cuites, froides ou chaudes, au couteau ou à la cuiller, rouges, jaunes et même vertes...' Adam aurait vite dit oui? Mais les affiches n'étaient pas encore là pour aider le serpent!

Passe-Partout

PUBLICITE ET SOCIETE

Convaincus ou non de l'utilité de la publicité, nous devons nous en accommoder, car elle est là, elle s'accroît d'année en année, elle devient le décor permanent de notre vie.

Publicité sur les murs, au cinéma, à la radio... Publicité dans les journaux, à la télévision, dans les vitrines...

Publicité sur les routes, sur la mer, dans le ciel... Plus rien ne lui échappe. Elle fait partie de notre vie...

Elle s'y est même tellement intégrée que nous oublions sa présence, car enfin, si nous pouvons entendre des émissions de radio autres que celles des stations d'Etat[1] subventionnées par la taxe, c'est à elle que nous le devons; si nous achetons notre journal moins cher qu'il n'a coûté, c'est parce qu'elle l'aide à vivre, grâce à l'appui financier que représentent les réclames. Si nous suivons avec

intérêt les performances des coureurs du Tour de France, c'est grâce à la publicité qui les paie...

Nous collectionnons les gadgets qu'elle nous offre pour nous attirer, nous sourions – parfois nous rions jaune – de ses trouvailles, nous sommes tout imprégnés de ses slogans sans toutefois nous en apercevoir, nous achetons de plus en plus suivant ses conseils et souvent contre notre propre raison... Nous la suivons et nous ne pouvons plus nous en passer.

Allons-nous la condamner? Ce serait lui faire un inutile procès, car elle existe. Il faudrait un bouleversement total de notre société pour la supprimer.

De plus, la publicité emploie un personnel toujours croissant, depuis le dessinateur, le cinéaste dont elle stimule le talent jusqu'au colleur d'affiches dont le travail humble est pourtant indispensable

Enfin, ne l'oublions pas tout de même, la publicité offre des avantages certains au consommateur,

à condition évidemment qu'il sache s'en servir avec modération.

La publicité est le signe d'une société riche: en effet, si nul ne fera appel à ses services pour proposer du riz aux pauvres, en revanche, c'est à elle que l'on demandera de susciter des besoins nouveaux parmi les peuples qui, ayant le nécessaire, seront également intéressés par le superflu.

Mais les peuples les plus prospères possèdent leurs déshérités, et quelle doit être l'amertume de ceux qui chaque jour se trouvent face aux mille tentations inaccessibles alors qu'ils n'ont même pas le pain et le charbon quotidiens. Des vieillards surtout dont la jeunesse a été plus sévère que la nôtre et qui savent qu'ils n'ont plus rien à espérer de ce monde qu'on dit si merveilleux...

Pensons-y... A bien y réfléchir la publicité ne serait-elle pas pour nous une école de sagesse, de choix critique d'ouverture sur les autres?

1 Europe I et R.T.L. les deux plus importantes stations françaises privées.

d'après un article de Monique dans Christiane

Vocabulaire

La publicité est là. Nous devons **nous en accommoder.**
(s'accommoder de) — vivre avec elle, que nous le voulions ou non — un accommodement

Le budget publicitaire **s'accroît** d'année en année.
(s'accroître) — est de plus en plus grand, de plus en plus important — s'accroître – un accroissement
contraire:
décroître – la décroissance

Rien ne m'échappe. (échapper)
Ça m'a échappé. — Je vois, je remarque tout.
Je n'ai pas pu ne pas le dire.

Certains théâtres **sont subventionnés.**
(subventionner) — reçoivent de l'aide financière de l'Etat ou du secteur privé — accorder une subvention – bénéficier d'une subvention

J'ai fait une plaisanterie à ma femme.
Je lui ai apporté un cadeau, joliment emballé. Elle l'a ouvert. Le paquet était vide. J'ai bien ri, mais elle, elle a **ri jaune.**
(rire jaune) — ri d'un rire forcé

Quand il a plu longtemps, la terre **reste** longtemps **imprégnée** d'eau.
(imprégner) — l'eau est entrée dans la terre et y reste

Sans le savoir, nous nous laissons **imprégner** par la publicité. — **influencer** (nous laissons la publicité entrer en nous)

L'arrivée au pouvoir du nouveau régime politique a amené **un bouleversement total** de la vie des gens. — un changement complet — bouleverser
bouleversé
bouleversant

Si nous ne pouvons pas agir directment en faveur des pauvres des pays lointains, **en revanche** ceux de chez nous, nous pouvons les aider. — **par contre**

La publicité essaie de **susciter** le désir de l'objet. — **faire naître**

Nous avons plus que le nécessaire; nous avons même **le superflu.** — ce dont nous n'avons pas réellement besoin

Jacques a été **déshérité** par son père.
(déshériter) — Jacques ne recevra rien de l'argent et des autres possessions de son père, après la mort de celui-ci. — hériter
un héritier
l'héritage

Il y a les pays industriels, les pays riches en matières premières (le pétrole, les métaux...) et les pays qui n'ont ni industrie ni matières premières: ce sont les pays **déshérités.** — désavantagés par la nature, les circonstances

J'ai été gentil avec elle; elle n'est pas gentille avec moi. Je suis **rempli d'amertume.**
(une amertume) — **très déçu** — amer – amère
amèrement

A bien y réfléchir, la publicité n'a pas que des aspects négatifs. — **Si on y réfléchit bien** — la réflexion
être réfléchi

Analyse

A *Examinons d'abord les avantages et les désavantages que l'auteur voit dans la publicité.*

  I   AVANTAGES
1 Quelle importance la publicité a-t-elle
  – pour les moyens d'information
  – pour les sports
  – pour le marché du travail?
2 L'auteur cite-t-elle les «avantages certains» que la publicité offre au consommateur? Pouvez-vous en trouver?

  II   DÉSAVANTAGES
1 De quel genre de société la publicité est-elle le symbole?

2 Comment la publicité rend-elle plus douloureuse la misère des classes défavorisées dans les pays riches?

B   *Autres constatations de l'auteur à propos de la publicité.*
1   Quel est le point de départ de la pensée de l'auteur?
2   Comment appelle-t-on l'attitude qui consiste à accepter une situation simplement parce qu'elle existe, parce que 'c'est ainsi'?
3   Sommes-nous entièrement libres dans nos achats?
4   L'auteur explique-t-elle clairement en quoi la publicité peut être une école de sagesse, de choix critique etc. . .
5   Que répondrait un contestataire à l'opinion selon laquelle il faudrait un «bouleversement total de la société» pour supprimer la publicité?

C   *Reprenons les arguments de l'auteur en faveur de la publicité.*
1   N'y a-t-il, selon vous, que des avantages à la présence de la publicité dans la presse, à la télévision, dans les manifestations sportives?
2   Pourquoi l'argument de la publicité qui offre des «avantages certains» au consommateur est-il très faible?

Conclusion

Faites le bilan de l'argumentation de l'auteur, et dites, si, à votre avis, elle est efficace.

Exercices

1   *Modèle:*
   – Regarde bien cette affiche; tu retiendras le nom de la firme.
   – *Il aurait suffi de* bien regarder cette affiche pour retenir le nom de la firme.
1   Achetez cette poudre à lessiver, mesdames, et vous aurez une belle lessive!
2   Tenez compte du mode d'emploi, vous ferez des miracles.
3   Ouvre tes yeux et tu ne te laisseras pas influencer par la réclame.
4   Acceptez cette offre avantageuse et vous économiserez une forte somme!
5   Inscrivez-vous comme membre de l'union des consommateurs, et vous ne serez plus trompés par la publicité.
6   Envoie une réclamation à l'usine et tu seras remboursé!

2   *Modèle:*
   – Est-ce que certaines choses t'étonnent encore dans ce monde?
   – Non, *plus rien* ne m'étonne.
1   Est-ce que certains concours publicitaires t'amusent encore?
2   Est-ce que la publicité t'influence?
3   Est-ce que ses slogans t'énervent?
4   Est-ce que ces affiches te plaisent?
5   Est-ce que les modèles de ce catalogue te tentent?
6   Est-ce que le monde de la publicité t'intrigue?

3   Interview d'une vedette de cinéma oubliée.

   Modèle:
   – Est-ce que certaines gens vous écrivent encore?
   – Non, *plus personne* ne m'écrit.
1   Est-ce que des gens vous demandent encore des photos?
2   Est-ce qu'on vous offre encore des contrats de temps en temps?
3   Est-ce qu'on vous propose parfois de faire de la publicité pour un produit?
4   Mais. . . on va encore voir vos films, tout de même?
5   On parle de vous dans les journaux?
6   D'autres vedettes vous demandent des conseils?

4   *Micro-conversation*
A1   Je suis bien content(e) de *cette place*.
B1   C'est à moi que tu *la* dois.
A2   *Cette place*, je *la* dois à toi?
B2   Pour qui tu te prends, { mon vieux?
                              { ma vieille?
   Une place pareille!

Clés:
1   cet emploi
2   ce renseignement
3   cette aide
4   ce conseil
5   cette promotion

l'image publicitaire de la France

L'aire culturelle occidentale, par ses traditions et par son développement, s'oppose à l'aire culturelle des autres régions, et singulièrement celle des régions en voie de développement.

En conséquence la publicité occidentale aura son langage visuel propre ou, selon une formule de Roland Barthes, son 'esperanto iconique' particulier.

Mais, tous les phénomènes culturels se teintent d'une nuance particulière si on les observe, non plus dans n'importe quel pays d'occident, mais en France; et l'on peut être assuré que, passé la frontière, les réclames ne vont plus simplement parler 'l'esperanto' mais une variété dialectale de celui-ci le 'français iconique'.

Tant à cause du texte qu'à cause de l'image, la publicité permet d'initier un étranger à presque tous les aspects de la vie et de la culture françaises.

Voici une publicité vantant les mérites d'une marque de petits pois (*slogan: 'On a souvent besoin de petits pois chez soi'*). De l'image il se dégage une atmosphère de vieille gastronomie française (des plats très joliment présentés). Le Français pense tout de suite au vers de la fable de la Fontaine: *'On a souvent besoin d'un plus petit que soi'* (enseignement). Voilà ce qui apparaît derrière une simple réclame ménagère! Voici d'autres exemples de ces stéréo-types culturels français.

Exemple 1: La vanité

La vanité française est souvent exploitée par les publicitaires. Le slogan d'une réclame de Cointreau (un homme baise la main d'une femme au bracelet de laquelle pend une bouteille de Cointreau) vise manifestement à flatter cette vanité: *'Nous autres, Français, nous savons rendre hommage à une jolie femme, choisir un bon vin, apprécier le Cointreau'.*

Exemple 2: L'esprit

L'esprit français a quelque célébrité. De fait, la publicité française fourmille de bons mots *'Heyraud met Paris à vos pieds'* (slogan pour une marque de chaussures de luxe), de pirouettes *'Tornado aspire à vous servir'* (pour un aspirateur), d'astuces *'Mazda, fidèles au poste'* (pour des piles à transistor), de jeux de mots nés de l'association de l'image et du texte *'Une installation hi-fi sans pépins'*, représentant un melon avec des écouteurs.

Exemple 3: La fantaisie

Blaise Cendrars voyait en la publicité 'une fleur de la vie contemporaine'. Et sans nul doute, la publicité en France, à son degré le plus raffiné, s'exprime en une fantaisie qui justifie l'image du poète.

Prenons la réclame du parfum Sortilège de la maison 'Le Galion'. L'image nous représente un homme et une femme, en tenue de soirée, libérés de toute pesanteur, l'air heureux, tendrement enlacés. Et le texte est là pour suggérer que le fait de sortir de la banalité de la vie quotidienne est lié à l'emploi du parfum en question: 'le parfum des soirs un peu fous'.

Ainsi, l'analyse publicitaire permet, semble-t-il, de retrouver maints traits d'histoire et de civilisation françaises que la mode, l'école et la coutume en sont venus à privilégier.

D'après *VIC*

Analyse

A *Après un premier contact*
1 S'agit-il des rapports entre le langage publicitaire et n'importe quelle société?
2 Quel aspect de la publicité considère-t-on ici?

B *Approfondissons le texte.*
1 Que doit-on entendre par *région* ici?
2 Qu'est-ce qui différencie une aire culturelle d'une autre?
3 Quelles sont, selon le texte, les deux grandes aires culturelles?
4 Analysez l'expression de Roland Barthes «esperanto iconique» Pourquoi Roland Barthes parle-t-il d'*esperanto* (et non par exemple de langage)?

5 En quoi et pourquoi l'auteur adapte-t-il la formule de Roland Barthes?
6 Quelles sont les deux parties composantes de la publicité?
7 En quoi la publicité peut-elle être utile, selon l'auteur, à un étranger?
8 Qu'est-ce qui caractérise la vieille gastronomie française?
9 Pourquoi une image publicitaire contenant un vers de la Fontaine est-elle efficace?
10 L'exemple cité comme exploitation de la vanité montre un homme baisant la main d'une femme. Quel comportement est illustré par cette attitude?
11 Analysez les jeux de mots dans les exemples concernant l'*esprit*.
12 Expliquez la définition de la publicité par Blaise Cendrars.

j'enrage

> Mon métier, c'est la création publicitaire. Mais, avant toutes choses, je suis un être humain. Et j'enrage.

Chaque fois que je parcours les annonces publicitaires dans les quotidiens et les revues, j'enrage. J'enrage de voir tout ce qu'on ose encore nous fourrer sous le nez. J'enrage contre tant de demi-vérités et de demi-mensonges. J'enrage contre tous ces produits de lessive qui prétendent chacun laver encore plus blanc. Contre tous ces huitièmes de page, ces quarts de page pleins d'exagération. Contre toutes ces histoires invraisemblables. Contre l'usage à tort et à travers de l'érotisme. Contre les gens qui font le même métier que moi et qui voudraient vous faire croire qu'à l'achat de tel ou tel produit vous recevez en prime une maîtresse. Qui essayent de vous faire avaler que les jolies filles se rueront sur vous si vous achetez telle ou telle marque de voiture. Que des beautés aux yeux noirs se précipiteront dans vos bras si vous allumez telle cigarette. Que des beautés aux yeux bleus viendront sur vos genoux si vous buvez tel vermouth. J'enrage. Et j'ai honte. Toutes ces pratiques ne tiennent pas compte des réalités actuelles. Les jolies filles ne se ruent pas sur vous. Aucune beauté exotique ne vient se blottir dans vos bras. Quoi que vous buviez, fumiez... Au contraire: Les êtres humains vivent de plus en plus comme des étrangers les uns à côté des autres. Ils habitent le même immeuble et ne se connaissent pas. Vous pouvez mourir dans une rue de New York sans qu'un passant ne bouge le moindre petit doigt. J'enrage. J'enrage continuellement.

(d'après Ben Katenberg, conseiller de création dans une agence de publicité)

Vocabulaire

J'enrage de ne pas pouvoir partir en vacances, cette année.	**Je suis furieux.** **(furieuse)**	la rage
Le journal, je ne le lis pas vraiment; je le **parcours.** **(parcourir)**	**lis très rapidement par-ci par-là**	un parcours
C'est terrible, ce que les journaux nous **fourrent** sous le nez. **(fourrer,** expression familiaire)	**mettent**	
Cette fille parle **à tort et à travers**. Il a **avalé** trop de médicaments. (avaler)	*beaucoup et sans réfléchir* *faire descendre dans l'estomac*	
Il veut me faire **avaler** que ce produit est bon. (familier)	**croire**	
Et alors le bandit **s'est rué** sur lui. **(se ruer)**	**s'est jeté brutalement**	
Hier soir, on me téléphone pour dire que Jean avait eu un accident. **Je me suis précipité** à l'hôpital.	**J'ai couru très vite**	précipitamment
Il rougissait **de honte** d'avoir pu commettre une faute pareille. **(la honte)**	*le sentiment d'être déshonoré*	honteux honteusement faire honte à quelqu'un
La petite fille est venue **se blottir** dans les bras de son père.	*s'y cacher pour y trouver la sécurité*	

Quelques questions

1 Ben Katenberg semble avoir des problèmes de conscience. Qu'est-ce que son métier l'oblige à faire qui soit contraire à sa conscience?

2 Comment explique-t-on que la publicité contienne souvent des demi-vérités et des exagérations?

3 Katenberg exagère-t-il à son tour lorsqu'il cite certains exemples de publicité? Comment ce type de publicité se présente-t-il dans la presse, au cinéma?

4 La publicité nous donne le spectacle d'un monde plutôt imaginaire, loin des réalités de la vie. Expliquez. Pourquoi le fait-elle alors?

Réflexions – rédactions

1 *«Mentez, mentez, il en restera toujours quelque chose»*
(Beaumarchais, auteur français du 18ᵉ siècle)
Est-ce que ce slogan s'applique à la publicité? Avez-vous déjà été trompé par la publicité (vous ou vos parents ou vos amis)? Est-il possible d'envisager une publicité objective et honnête? A quelles conditions? Qui devrait la faire?

2 *Le marché libre*
Il y a un lien étroit entre le marché libre et la publicité, qui ne s'explique que par la présence de la concurrence: pour chaque produit nous avons le choix entre plusieurs, parfois même un grand nombre de marques. Quels sont d'après vous les avantages et les désavantages
– du marché libre et de la concurrence,
– de la publicité qui en découle?

> Vous croyez peut-être que nous achetons un savon de toilette «parce qu'il nettoie bien»... Pas du tout. Cette formule terre-à-terre ne vaut rien auprès de la clientèle; en fait, nous achetons un savon «parce que c'est le savon des stars», «parce qu'il possède une gamme incomparable de couleurs», «parce qu'il mousse» ou encore «parce qu'il donne une peau de bébé»... Arguments qui font appel à l'orgueil, la vanité, l'amusement même, beaucoup plus qu'à la notion de propreté. Mais les chiffres le prouvent: ce sont ces arguments-là qui sont irrésistibles.

Exercices

1 *Modèle:*
– Es-tu entré dans ce grand magasin? As-tu perdu ta matinée?
– *Chaque fois* que *je rentre* dans ce grand magasin, *je perds* ma matinée.

1 As-tu demandé qu'on te serve rapidement? Tu as attendu longtemps?

2 As-tu vu des affiches drôles à l'entrée? As-tu ri?

3 T'es-tu dirigé vers les surgelés? ne t'es-tu pas trompé de chemin?

4 As-tu acheté cette boîte de fromage? As-tu reçu un porte-clés en prime?

5 Es-tu passé devant les biscuits? En as-tu acheté?

6 T'es-tu adressé à cette vendeuse? T'a-t-elle répondu gentiment?

7 Es-tu resté longtemps dans ce grand magasin? As-tu mal à la tête?

2 *Modèle:*
– A l'achat de ce produit on vous donne un livre en prime.
– *Voulez-vous me faire croire* qu'à l'achat de ce produit on donne un livre en prime?

1 Dans cette revue une page de publicité coûte 30.000 FF.

2 Dans ce magasin, ils vendent un manteau signé Dior.

3 Avec ce médicament, tu cesseras immédiatement de fumer.

4 Le tissu de ce fauteuil résiste à toutes les taches.

5 Cet hôtel est très luxueux.

6 Avec cette poudre à lessiver, le prélavage est inutile.

7 Avec l'apéritif «Lapéreau» la soirée est toujours réussie.

8 Il a passé deux mois en Amérique.

3 *Modèle:*
– Il s'est fait couper les cheveux.
– Pourtant, je préfère les garçons aux *cheveux longs*.

1 Elle est fière de la couleur foncée de ses yeux. Pourtant, je préfère les filles...

2 On a fait élargir les rues de cette ville. C'est dommage, je préfère les villes...

3 Ils aiment cette maison à cause de la hauteur des plafonds.
Je préfère une maison...

4 Le conférencier m'a frappé par l'étroitesse de ses idées.
Je préfère une maison...

5 J'aime les maisons modernes de ce quartier. Pourtant, généralement, je préfère les quartiers...

6 Ce parc a des arbres beaux mais jeunes. C'est dommage, je préfère les parcs...

7 Cette chemise a des manches trop courtes. Moi, je préfère les chemises...

8 Cette machine a un fonctionnement très compliqué. Moi, je préfère les machines...

4 *Modèle:*

– J'ai une belle piscine. Tu n'as pas envie de te
   baigner?

– Je viendrai me baigner *demain*.

1 Je connais un beau parc. Tu n'as pas envie de te
promener?

2 Je crois que j'ai un nouveau client. Tu n'as pas
envie de lui parler?

3 Allô, les amis sont arrivés. Tu n'as pas envie de les
voir?

4 Allô, j'ai ma nouvelle voiture. Tu n'as pas envie de
l'essayer?

5 Allô, docteur, j'ai un malade à la maison. Quand est-
ce que vous venez l'examiner?

6 Les amis, j'ai trouvé les deux disques que je
cherchais. Vous n'avez pas envie de les écouter?

7 Mais vous n'avez pas terminé l'installation,
messieurs.

8 Vous aviez promis de nous montrer votre collection
de timbres, vous autres. Quand est-ce que vous
venez?

5 *Test de vocabulaire*

Pour ceux qui veulent se rafraîchir la mémoire.

1 Où peut-on se procurer:

– des francs suisses?

– un ceinturon à la mode?

– deux biftecks?

– cent grammes de jambon?

– une lotion d'après-rasage?

– du fil à coudre?

– de l'aspirine?

– des cigarettes?

– un magazine?

– une paire de lunettes?

– des plombs de dix ampères?

– des enveloppes?

– un bon dictionnaire?

– de l'alcool à brûler?

– du sel?

– un cactus?

– un fusil?

– des clous?

– deux joints (pour un robinet)?

2 Où va-t-on se faire faire une costume sur mesure?

3 Où va-t-on se faire faire une robe de soir?

4 Où va-t-on se faire soigner les dents?

5 Où va-t-on se faire opérer de l'appendicite?

6 Où va-t-on faire réparer sa voiture?

7 Où va-t-on faire teindre un manteau?

8 Où va-t-on se faire couper les cheveux?

6 *Pour qui voit tout en rose...*

Je sens (*nom* – enrager) monter en moi. Le monde me
(*expr.* – honteux). Il y a beaucoup trop de (*nom* –
désordonné) autour de moi. Personne ne (*verbe* – souci)
plus de rien. Devant (*nom* – accroître) de la criminalité, la
plupart d'entre nous restent indifférents. Et cependant,
dans notre société plutôt (*adj.* – prospérité), il y a pas
mal de (*nom* – tenter) inutiles, qui suscitent l'idée de
délit en ceux qui ne peuvent y (*verbe* – accès). Tout cela
devrait faire (*verbe* – réflexion). Mais non, aussi (*adj.* –
invraisemblance) que cela paraisse, beaucoup de gens
ne sont en rien (*adj.* – bouleversement) par ce qu'ils
voient de leurs propres yeux dans les journaux, ce qu'ils
entendent de leurs propres oreilles à la radio. (*nom* –
parcourir) qui mène de (*nom* – ordonné) à la catastrophe,
nous en sommes presque au bout. Nous nous en
rapprochons, (*adv.* – quotidien).

LA GRASSE MATINEE

Jacques Prévert

Il est terrible
le petit bruit de l'oeuf dur cassé sur un comptoir d'étain
il est terrible ce bruit
quand il remue dans la mémoire de l'homme qui a faim
elle est terrible aussi la tête de l'homme
la tête de l'homme qui a faim
quand il se regarde à six heures du matin
dans la glace du grand magasin
une tête couleur de poussière
ce n'est pas sa tête pourtant qu'il regarde
dans la vitrine de chez Potin
il s'en fout de sa tête l'homme
il n'y pense pas
il songe
il imagine une autre tête
une tête de veau par exemple
avec une sauce de vinaigre
ou une tête de n'importe quoi qui se mange
et il remue doucement la mâchoire
doucement
et il grince des dents doucement
car le monde se paye sa tête
et il ne peut rien contre ce monde
et il compte sur ses doigts un deux trois
un deux trois
cela fait trois jours qu'il n'a pas mangé
et il a beau se répéter depuis trois jours
Ça ne peut pas durer
ça dure
trois jours
trois nuits
sans manger

et derrière ces vitres
ces pâtés ces bouteilles ces conserves
poissons morts protégés par les boîtes
boîtes protégées par les vitres
vitres protégées par les flics
flics protégés par la crainte
que de barricades pour six malheureuses sardines...
Un peu plus loin le bistro
café-crème et croissants chauds
l'homme titube
et dans l'intéreur de sa tête
un brouillard de mots
un brouillard de mots
sardines à manger
oeuf dur café-crème
café arrosé rhum
café-crème
café-crème
café-crime arrosé sang!...
Un homme très estimé dans son quartier
a été égorgé en plein jour
l'assassin le vagabond lui a volé
deux francs
soit un café arrosé
zéro franc soixante-dix
deux tartines beurrées
et vingt-cinq centimes pour le pourboire du garçon.
Il est terrible
le petit bruit de l'oeuf dur cassé sur un comptoir d'étain
il est terrible ce bruit
quand il remue dans la mémoire de l'homme qui a faim.

Jacques Prévert 1900–77 a d'abord fait du cinéma (scénarios) et du théâtre. Son premier recueil de poèmes (Paroles) a été publié en 1946 avec un immense succès. Prévert aime et défend souvent les faibles, les malheureux. Son style, qui est très frais, très original (éléments de la langue populaire et familière), est apprécié par un large public.

LES CHOSES

Georges Perec

Dans *Les Choses* (publié chez Julliard en 1965), Georges Perec brosse le portrait d'un couple de jeunes Français qu'occupe une seule passion: le mieux-vivre. Malheureusement, ils ne cherchent ce bonheur qu'à travers les améliorations matérielles: les 'choses'. Insatisfaits en permanence, Jérôme et Sylvie ne connaissent bientôt plus que l'ennui.

L'extrait:
L'amour des choses les a amenés tout naturellement à se mettre au service de ceux qui ont la mission de les faire connaître: les agences de publicité.

Jérôme avait vingt-quatre ans, Sylvie en avait vingt-deux. Ils étaient tous deux psycho-sociologues. Ce travail, qui n'était pas exactement un métier, ni même une profession, consistait à interviewer des gens, selon diverses techniques, sur des sujets variés. C'était un travail difficile, qui exigeait, pour le moins, une forte concentration nerveuse, mais il ne manquait pas d'intérêt, était relativement bien payé, et leur laissait un temps libre appréciable.

Comme presque tous leurs collègues, Jérôme et Sylvie étaient devenus psycho-sociologues par nécessité, non par choix. Nul ne sait d'ailleurs où les aurait menés le libre développement d'inclinations tout à fait indolentes. L'histoire, là encore, avait choisi pour eux. Ils auraient aimé, certes, comme tout le monde, se consacrer à quelque chose, sentir en eux un besoin puissant, qu'ils auraient appelé vocation, une ambition qui les aurait soulevés, une passion qui les aurait comblés. Hélas, ils ne s'en connaissaient qu'une: celle du mieux-vivre, et elle les épuisait. Etudiants, la perspective d'une pauvre licence, d'un poste à Nogent-sur-Seine, à Château-Thierry ou à Etampes, et d'un salaire petit, les épouvanta au point qu'à peine se furent-ils rencontrés – Jérôme avait alors vingt et un ans, Sylvie dix-neuf – ils abandonnèrent, sans presque avoir besoin de se concerter, des études qu'ils n'avaient jamais vraiment commencées. Le désir de savoir ne les dévorait pas; beaucoup plus humblement, et sans se dissimuler qu'ils avaient sans doute tort, et que, tôt ou tard, viendrait le jour où ils le regretteraient, ils ressentaient le besoin d'une chambre un peu plus grande, d'eau courante, d'une douche, de repas plus variés, ou simplement plus copieux que ceux des restaurants universitaires, d'une voiture peut-être, de disques, de vacances, de vêtements. Depuis plusieurs années déjà, les études de motivation avaient fait leur apparition en France. Cette année-là, elles étaient encore en pleine expansion. De nouvelles agences se créaient chaque mois, à partir de rien, ou presque. On y trouvait facilement du travail. Il s'agissait, la plupart du temps, d'aller dans les jardins publics, à la sortie des écoles, ou dans les H.L.M. de banlieue, demander à des mères de famille si elles avaient remarqué quelque publicité récente, et ce qu'elles en pensaient. Ces sondages-express, appelés testings ou enquêtes-minute, étaient payés cent francs. C'était peu, mais c'était mieux que le baby-sitting, que les gardes de nuit, que la plonge, que tous les emplois dérisoires – distribution de prospectus, écritures, minutage d'émissions publicitaires, vente à la sauvette, lumpen-tapirat – traditionellement réservés aux étudiants. Et puis, la jeunesse même des agences, leur stade presque artisanal, la nouveauté des méthodes, la pénurie encore totale d'éléments qualifiés pouvaient laisser entrevoir l'espoir de promotions rapides, d'ascensions vertigineuses. Ce n'était pas un mauvais calcul. Ils passèrent quelques mois à administrer des questionnaires. Puis il se trouva un directeur d'agence qui, pressé par le temps, leur fit confiance: ils partirent en province, un magnétophone sous le bras; quelques-uns de leurs compagnons de route, à peine leurs aînés, les initièrent aux techniques, à vrai dire moins difficiles que ce que l'on suppose généralement, des interviews ouvertes et fermées: ils apprirent à faire parler les autres, et à mesurer leurs propres paroles; ils surent déceler, sous les hésitations, embrouillées, sous les silences confus, sous les allusions timides, les chemins qu'il fallait explorer; ils percèrent les secrets de ce 'hm' universel, véritable intonation magique, par lequel l'interviewer ponctue le discours de l'interviewé, le met en confiance, le comprend, l'encourage, l'interroge, le menace même parfois. Leurs résultats furent honorables. Ils continuèrent sur leur lancée. Ils ramassèrent, un peu partout, des bribes de sociologie, de psychologie, de statistiques; ils assimilèrent le vocabulaire et les signes, les trucs qui faisaient bien: une certaine manière, pour Sylvie, de mettre ou d'enlever ses lunettes, une certaine manière de prendre des notes, de feuilleter un rapport, une certaine manière de parler, d'intercaler dans leurs conversations avec les patrons, sur un ton à peine interrogateur, des locutions du genre de: '. . . n'est-ce pas. . .', '. . . je pense peut-être. . .', '. . . dans une certaine mesure. . .', '. . . c'est une question que je pose. . .', une certaine manière de citer, aux moments opportuns, Wright Mills, William Whyte, ou, mieux encore, Lazarsfeld, Cantril ou Herbert Hyman, dont ils n'avaient pas lu trois pages.

Ils montrèrent pour ces acquisitions strictement nécessaires, qui étaient l'a b c du métier, d'excellentes dispositions et, un an à peine après leurs premiers contacts avec les études de motivation, on leur confia la lourde responsabilité d'une 'analyse de contenu': c'était immédiatement au-dessous de la direction générale d'une étude, obligatoirement réservée à un cadre sédentaire, le poste le plus élevé, donc le plus cher, et partant le plus noble, de toute la hiérarchie. Au cours des années qui suivirent, ils ne descendirent plus guère de ces hauteurs.

Et pendant quatre ans, peut-être plus, ils explorèrent, interviewèrent, analysèrent. Pourquoi les aspirateurs-traîneaux se vendent-ils si mal? Que pense-t-on, dans les milieux de modeste extraction, de la chicorée? Aime-t-on la purée toute faite, et pourquoi? Parce qu'elle est légère? Parce qu'elle est onctueuse? Parce qu'elle est si facile à faire: un geste et hop! Trouve-t-on vraiment que les voitures d'enfant sont chères? N'est-on pas toujours prêt à faire un sacrifice pour le confort des petits? Comment votera la Française? Aime-t-on le fromage en tube? Est-on pour ou contre les transports en commun? A quoi fait-on d'abord attention en mangeant un yaourt: à la couleur? à la consistance? au goût? au parfum naturel? Lisez-vous beaucoup, un peu, pas du tout? Allez-vous au restaurant? Aimeriez-vous, Madame, donner en location votre chambre à un Noir? Que pense-t-on, franchement, de la retraite des vieux? Que pense la jeunesse? Que pensent les cadres? Que pense la femme de trente ans? Que pensez-vous des vacances? Où passez-vous vos vacances? Aimez-vous les plats surgelés? Combien pensez-vous que ça coûte, un briquet comme ça? Quelles qualités demandez-vous à votre matelas? Pouvez-vous me décrire un homme qui aime les pâtes? Que pensez-vous de votre machine à laver? Est-ce que vous en êtes satisfaite? Est-ce qu'elle ne mousse pas trop? Est-ce qu'elle lave bien? Est-ce qu'elle déchire le linge? Est-ce qu'elle sèche le linge? Est-ce que vous préféreriez une machine à laver qui sécherait votre linge aussi? Et la sécurité à la mine, est-elle bien faite, ou pas assez selon vous? (Faire parler le sujet: demandez-lui de raconter des exemples personnels; des choses qu'il a vues; est-ce qu'il a déjà été blessé lui-même? comment ça s'est passé? Et son fils, est-ce qu'il sera mineur comme son père, ou bien quoi?)

Il y eut la lessive, le linge qui sèche, le repassage. Le gaz, l'électricité, le téléphone. Les enfants. Les vêtements et les sous-vêtements. La moutarde. Les soupes en sachets, les soupes en boîtes. Les cheveux: comment les laver, comment les teindre, comment les faire tenir, comment les faire briller. Les étudiants, les ongles, les sirops pour la toux, les machines à écrire, les engrais, les tracteurs, les loisirs, les cadeaux, la papeterie, le blanc, la politique, les autoroutes, les boissons alcoolisées, les eaux minérales, les fromages et les conserves, les lampes et les rideaux, les assurances, le jardinage.

Rien de ce qui était humain ne leur fut étranger.

magasin de quartier ou grande surface?

Voici un questionnaire. Soumettez-le à vos parents, vos voisins, vos amis. Notez brièvement les réponses en français. En classe un ou deux enquêteurs feront part de leurs réponses. Si vous voulez des données statistiques sur la classe tout entière, rassemblez les réponses, comptez. comparez et rédigez un rapport.

Questions	Réponses
1 Allez-vous au magasin de quartier?	oui/non
2 Si oui, combien de fois par semaine?	1 fois
	2 fois
	entre 3 et 5 fois
	plus
3 Allez-vous dans les grandes surfaces?	oui/non
4 Si oui, combien de fois par mois?	1 fois
	2 fois
	entre 3 et 5 fois
	plus
5 A quelle distance habitez-vous du magasin de quartier le plus proche? du magasin d'alimentation?	100 m. ou moins
	entre 100 et 500 m.
	plus de 500 m.
6 de la boucherie?	100 m. ou moins
	entre 100 et 500 m.
	plus de 500 m.
7 de la boulangerie?	100 m. ou moins
	entre 100 et 500 m.
	plus de 500 m.
8 A quelle distance habitez-vous de la grande surface la plus proche?	1 km ou moins
	entre 1 km et 3 km
	plus de 3 km
9 Comment allez-vous à la grande surface?	à pied
	à vélo, à vélomoteur
	en voiture
	en transport public (tram, autobus)
10 A la grande surface, faites-vous les courses	seul(e)
	à deux
	en famille

Questions	Réponses
11 Avant de vous rendre à la grande surface, dressez-vous une liste d'achats?	oui
	non
	parfois
12 Voici quelques avantages et inconvénients du magasin de quartier. *Donnez une note positive pour les avantages (de 0 à +5).* - Accueil personnalisé. - Contact avec les voisins/voisines. - Distance réduite (gain de temps et d'argent). *Pour les inconvénients, donnez une note négative (de 0 à −5).* - C'est plus cher. - Le choix est plus limité. - Le roulement de la marchandise est plus lent.	
13 Voici quelques avantages et inconvénients de la grande surface. *Avantages (0 à +5).* - C'est moins cher. - Le choix est plus grand. - On se sert soi-même. *Inconvénients (0 à −5).* - On achète plus que ce dont on a besoin. - C'est plus loin. - Les achats forcés (par deux, par quatre, par dix exemplaires).	

LES APPAREILS MENAGERS

Voici la liste d'un certain nombre d'appareils ménagers.

Vous ne possédez aucun de ces appareils et vous allez faire votre liste d'achats!

Faites deux listes: les appareils absolument indispensables; les autres.

Essayez de classer les appareils selon leur degré de priorité d'achat. Commentez vos listes; comparez-les à celles de vos camarades.

Tâchez de définir le progrès représenté par chacun de ces appareils. Quels sont aussi leurs défauts?

un adoucisseur d'eau, un aspirateur, une cafetière électrique, un congélateur, un couteau électrique, une cuisinière électrique, une essoreuse, un fer à coiffer, un fer à repasser, un flash électronique, une foreuse électrique, une friteuse électrique, un gaufrier, un grille-plain automatique, une hotte de cuisine, un lave-vaisselle, une machine à coudre, une machine à éplucher les pommes de terre, une machine à tricoter, un mixer à main, un moulin à café électrique, un pèse-personnes, un radio-réveil, un rasoir électrique, un réfrigérateur, une rôtissoire électrique, une trancheuse électrique, un four à micro-ondes, un sèche-linge, un magnétoscope, une caméra vidéo, un lecteur de disques compacts à laser, un micro-ordinateur, une chaîne hi-fi, un lave-linge, une baignoire à remous.

Aux Etats-Unis, dans les grandes surfaces, on trouve de plus en plus d'aliments artificiels.

Un Américain m'a confié que leur «whip cream» (crème fraîche) artificielle est non seulement moins chère, mais elle a meilleur goût que la crème naturelle. Alors, pourquoi ne pas l'acheter?

êtes~vous un consommateur averti?

Voici quelques tendances dans l'évolution de la production et de la consommation des dernières années.

Les articles sont de plus en plus diversifiés.
Diversification selon l'usage auquel ils sont destinés selon le type de consommateurs (hommes, femmes, enfants; riches, moins riches, etc.)
Exemple: les produits solaires. (Développez) Autres exemples?

Le rhythme de la consommation des articles augmente.
Nous pensons surtout ici aux appareils ménagers, mais aussi à la voiture.

Tâchez de voir combien de temps en moyenne 'dure' tel ou tel objet de consommation. Interrogez vos parents sur la longévité de certains appareils ménagers actuellement et il y a quinze ans. (Quel est le nombre de remplacements?)

Pourquoi remplace-t-on les appareils plutôt que de les (faire) réparer?

Le progrès – les produits sincères et ceux qui ne le sont pas.
Dans certains secteurs de la consommation, on annonce le lancement de produits nouveaux. Parfois, on ne veut créer que l'impression de nouveauté. On ajoute un élément nouveau qui n'améliore pas nécessairement le produit, mais qui permet de le qualifier de nouveau. Chacun sait que c'est cela qui attire le consommateur.

Exemple: les dentifrices. Développez.

De la quantité, toujours de la quantité!
Dans les supermarchés, certains produits ne se vendent pas 'à la pièce', mais par deux, par quatre, par dix, etc.

Quelles raisons voyez-vous pour expliquer cette façon de vendre? Avantages et inconvénients?

DOSSIER 8: Elle et lui

un havre? un ghetto?

La crise du mariage en France

Entretien de Jacques Mousseau, rédacteur de la revue
'Psychologie' avec Louis Roussel, maître de recherches à
l'I.N.E.D.[1]

Psychologie: *On entend souvent dire par des non-scientifiques que le
couple et la famille sont en crise. Pour le sociologue qui se veut
scientifique, ces bruits qui courent correspondent-ils à une réalité,
plus particulièrement en France?*

Louis Roussel: La France demeure un des pays d'Europe où la
courbe des divorces reste la plus basse. Les Français ont
l'impression que les divorces sont en train de se multiplier, ce
qui est vrai, mais en même temps ils n'observent pas que la
France reste très au-dessous de la sage Helvétie, par exemple.

P. *Que deviennent ces gens qui auraient dû normalement se marier
et qui ne l'ont pas fait?*

L. R. Ils ne restent pas célibataires au sens où nous l'entendions.
Cet effondrement de la nuptialité traduit la diffusion d'un mode
de vie nouveau qui est la cohabitation de personnes ayant ou
n'ayant pas l'intention de se marier après quelques années de
vie commune.

P. *Cette crise de la nuptialité vous paraît-elle une crise de
conjoncture, une crise du moment, ou bien s'agit-il d'une crise de
structure, c'est-à-dire beaucoup plus profonde?*

1 *Institut National d'Etudes Démographiques.*

L. R. Démographes et sociologues ont longtemps hésité sur ce
point capital. Vers 1965, quand on a eu les premiers indices, on
a pu penser qu'il s'agissait d'une de ces petites crises que les
sociétés traversent, comme elles passent parfois par de petites
crises économiques. Aujourd'hui, la multiplication des indices et
leur gravité impliquent qu'il s'agit probablement de quelque
chose de beaucoup plus fondamental.

P. *La crise renvoie, me semble-t-il, au rôle que l'institution du
mariage a joué au cours de l'histoire et au rôle qu'elle joue ou ne
joue plus. . .*

L. R. Le mariage a eu, en effet, des fonctions successives. La
première était une fonction d'inscription dans la société: 'Tu es
un tel, fils d'un tel, époux d'une telle ou épouse d'un tel.' C'est
du mariage, celui de ses parents et le sien propre, qu'un
individu tirait sa 'légitimité' et son identité sociale.

P. *Et aujourd'hui?*

L. R. Aujourd'hui, les choses ont complètement changé. Bien
entendu, certaines fonctions anciennes du mariage demeurent:
celle de l'éducation des enfants, par exemple, au moins dans les
premières années de la vie. Mais le mariage est devenu
essentiellement le lieu où l'individu cherche à trouver non plus
son identité sociale, mais – permettez-moi ce pléonasme – son
identité personnelle. C'est l'endroit, et peut-être l'unique endroit,
où, aujourd'hui, on espère pouvoir être soi-même, être reconnu

Comment le mariage doit-il être célébré, selon vous?

en vérité par un autre. Du moins est-ce là l'idée de la plupart de nos contemporains. D'unité économique élémentaire, le mariage devient l'unité élémentaire du bonheur. Beaucoup de nos contemporains n'imaginent pas que le bonheur puisse se situer ailleurs que dans le mariage. Si bien que toute l'histoire véritable d'un homme, tous les moments où il pense être lui-même, où il est ou espère être heureux se situent dans cette toute petite unité qu'est la famille. D'où une attente extrême du mariage; et à l'attente extrême correspond, bien entendu, un risque extrême, puisque toute déception devient rapidement insupportable.

P. Cette recherche du bonheur dans le mariage n'est pas nouvelle. Pourquoi est-elle devenue plus inquiétante aujourd'hui?

L. R. Pendant très longtemps, cette recherche du bonheur a été équilibrée par ce qui restait de l'institution. Aujourd'hui, il y a une dévalorisation considérable du caractère institutionnel du mariage. On se marie encore conformément à la loi, en public, mais c'est une formalité pour beaucoup de gens.

P. C'est ce qui explique qu'aujourd'hui, si l'on ne trouve pas dans le mariage ce que l'on en attend, on y met fin.

L. R. En effet, la loi du mariage est aujourd'hui celle du 'tout ou rien'. Autrefois, on pouvait avoir un mariage un peu malheureux, mais un certain nombre de choses étaient maintenues: on allait transmettre un patrimoine, une culture. Et puis, on existait ailleurs que dans la famille. On pouvait être en même temps un mari malheureux et un villageois honoré. La religion jouait aussi, incontestablement, un rôle important dans ce domaine. Aujourd'hui, si vous n'êtes pas heureux, quelle autre issue que de recommencer?

P. Cette concentration, non plus du bonheur, mais des bonheurs dans le mariage, comment l'explique-t-on?

L. R. Je crois qu'il faut l'expliquer par la disparition du reste. Ce n'est pas le mariage qui a attiré tous les bonheurs à lui, c'est les autres bonheurs qui se sont évanouis. Dans ce sens, la société est certainement responsable. La vie anonyme, difficile, que la plupart des gens mènent aujourd'hui, l'espèce de difficulté énorme à communiquer avec l'autre, la 'solitude dans la foule' fait que le seul lieu de communication possible, le seul lieu où il soit loisible d'être soi-même, c'est la petite famille, je veux dire par là: le conjoint et les enfants.

P. Un bonheur a pris dans le mariage une place que, semble-t-il, il n'avait pas: c'est le bonheur sexuel.

L. R. Je pense que, de tout temps, le plaisir sexuel, l'équilibre sexuel ont joué un rôle énorme dans le mariage. Seulement, on n'en parlait pas. Mais il est vrai que la sexualité bénéficie de ce reflux de toutes les autres valeurs.

P. Paradoxalement, plus on attend du mariage, plus l'institution est menacée, semble-t-il?

L. R. Cela semble certainement un peu paradoxal, mais je crois que c'est évident.

P. Un fait paraît, toutefois, maintenir les gens ensemble dans le mariage, même quand les espoirs qu'ils avaient mis ont été déçus: ce fait, ce sont les enfants.

L. R. Il est probable que beaucoup de ménages ne se rompent pas à cause de la présence des enfants. Il est difficile de connaître leur nombre, bien entendu.

P. On peut alors se demander si, au fond, les gens ne se sentent vraiment mariés que lorsque apparaissent les enfants.

L. R. Effectivement, il est probable qu'aujourd'hui un couple se marie, psychologiquement s'entend, le jour où deux êtres prennent ensemble la décision ou le risque d'avoir un enfant. C'est à ce moment précis qu'il mesure que l'amour est suffisamment stable pour durer le temps d'élever un enfant.

P. Vous avez dit 'enfant égale mariage'; à l'inverse, mariage égale-t-il enfant? En d'autres termes, les individus estiment-ils que le couple n'est vraiment constitué que lorsqu'il y a un enfant?

L. R. Je ne peux que vous indiquer le résultat d'un certain nombre d'enquêtes que nous avons faites. La question a été

posée plusieurs fois. D'une manière générale, selon les réponses données dans 60% ou 70% des cas, il n'y a pas de véritable mariage sans enfant; ce n'est, autrement, qu'apparence de mariage'. L'idée est exprimée sous des formes diverses mais équivalentes: 'Si l'on ne veut pas d'enfant, autant ne pas se marier' ou 'C'est une parodie de mariage si l'on ne veut pas d'enfant.'

P. Si, dans la charpente de l'institution conjugale, il y a une poutre qui tient encore, c'est l'enfant, semble-t-il?

L. R. Oui. Mais sur ce point aussi il y a eu un changement très profond. Les parents, bien entendu, donnent toujours à leurs enfants affection et protection, et les enfants ont toujours besoin de la protection et de l'affection des parents. Ce qui est nouveau, c'est que les parents sont devenus des demandeurs de tendresse, et des demandeurs anxieux et pathétiques. Ils le sont à un point qui n'a jamais existé dans l'histoire de l'humanité.

P. Comment en est-on arrivé à ce paroxysme?

L. R. Toujours pour la même raison; c'est que, finalement, la famille est devenue le seul 'lieu' où existent des relations personnelles, une possibilité d'être reconnu, une possibilité d'être aimé, une possibilité de trouver le bonheur.

P. Vous décrivez notre société selon un clivage très net sur ce plan de l'affectivité. Pas d'affectivité en dehors de la famille, toute l'affectivité dans la famille. Ce clivage ne transforme-t-il pas le mariage en une espèce de ghetto?

L. R. Le mot ghetto est abominable. Je dirais un havre plutôt qu'une prison, mais un havre fermé, sans ouverture sur la haute mer. Je crois que beaucoup de nos contemporains commencent à s'en rendre compte. Même dans les familles heureuses, certains en souffrent: ils aimeraient que leur ménage soit ouvert sur d'autres personnes.

Psychologie

Vocabulaire

Est-ce que **la nuptialité** est élevée dans votre pays?	*le nombre de mariages par rapport à la population*	nuptial (adj.)
Le toit de la maison **s'est effondré** sous le poids. **(s'effondrer)**	*tomber brusquement en ruine*	un effondrement
Je **n'entends** rien à cette affaire. **(entendre)**	*(ici)* **comprends**	l'entendement (m.) un malentendu
J'ai payé 500 francs, nouveaux francs. **s'entend (bien entendu).**	**évidemment**	
La diffusion de cette mode a été très rapide	*le fait de se répandre*	diffuser la radiodiffusion
La conjoncture n'est pas brillante en ce moment.	**La situation** *(qui résulte d'un ensemble de circonstances)*	
Il a étudié **la démographie**.	*Science qui étudie l'évolution et la composition de la population*	un(e) démographe démographique (adj.)
Devant la **multiplication** des preuves, l'accusé a fini par avouer.	**le nombre toujours croissant**	multiplier
Je doute de **la légitimité** de cet accord.	*le fait d'être fondé sur loi, sur le droit*	légitime (adj.) légitimer
'Je l'ai vu de mes yeux' est **un pléonasme**.	*la même idée exprimée deux fois*	
Le mariage fait l'objet d'**une attente** extrême.	*On attend énormément de choses du mariage.*	attendre la salle d'attente en attendant (que)
Il n'a pas pu accepter **cette déception**.	**cette désillusion**	décevoir être déçu(e)
La dévalorisation de la monnaie est un problème grave.	*le fait de perdre sa valeur*	valoir, la valeur valoriser, la valorisation revaloriser, la revalorisation dévaloriser, la dévalorisation
La maison a deux **issues**. **(une issue)**	**sorties**	
Je ne vois pas d'autre **issue** à ce problème.	**solution**	
En apprenant la mort de son fils, elle **s'est évanouie**. **(s'évanouir)**	**a perdu connaissance**	l'évanouissement (m.)
Mon bonheur **s'est évanoui**.	**a disparu**	
Les deux **conjoints** doivent être présents. **(un conjoint, une conjointe)**	**époux** *(mari et femme)*	
le flux et le **reflux** de la mer	*la marée montante et la marée descendante*	refluer; un afflux la fluctuation
Paradoxalement, plus on bat son chien, plus il vous aime.	*contrairement à ce qui paraît normal*	un paradoxe paradoxal, -ale, -aux, -ales (adj.)
Elle est d'accord, à condition **toutefois** que ses droits soient respectés.	**néanmoins; pourtant**	
J'estime qu'il a fait tout ce qu'il pouvait. **(estimer)**	**je crois; je suis d'avis**	
C'est un homme que **j'estime** beaucoup	**j'apprécie**	une estime une estimation
Il est difficile d'**estimer** la valeur de cet anneau.	**évaluer; se faire une idée de**	(in)estimable (adj.)
Si on ne veut pas d'enfant, **autant** ne pas se marier.	**on peut tout aussi bien**	
Le pont s'appuie sur **des poutres** métalliques. **(une poutre)**	*grosses pièces de bois ou de métal qui soutiennent une construction*	une poutrelle
On a d'abord construit **la charpente**, puis le reste de l'usine.	*l'ensemble des poutres*	le charpentier
On consomme de l'énergie **à un point** qui n'a jamais existé dans l'histoire.	**dans une mesure, à un degré**	à ce point au point de, au point que un steak à point
Il a une vie **affective** intense. **(affectif, -ive)**	*qui concerne les sentiments*	
Toute **l'affectivité** se concentre dans le mariage.	**la vie des sentiments; la vie affective**	
La douleur du malade arrive à son **paroxysme**.	**le plus haut degré**	
Il y avait **un clivage** très net entre les classes sociales.	**une séparation**	cliver
Nous arriverons bientôt **au havre**. (**le havre**, *vieux, régional* ou *littéraire*)	*un petit port bien à l'abri (bien protégé)*	Le Havre (ville, port de France)

Exploitation

A Lisez d'abord attentivement les questions suivantes.

1 Qu'est-ce qui permet à Louis Roussel de dire qu'il y a une crise du mariage en France, mais qu'elle est moins grave que dans beaucoup d'autres pays?

2 Sur quelle fonction du mariage n'insiste-t-on plus aujourd'hui?

3 Quelle fonction du mariage par contre a pris une importance énorme?

4 Donnez deux raisons pour lesquelles on divorce plus vite de nos jours qu'autrefois.

5 Comment Louis Roussel explique-t-il la concentration de «tous les bonheurs» dans le mariage?

6 Expliquez:
a enfant égale mariage
b mariage égale enfant.

7 Qu'est-ce qui caractérise actuellement les rapports entre les parents et leurs enfants?

8 Le mariage est-il devenu un ghetto, d'après Louis Roussel?

B Ecoutez plusieurs fois l'interview. Prenez note en écoutant. Répondez ensuite oralement aux questions ci-dessus.

C Ecoutez encore l'interview. Résumez-la ensuite par écrit, sans utiliser le texte. Confrontez ensuite celui-ci avec votre résumé.

Réflexion – discussion

A Que pensez-vous des affirmations suivantes?

1 «On se marie encore conformément à la loi, en public, mais ce n'est plus qu'une formalité.»

2 «La famille est le seul endroit où il est possible d'être soi-même, d'être aimé, de trouver le bonheur.»

3 «Si l'on ne veut pas d'enfant, autant ne pas se marier.»

B Comment un ménage peut-il éviter ou cesser d'être un ghetto?

Exercices

1 *Complétez les phrases.*

Exemple:
Si l'on ne trouve pas dans *le mariage* ce que l'on en attend, *on y met fin.*

1 Si l'on ne trouve pas dans *l'amitié* ce que l'on en attend,...

2 ...la religion,...

3 ...les biens matériels,...

4 ...les études,...

5 ...le cinéma,...

6 ...son métier,...

7 ...les livres,...

8 ...l'autre sexe,...

9 ...la vie,...

2 *Formez des phrases d'après l'exemple.*

Exemple:
A une attente extrême correspond un risque extrême.

1 A un effondrement de la nuptialité correspond...

2 A la dévalorisation du caractère institutionnel du mariage...

3 A la concentration de tous les bonheurs dans le mariage...

4 Au besoin d'affection des enfants...

5 A une circulation intense...

6 A une qualité élevée...

7 A une lourde responsabilité...

3 *Complétez les phrases par le mot qui convient.*

A *apparence, en apparence, apparaître, apparent, apparemment, apparition*

1 Notre conversation était souvent interrompue par l'... du surveillant.

2 Croyez-vous aussi qu'un mariage sans enfant n'est qu'... de mariage?

3 Cette froideur... ne l'empêchait pas d'être aimé.

4 Selon toutes les..., le voleur est entré par le soupirail.

5 Calme..., elle était réellement dévorée d'inquiétude.

6 ...il étudie tout en écoutant des disques.

7 Elle m'... parfois dans mes rêves.

B *valorisation, revalorisation, dévalorisation, valoriser, revaloriser, dévaloriser, valeur, valoir*

1 L'inflation entraîne la... de la monnaie.

2 La... du sentiment amoureux dans le mariage n'est pas nouvelle.

3 La... du caractère institutional du mariage pose des problèmes.

4 Il est difficile de... une institution dont l'utilité n'a jamais été reconnue.

5 Est-ce que ça... la peine?

6 Le maire a décidé de tout faire pour... les métiers traditionnels de notre ville.

7 Elle possède des bijoux d'... inestimable.

8 La... de notre monnaie freinera un peu les importations.

9 Ne... pas vos propres talents.

4 *Remplacez le mot souligné par un mot de la même famille et adaptez la phrase.*

Exemple:
Le *divorce* lui fait peur.
Elle a peur de *divorcer.*

1 *Le mariage* lui fait peur.

2 Je ne voudrais vous infliger aucune *déception*.
3 C'est un homme que j'*estime* beaucoup.
4 Il a osé *parodier* «Hamlet».
5 Maman me souriait avec *affection*.
6 Nous voyions l'eau *refluer* vers la mer.
7 Je ne suis pas sûr que ce contrat soit *légitime*.
8 Rubens *demeurait* dans le centre de la ville.
9 Nous assistons à un *effondrement* de toutes les valeurs.

5 *Exemple:*
   Si l'on ne veut pas d'enfant, *autant ne pas* se marier.
1 Si l'on n'est pas heureux dans son mariage,...
2 Si l'on ne comprend rien au cours,...
3 Si vous n'êtes pas heureux dans votre métier,...
4 Si l'on va en vacances pour s'ennuyer,...
5 Si l'on ne fait pas confiance à ses amis,...
6 Si l'on n'aime pas la vie,...
7 Si le mariage n'est qu'une formalité,...

une épreuve de force?

Nathalie Sarraute,
Le Supplice du Silence

Personnages:
- un couple d'une bonne quarantaine d'années, appelés toujours 'lui' et 'elle' par l'auteur et vivant dans un climat de guerre froide
- leur fille
- leur neveu qui habite avec eux; c'est celui qui raconte.

Le silence est sa méthode la plus sûre, le procédé le mieux mis au point de tous ceux qu'elle emploie pour le dresser. Lui, il sait bien quand il sort en tirant sur la porte pour la faire claquer le plus fort qu'il peut (mais rien à ce moment-là ne pourrait l'empêcher de lui porter ce coup que de tous ses nerfs tendus elle attend), il sait qu'elle va immanquablement, avec la détermination glacée et calmement différée des sadiques, lui infliger la punition...

Peu de gens peuvent supporter long-temps ce supplice du Silence. Certains, quand il se prolonge, incapables d'y tenir, sentant qu'ils n'ont rien à perdre, pris d'un besoin désespéré de se détruire, ou bien risquant le tout pour le tout, espérant ainsi forcer l'autre à sortir de ses gonds, font une grande scène, cassent des objets précieux, trépignent, crient. Lui, formé par un long entraînement, d'ordinaire se résigne: il s'installe dans ce silence tel un vieux récidiviste qui retrouve aussitôt, chaque fois qu'on l'y ramène, ses habitudes de

prison. Au début, d'ailleurs, lui-même n'a aucune envie de parler – qu'ils aillent tous au diable, il en a vraiment par-dessus la tête – il cuve sa rage.

Aux repas, où la méthode bat son plein, le visage renfrogné, les paupières plissées, les lèvres froncées dans une moue que nous connaissons bien, il mange en face d'elle en silence, le nez baissé sur son assiette, relevant la tête de temps en temps et regardant devant lui, l'œil fixe, féroce. Leur fille et moi, pris entre ce regard et son regard à elle, glacé, distant, nous faisons semblant de nous ébattre innocemment, avec insouciance. Notre jeu en pareil cas manque un peu de naturel. Nous sommes, en de si difficiles circonstances, d'assez médiocres acteurs.' Trop occupés sans doute à suivre, en connaisseurs avertis, les différentes péripéties de la lutte savante qui s'engage entre eux. Il y a entre eux un système de compensation: celui des vases communicants. Quand dans l'un le niveau descend, aussitôt dans l'autre on le voit qui monte. Si lui paraît déprimé, elle aussitôt devient toute guillerette et animée, bavarde avec nous, parade. Lui alors se renfrogne de plus en plus et ne lève plus la tête de son assiette que pour nous demander, à sa fille ou à moi, d'une voix enrouée, sur un ton bref, de lui passer la moutarde ou le pain,

surtout quand elle les a à sa portée, et que c'est à elle, normalement, qu'il devrait s'adresser. Parfois, c'est lui – mais bien rarement, il est en pareil cas de loin des deux le plus faible – qui, un beau jour, entre tout frétillant dans la salle à manger, se frotte les mains, me pince le bras: 'Ah! mes enfants, quel temps! J'ai dérapé deux fois. Nous avons failli faire sur le pont de Grenelle un tour complet.' Elle aussitôt a sa tête figée: un sourcil, le gauche, fortement arqué et relevé, lui donne un air d'Indien cruel. Elle emploie les grands moyens, fait fonctionner ce que j'appelle son système de pompe: son silence devient plus dense, plus lourd, il nous tire à soi plus fort, nos mots sont aspirés par lui, nos mots voltigent entre nous un instant, tout creux, inconsistants, tournoient un moment, et, détournés de leur chemin, ne parvenant pas à atteindre leur but, vont s'écraser quelque part en elle, happés par son silence. Elle le voit très bien et jouit intensément de nos vains efforts. Petit à petit, nous perdons courage: nos voix sonnent de plus en plus faux. Nos mots, de plus en plus frêles, légers, sont escamotés aussitôt, nous les entendons à peine. Enfin nous nous taisons. Il ne reste plus sur la place vide, se répandant partout, l'occupant tout entière, que son silence.

Marterau

Vocabulaire

Les martyrs ont subi **des supplices** horribles. **(un supplice)**	*des peines très graves, même mortelles*	supplicier quelqu'un un supplicié
Nos opinions **diffèrent**, je crois. **(différer)**	**sont différentes**	une différence un différend
La décision a été **différée**. une détermination **différée**	**remise à plus tard** *qui ne perd rien de sa force avec le temps*	différencier différent, différemment un relais différé une émission en différé
Ils risquent **le tout pour le tout**.	**de tout perdre pour tout gagner**	
La porte s'est ouverte en grinçant sur **ses gonds**. (un gond)	*pièces de fer sur lesquelles tourne une porte*	
Tu veux **me faire sortir de mes gonds**?	**me mettre en colère**	
Je le voyais **trépigner** de colère.	*frapper des pieds contre terre*	le trépignement
Il faut **se résigner**, c'est la vie.	*accepter des choses désagréables*	la résignation
C'est **un(e) récidiviste**.	*une personne qui retombe dans les mêmes fautes, dans les mêmes crimes; une personne qui retourne plusieurs fois en prison*	une récidive récidiver
Le vin **cuve**. **(cuver)**	**se trouve dans la cuve** *(= grand récipient où on fait fermenter le raisin)*	la cuvée une cuvette
Il **cuve son vin**.	*Il digère son vin.* *(se dit d'un ivrogne qui dort)*	
La fête **bat son plein**. **(battre son plein)**	*est à son comble, à son point le plus haut*	
Max **se renfrognait**. **(se renfrogner)**	*contractait son visage pour exprimer son mécontentement*	le renfrognement
Il a le visage **renfrogné**.	**contracté par le mécontentement**	
Elle faisait **la moue**.	**une grimace de mécontentement**	
Des enfants **s'ébattaient** dans la prairie. **(s'ébattre)**	*s'amusaient au gré de leur fantaisie*	les ébats (m. pl.)
Vous êtes un connaisseur **averti**.	*qui est vraiment très bien au courant*	avertir un avertissement un avertisseur
C'est une histoire pleine de **péripéties**. **(une péripétie)**	*changements brusques de la situation*	
Mon père est un homme **savant**.	**très instruit**	savoir
une construction **savante**	**compliquée**	la science
Il est **guilleret** dès le matin. **(guilleret, guillerette)**	**vif et gai**	
Il parle d'une voix **enrouée**.	**rauque** *(par exemple à cause d'un rhume)*	l'enrouement
Le chien **frétille** de la queue. **(frétiller)**	*fait de petits mouvements rapides*	le frétillement
Il **avait** le pain **à sa portée**.	*Il pouvait prendre le pain sans se déplacer.*	la portée d'un fusil d'une voix une portée (terme de musique) porter
La voiture a **dérapée**. **(déraper)**	*glissé sur le sol*	le dérapage
J'ai **failli** tomber. **(faillir)**	*Je suis presque tombé.*	
Il a une tête **figée**.	*sa figure ne bouge pas, la vie semble avoir quitté sa figure*	une expression figée
Il a des sourcils **arqués**.	*en forme d'arc*	
Un aspirateur **aspire** la poussière. **(aspirer)**	**attire; absorbe**	un aspirateur une aspiration
Je voyais les oiseaux **tournoyer** autour de la maison.	*décrire des cercles, des courbes*	le tournoiement le tournoi
Les abeilles **voltigeaient** dans le jardin.	*volaient çà et là*	
Le chien voulait **happer** l'os.	*le prendre brusquement dans sa gueule*	
Elle a un cou si **frêle**.	**délicat; fragile**	
L'homme savait **escamoter** toutes sortes d'objets.	*faire disparaître comme par miracle*	un escamoteur un tour d'escamotage
Nous avons dû **céder la place**.	**abandonner; nous en aller; nous enfuir**	

Avant la lecture du texte

Préparation de la lecture.
1 *a* Qu'est-ce qu'un sadique?
   b Qu'est-ce qu'un masochiste?
2 Vous êtes marié(e). Votre femme (votre mari) refuse de vous parler depuis quelques jours. Que faites-vous?
3 Décrivez le système des vases communicants.
4 Vous êtes invité(e) chez un(e) ami(e) marié(e). Les deux époux se sont visiblement disputés et ne se parlent pas. Quels sentiments éprouvez-vous. Que faites-vous? Que dites-vous? Comment se passe la soirée?

Après la lecture du texte

Sentez-vous l'écart?
Remplacez les mots en italiques par les mots employés dans le texte. (Attention. Souvent il ne s'agit pas de synonymes.)
1 *La cravache* est sa méthode la plus sûre pour le *punir.*
2 Elle va *certainement* lui infliger la punition.
3 Ils espèrent ainsi forcer l'autre à *se fâcher.*
4 Lui, formé par *l'habitude*, d'ordinaire se résigne.
5 Il s'installe dans ce silence *auquel il est habitué.*
6 Il cuve *son vin.*
7 *La fête* bat son plein.
8 Nous faisons semblant *de ne rien voir.*
9 C'est une lutte *passionnante.*
10 Si lui paraît déprimé, elle aussitôt devient *gaie.*
11 Il entre tout *joyeux* dans la salle à manger.
12 Elle aussitôt a *son visage mécontent.*
13 *Le brouillard* devient plus dense.
14 *La poussière* est aspirée par *l'aspirateur.*
15 *L'os* est happé *par le chien.*
16 Il ne reste plus *dans la salle à manger* que son silence.

Analyse

Relisez le texte alinéa par alinéa.

PREMIER ALINEA
1 *a* Quelle est la forme de sadisme pratiquée par «elle»?
   b Qu'est-ce qu'elle a de commun avec les autres sadiques?
2 Quelle est la forme de masochisme pratiquée par «lui»?
3 Quel titre pourrait-on donner à cet alinéa?
4 Trouvez-vous le mot «dresser» bien choisi? Justifiez votre réponse.

DEUXIEME ALINEA
1 Opposez
   ce que «certains» font/ce que «lui» fait
   pourquoi ils le font/pourquoi il le fait
2 Quel titre pourrait-on donner à cet alinéa?
3 Quel est l'effet de la comparaison «tel un vieux récidiviste»?
4 A quoi vous font penser les mots «Il cuve sa rage»?

TROISIEME ALINEA
Quel titre pourrait-on donner à cet alinéa?

A «*Au repas... entre eux*»
1 Décrivez l'attitude de chacun des quatre personnages.
2 Expliquez
   a pourquoi la fille et le neveu sont appelés des acteurs.
   b à cause de quoi ils sont «d'assez médiocres acteurs».
3 Complétez: Le neveu et la fille veulent s'ébattre comme si...
4 De quoi sont-ils des connaisseurs avertis?

B «*Il y a entre eux*»... *fin du texte.*
1 Quel titre pourrait-on donner à cette partie du texte?
2 Présentez *schématiquement* le système des vases: communicants tel qu'il fonctionne entre «eux». Employez les mots du texte dans votre schéma.
3 Pourquoi est-ce que la deuxième possibilité est traitée plus longuement?
4 A quoi est-ce qu'«elle» est comparée?
5 A quoi est-ce que les mots sont comparés?
6 Imitez avec votre main le vol des mots en prononçant les mots du texte.
7 D'abord les mots sont «happés», ensuite «escamotés». Quelle est la différence?
8 Quel est l'effet de la dernière phrase?

Synthèse

B
1 Nathalie Sarraute tourne souvent autour des choses pour en décrire avec toutes leurs facettes, par petites touches successives. Donnez des exemples.
2 Donnez des exemples de la très grande précision du vocabulaire de Nathalie Sarraute.
3 Quelles sont les comparaisons que vous appréciez le plus. Justifiez votre choix.
4 Quels sont les (autres) effets comiques que vous appréciez? Expliquez.

B
1 Comment les rapports entre l'homme et la femme sont-ils présentés dans ce texte?
2 Quelle est l'utilité des personnages secondaires (la fille et le neveu).

Lecture expressive

Entraînez-vous à la maison.

> «Plus on juge, moins on aime»
> Balzac, *Physiologie du mariage*

Exercices

1 *Exercice de rédaction*
Imitation de phrases

Exemple:

PHRASE TIREE DU TEXTE:
Il s'installe dans ce silence *tel un vieux* récidiviste *qui retrouve aussitôt, chaque fois qu*'on l'y ramène, *ses habitudes de* prison.

PHRASE IMITEE DE LA PRECEDENTE:
Il se met au travail, *tel un vieil* employé *qui retrouve aussitôt, chaque fois qu*'il rentre de vacances, *ses habitudes de* bureau.

FAITES DE MEME AVEC LES PHRASES SUIVANTES:

1 Il mange en face d'elle, le nez baissé sur son assiette, relevant la tête de temps en temps et regardant devant lui, l'œil fixe, féroce.
2 Le silence est sa méthode la plus sûre, le procédé le mieux mis au point, de tous ceux qu'elle emploie pour le dresser.
3 Leur fille et moi, pris entre ce regard et son regard à elle, glacé, distant, nous faisons semblant de nous ébattre innocemment, avec insouciance.
4 Il ne reste plus sur la place vide, se répandant partout, l'occupant tout entière, que son silence.

2 *faillir*

Modèle:
Nous avons *presque fait* un tour complet.
Nous avons *failli faire* un tour complet.

1 J'ai *presque claqué* la porte.
2 Elle lui avait *presque infligé* une punition.
3 J'ai *presque bu* le poison.
4 Il est *presque sorti* de ses gonds.
5 En voyant cet affreux spectacle, elle s'est *presque évanouie.*
6 On m'a *presque ramené en prison.*
7 Il lui avait *presque demandé* de lui passer la moutarde.
8 J'ai *presque été écrasé* par une voiture.

3 *Exemple:*

Si lui paraît déprimé, *elle aussitôt devient toute guillerette.*
1 Si lui se met à parler, elle...
2 Si lui veut sortir, elle...
3 Si lui entre tout frétillant, elle...
4 Si lui est de bonne humeur, elle...
5 Si lui est aimable, elle...
6 Si lui se renfrogne, elle...
7 Si lui félicite la cuisinière, elle...
8 Si lui trouve le vin bien chambré, elle...

4 *Complétez par un substantif et un adjectif.*

Exemple:
Nous suivons la lutte *en connaisseurs avertis.*
1 Nous suivons le match en...
2 Il fait ses devoirs en...
3 J'ai suivi tous les débats en...
4 Nous avons regardé ce programme en...
5 Il choisit ses cravates en...
6 Nous aimons nos prochains en...
7 Il sert sa patrie en...
8 Il fait de nombreux voyages en...

5 *Exemple:*

Un sourcil fortement arqué *lui donne un air d'Indien cruel.*
1 Ses yeux obliques...
2 Ses bottes et ses moustaches...
3 Ses longs cheveux blonds et ses yeux bleus...
4 Son masque noir et ses revolvers...
5 Ses longs vêtements et son turban...
6 Ses vêtements et son maquillage extravagants...
7 Ses cheveux longs et sales...

6 *Remplacez le substantif par un verbe de la même famille et adaptez la phrase.*

Exemple:
La *différence* entre ces deux frères est énorme.
Ces deux frères *diffèrent* énormément.
1 Sa *résignation* était totale.
2 Leurs *ébats* étaient attendrissants à voir.
3 C'est mon dernier *avertissement.*
4 Lulu est un *escamoteur* très habile.
5 On a besoin d'un long *entraînement* pour être un bon athlète.
6 Il a connu toutes les *jouissances* de la vie.
7 Je suivais des yeux le *tournoiement* des feuilles mortes.
8 Le *frétillement* de la queue s'est arrêté brusquement.

Place aux acteurs

1 Par groupes de quatre, vous allez rédiger, puis apprendre par cœur et jouer les scènes suivantes:
a Les quatre personnages sont à table. «Lui» et 'elle' se taisent. Les deux jeunes gens parlent comme si rien ne se passait. Mais ça ne va pas.
b «Elle» et les deux jeunes gens se mettent à table. «Lui» entre visiblement déprimé. «Elle aussitôt devient toute guillerette et animée, bavarde, parade».

c «Elle» et les deux jeunes gens se mettent à table. «Lui» entre «frétillant» et commence à parler fébrilement avec son neveu et sa fille. Elle fait fonctionner «son système de pompe» etc.

Les dialogues et les indications scéniques sont à rédiger d'avance, et à apprendre par cœur.

2 On peut faire de même avec d'autres scènes de ménage.

Travail d'équipe

Recherchez dans «le courrier du cœur» des magazines féminins, ou autres, les lettres concernant les difficultés entre époux.

1 Quels sont les problèmes exposés?

2 Quelles sont les réponses données par le magazine. (Résumez-les très brièvement.)

3 Que pensez-vous:
a de ce genre de lettres,
b des réponses de la revue?

Rédactions

1 Les diverses causes possibles de désintégration d'un mariage.

2 Un homme (une femme) écrit à la revue «Epoux d'aujourd'hui». Depuis deux semaines, sa femme (son mari) refuse de lui parler. Il (elle) explique comment cela a commencé, etc. et demande conseil. Rédigez aussi éventuellement la réponse de la revue.

3 *Jamais deux sans trois (Cf. dessins ci-dessous.)* Racontez d'abord oralement, puis par écrit, comme rédaction, ce qui arrive à ce brave homme.

McLACHLAN

UN MARIAGE EGALITAIRE

Un couple de jeunes professeurs a entrepris de vivre ce qu'il appelle un mariage égalitaire.

Non seulement Geneviève et André Pierrard gagnent chacun leur vie – l'un et l'autre enseignent la psychologie à l'université – mais tous les deux font à tour de rôle le ménage, la cuisine et la lessive, et tous deux consacrent leurs loisirs à prêcher autour d'eux l'évangile de l'égalité entre les sexes. Partout dans le monde, des jeunes couples choisissent de partager intégralement les responsabilités financières et ménagères dans le mariage. Pour que l'homme ne soit plus un étranger pour ses enfants. Pour que la femme puisse, dans les meilleures conditions possibles, poursuivre une carrière professionnelle. En quoi le mariage égalitaire est-il novateur? Et surtout, a-t-il des chances d'être plus heureux qu'un autre?

Journaliste – *Avant de vous rencontrer, aviez-vous des idées préconçues sur la répartition des rôles entre le mari et la femme au sein du couple?*
André – A 25 ans, quand j'ai rencontré Geneviève, je savais déjà que je ne pourrais vivre qu'avec une femme ayant du goût pour une certaine indépendance. J'imaginais que la mienne travaillerait dans une branche qui lui permettrait aussi de s'occuper de sa famille; qu'elle serait, par exemple, institutrice. Mais je n'avais jamais envisagé un système égalitaire tel que celui que nous avons finalement adopté.
Geneviève – Nous n'avions ni l'un ni l'autre de principes dans ce domaine. Je pensais être prête, théoriquement, à faire passer la carrière de mon mari avant la mienne. Ce n'est que lorsque le problème s'est réellement posé que je me suis rendu compte qu'il serait absurde et injuste que l'un de nous fasse davantage de sacrifices que l'autre simplement parce que c'est l'usage.
J. *C'est donc le rôle traditionnel de la femme qui fait passer l'intérêt de son mari avant le sien propre que vous avez rejeté?*
G. On a toujours dit aux hommes et aux femmes qu'en raison de leur sexe ils devaient vivre d'une certaine manière, remplir des fonctions distinctes, prendre des responsabilités complémentaires. Je trouve qu'il est dommage d'attacher davantage d'importance au rôle qu'à l'individu. La plupart des mariages n'unissent pas deux personnes mais deux rôles. Quelles que soient ces personnes, elles doivent se conformer à ces rôles. Le jour de la naissance d'une petite fille, on peut déjà prévoir comment, à cause de son sexe, elle passera le plus clair de ses journées vingt ou trente ans plus tard: à faire le ménage, la lessive, la cuisine, la vaisselle, etc. J'attache le plus grand prix à la valeur de chaque individu. Or les femmes ne sont autorisées à se servir de tous leurs talents

qu'en plus du reste, c'est-à-dire après avoir assuré tout ce que leur rôle d'épouse et de mère leur demande d'assurer.
J. *Sur le plan professionnel, avez-vous les mêmes horaires?*
A. Comme nous enseignons tous les deux – et dans la même université – nous consacrons le même nombre d'heures à notre travail. Ce qui ne veut pas dire que nos horaires soient toujours les mêmes.
J. *Comment avez-vous réparti les responsabilités entre vous?*
G. A la maison, les différentes tâches qui doivent être faites quotidiennement ou avec une certaine régularité sont confiées à l'un ou à l'autre à tour de rôle. Nous nous partageons intégralement tout ce qui a trait au ménage et à la cuisine.
A. En fait, nous combinons nos névroses. Je ne supporte pas le désordre. Geneviève n'aime pas mal manger. Alors je fais le lit et je range. Elle s'occupe davantage de nos repas
J. *Qui fait la lessive?*
A. Moi.
J. *Qui arrose le jardin?*
G. Moi.
J. *Qui fait les courses?*
G. et A. *(ensemble).* Nous deux. Nous n'aimons les faire ni l'un ni l'autre. Alors nous travaillons en équipe et le moins souvent possible. Nous avons acheté un grand congélateur qui nous permet de stocker ce dont nous avons besoin.
J. *Qui tient les comptes?*
G. C'était moi. Mais récemment j'en ai eu assez d'entendre André dire: 'Mais où passe donc tout notre argent?' Je lui ai suggéré de tenir les comptes. Maintenant, au moins, il sait pourquoi de temps à autre nous en manquons.
J. *Qui s'occupe des gros nettoyages?*
A. Deux fois par semaine, une femme de ménage vient pour la demi-journée. Elle fait ce que nous n'avons pas eu le temps de faire.
J. *Avez-vous établi des règles qui vous permettent de vous partager le travail équitablement?*
A. Nous vivons d'une manière assez décontractée. En principe chacun fait ce

qu'il a envie de faire. Si l'un de nous trouve, à certains moments, qu'il fait beaucoup plus de choses que l'autre, il le dit ouvertement, et nous rétablissons l'équilibre.
G. Bien évidemment, si nous avions une grande famille à nourrir trois fois par jour, qu'il faille faire la lessive quatre ou cinq fois par semaine, nous nous organiserions de manière plus structurée en répartissant les responsabilités de manière précise. Mais alors, nous appliquerions le même principe de base selon lequel chacun de nous doit consacrer le même temps aux tâches ménagères. Nous avons des amis qui pratiquent eux aussi le mariage égalitaire. Le mari et la femme se sont réparti le travail ménager sur une base hebdomadaire. Chacun, à tour de rôle, tient la maison, fait les courses, la lessive, la cuisine, etc. pendant une semaine. Cela laisse du temps libre à l'autre qui l'utilise comme il l'entend.
J. *L'égalité implique également le partage des responsabilités financières. Cela signifie-t-il, selon vous, qu'il ne peut y avoir de mariage égalitaire si la femme ne contribue pas aux ressources du ménage, c'est-à-dire si elle ne travaille pas?*
G. Ce n'est pas tout à fait exact. Je connais des femmes qui ne travaillent pas, mais que l'on peut incontestablement considérer comme les égales de leur mari. Elles ont conscience de leur identité, de leur valeur. Ce sont des adultes à part entière. Elles ne vivent pas à travers leur mari, mais avec lui. Elles pourraient, le cas échéant, vivre sans lui. Je constate cependant que ce sentiment d'identité et d'autonomie vient plus facilement à un individu, quel que soit son sexe, quand il gagne sa vie. Nous appartenons à une société qui surestime la valeur de l'argent. Beaucoup de femmes qui n'en possèdent pas en propre et qui n'en gagnent pas ne se sentent pas en mesure de demander à leur mari qu'il tienne compte de leurs aspirations personnelles dès lors qu'elles risquent de contrecarrer les siennes.
J. *Comment la répartition égalitaire des responsabilités familiales s'adapte-t-elle*

aux problèmes que posent le soin et l'éducation des enfants?

A. Mais très bien! Nous continuerons à tout partager. Puisque nous travaillons tous les deux, il faudra que nous trouvions quelqu'un pour s'occuper du bébé quand nous ne serons pas là. Mais le matin et le soir, avant et après nos cours, nous assumerons chacun une part des soins, de l'attention, de l'affection à donner au bébé. Peut-être aurons-nous la chance de trouver une place de crèche dans notre quartier. Dans ce cas, nous y mettrons j'enfant pour la journée. Les études les plus récentes montrent que les petits ne souffrent aucunement du fait que leur mère travaille, au contraire. Je souhaiterais que ce type d'information soit largement diffusé parce que toutes les mères qui travaillent ont, à certains moments, l'impression qu'elles font du mal à leur enfant, surtout si celui-ci est très jeune. Il faut les déculpabiliser. Ce qui compte, c'est la qualité, l'intensité des échanges entre la mère et l'enfant et non pas le fait que ces échanges se produisent toute la journée ou pendant quelques heures chaque soir.

J. *Ne pensez-vous pas que pour mettre en œuvre un mariage égalitaire, il faille un concours de circonstances assez exceptionnel: des professions qui s'y prêtent, une certaine aisance financière et pas trop d'enfants?*

A. Il est évident que certaines circonstances – notamment l'aisance – facilitent la chose. Cependant, prenez le cas d'un ménage d'ouvriers ou d'employés aux revenus modestes. C'est précisément dans ce cas que la femme est le plus en droit de réclamer une égalité réelle. Elle travaille à

l'usine ou au bureau comme son mari. Pourquoi ne partageraient-ils pas les travaux ménagers?

J. *En tant que psychologue, quel est, à votre avis, l'obstacle majeur à la multiplication des mariages égalitaires?*

A. L'obstacle principal est la manière dont les parents élèvent leurs enfants. Des études montrent que déjà à six mois les garçons et les filles sont traités différemment. Cela continue pendant toute la scolarité. L'immense majorité d'entre eux atteint vingt ans sans avoir jamais remis en cause les stéréotypes selon lesquels l'homme est fort, agressif et gagne de quoi nourrir sa famille, et la femme est douce, maternelle et trouve le bonheur dans son foyer. L'idéologie qui sous-tend ces conceptions est si puissante – et souvent inconsciente – que la plupart des hommes n'imaginent même pas que l'on puisse penser autrement des femmes. Ils croient que des raisons biologiques expliquent – et justifient – la répartition actuelle des rôles, alors que c'est inexact pour tout ce qui ne touche pas aux neuf mois de la grossesse. Par exemple, savez-vous que l'instinct maternel n'existe pas? Ce qui existe, c'est un instinct parental qui se développe chez toute personne qui s'occupe directement d'un enfant, qu'elle soit un homme ou une femme.

J. *Pourquoi un certain nombre de femmes réagissent-elles violemment lorsqu'on leur parle de libération et d'égalité?*

A. Pour beaucoup d'entre elles, les décisions prises plus tôt dans leur vie sont irréversibles. Les idées nouvelles menacent leur équilibre, construit patiemment année par année, souvent au prix de lourds

sacrifices. Elles ne peuvent pas revivre leur vie. Nous ne disons pas qu'elles aient eu tort de choisir un mode de vie traditionnel. Comment le pourrions-nous? Mais nous mettons en garde les jeunes qui vont se marier ou qui viennent de le faire. Il est malheureusement possible de prendre, sans s'en apercevoir, une mauvaise décision au départ et de créer une situation pratiquement irréversible pour les vingt prochaines années. Mieux vaut bien réfléchir à la vie que l'on veut mener.

J. *En résumé, pouvez-vous énumérer les avantages du mariage égalitaire aussi bien pour l'homme que pour la femme?*

A. Dans un mariage égalitaire, l'homme et la femme ne vivent pas l'un à travers l'autre, mais l'un à côté de l'autre. Leur identité n'est pas définie par les réalisations et les succès de quelqu'un d'autre – le mariage bourgeois traditionnel où la femme ne travaille pas impose des exigences trop fortes au mari – qui doit réussir – ainsi qu'aux enfants.

G. Il me semble qu'un mariage égalitaire a plus de chances qu'un autre d'unir deux personnes qui seront encore heureuses de vivre ensemble après de longues années. Une fois passées l'attirance des premiers temps et la mise au monde et l'éducation des enfants, il faut qu'existent d'autres raisons de rester ensemble. Le mariage égalitaire les fournit. Nous avons de l'avenir du mariage une idée optimiste. En ce qui nous concerne, je crois qu'il y a peu de risques que nous divorcions jamais. J'espère que dans vingt-cinq ans, si on se préoccupe de vérifier cette prédiction, on s'apercevra que nous avions eu raison.

D'après ELLE

Vocabulaire

Dans ce domaine, beaucoup de gens ont des **idées préconçues**.	*Ils se sont fait des idées sans jugement critique ni expérience.*	concevoir une conception concevable (adj.) répartir (conjug.!)
Ils veulent **une nouvelle répartition (un nouveau partage)** du travail.	**une nouvelle distribution**	
Les neuf pays resteront indépendants **au sein de** la Communauté.	**dans le cadre de**	
Dans quelle branche travaillez-vous? **(la branche)**	**Dans quel secteur d'activité**	
La santé **passe avant** la richesse.	**est plus importante que**	
Il passe **le plus clair** de ses journées à se plaindre.	**la plus grande partie**	
Ce professeur a **un bon horaire**.	*Ses heures de travail sont bien réparties.*	
Cela **a trait à** l'histoire de notre ville. **(avoir trait à)**	**se rapporte à**	
Par temps sec, il faut **arroser** les plantes du jardin.	**donner de l'eau à**	un arrosoir l'arrosage (n. m.) un tuyau d'arrosage congeler
Dans **le congélateur**, on peut conserver un stock de nourriture.	*(Voir dictionnaire)*	
C'est le mari qui **tient les comptes** du ménage. **(tenir les comptes, n. m.)**	**note toutes les dépenses**	

Ils **manquent** d'argent. — n'ont pas assez d'
(manquer de)

Il faut d'abord **établir** une liste. — **faire; rédiger** — un établissement
Cette somme sera partagée **équitablement**. — **de façon juste** — équitable (adj.)
— l'équité (n. f.)

Elle était très **décontractée**. — *contraire: nerveuse*
Il est temps de **rétablir** le contact avec ces — **restaurer**
   gens-là.
Savez-vous ce que cette mesure **implique**? — *Savez-vous quelles sont les conséquences* — une implication
(impliquer) — *de cette mesure?* — implicite (adj.)
— implicitement (adv.)

Depuis qu'il a perdu son emploi, il est sans — *moyens matériels d'existence*
   ressources.
(les ressources, f. pl.)
Avez-vous de l'argent **en propre**? — *n'appartenant qu'à vous* — la propriété
— le propriétaire

L'opposition **contrecarre** toute initiative de — **contrarie**
   l'autorité.
(contrecarrer)
Il ne craint **aucunement** la mort. — **en rien**
Il faut **diffuser** cette nouvelle. — **répandre; propager** — diffus (adj.)
— diffusément (adv.)
— diffusion (n. f.)
— radiodiffusion (n. f.)

Comme elle n'a commis aucune faute, il faut — *lui enlever le sentiment qu'elle est*
   la déculpabiliser. — *coupable*
L'aisance facilite beaucoup de choses. — **Une richesse suffisante** — aisé (adj.)
(une aisance) — à l'aise (loc. adv.)
— aisément (adv.)

Ce n'est pas là l'obstacle **majeur**. — **principal** — la majorité
La scolarité n'est pas obligatoire en — *Le fait d'aller à l'école* — une école
   Belgique. — scolaire (adj.)
— scolariser

Faut-il **remettre en cause** l'emploi des — *accuser à nouveau*
   pesticides?
Quelle est la doctrine qui **sous-tend** cette — **sert de base à**
   politique?
(sous-tendre)
Après **une grossesse** difficile, elle a mis au — *fait d'être enceinte*
   monde un fils de 4,5 kg.
Cette mesure/intervention chirurgicale est — **ne peut être réparée**
   irréversible.
Je voudrais vous **mettre en garde contre** — **prévenir de; avertir de**
   ce danger.

Après une première audition

Vrai ou faux:
1 D'après André et Geneviève il faut absolument que la femme travaille?
2 Ils font le ménage à tour de rôle?
3 Ils ont une femme de ménage?
4 Ils ont un seul enfant.
5 Dès qu'il y aura un enfant, ils changeront leur existence.
6 Ils mettront leur enfant à la crèche.
7 S'il y a peu de mariages égalitaires, c'est parce que l'éducation n'y prépare pas.
8 Beaucoup de femmes sont contre la libération et l'égalité parce qu'elles ne peuvent pas revivre leur vie.
9 Un des bons côtés du mariage égalitaire est de faciliter le divorce.
10 L'avenir du mariage est sombre.

Qu'en pensez-vous

1 Qu'est-ce que Geneviève et André appellent un mariage égalitaire? Approuvez-vous tout ce qu'ils disent?

2 Croyez-vous qu'un mariage avec un ou plusieurs enfants peut être égalitaire? (cf. la réponse d'André). Justifiez votre réponse.

3 Que répondriez-vous à la question: «Ne pensez-vous pas que pour mettre en œuvre un mariage égalitaire, il faille un concours de circonstances assez exceptionnel: des professions qui s'y prêtent, une certaine aisance financière et pas trop d'enfants?» (cf. la réponse d'André)

4 *a* Est-il vrai que «L'immense majorité des jeunes atteint vingt ans sans avoir jamais remis en cause les stéréotypes selon lesquels l'homme est fort, agressif et gagne de quoi nourrir sa famille, et la femme est douce, maternelle et trouve le bonheur dans son foyer.»?

    b Y a-t-il des comportements caractéristiques de la «féminité» d'une part, de la «virilité» d'autre part? Lesquels?

5 Etes-vous d'accord avec Geneviève et André pour dire que le mariage égalitaire présente plus d'avantages aussi bien pour l'homme que pour la femme?

6 Ne peut-on donc vraiment pas être heureux dans un mariage traditionnel (c.-à-d. complémentaire)?

Rédaction

La libération de la femme
Commentez la déclaration suivante: «Moi je suis tout à fait pour la libération des femmes. A condition que le dîner soit prêt le soir, elles peuvent faire ce qu'elles veulent.» (John Wayne)

Ouverture de la librairie *des femmes* 68 rue des Sts Pères Paris 7e 222.02.08 le jeudi 30 Mai. Elle sera ouverte sans interruption tous les jours de 11 heures du matin à minuit. Dans cette librairie, on trouvera tous les livres écrits par des femmes et les premières parutions des éditions *des femmes* (également en vente dans toutes les librairies.)

Comment trouvez-vous cette idée de fonder une librairie uniquement consacrée à l'édition et à la vente de livres écrits par des femmes?

NAISSANCES

Une étude de l'I.N.S.E.E. révèle que le nombre de bébés a augmenté de 50% en quatre ans chez les couples non mariés

C'EST LE BABY-BOOM...
MAIS HORS MARIAGE

Si les Français se marient de moins en moins, cela ne les empêche pas de faire des enfants... Ceux nés hors mariage représentaient en 1986... 22% des naissances, c'est-à-dire plus d'un sur cinq. Grâce à eux, la courbe de la natalité n'est plus catastrophique.

LES fabricants de biberons et de couches-culottes ont tout lieu d'être satisfaits: la natalité se porte de mieux en mieux en France. N'en déplaise aux défaitistes et aux prophètes du déclin, nos concitoyens aiment les enfants et en font de plus en plus. L'année dernière, comme vient d'ailleurs de le rappeler très officiellement l'I.N.S.E.E., quelque 778 000 bambins sont venus au monde, ce qui représente 10 000 naissances de plus qu'en 1985. Pas mal!

Conséquence logique de tout cela, le taux de natalité regrimpe aussi. Tombé à son plus bas niveau en 1983, le voilà à 1.84% (cela signifie qu'on compte 184 enfants pour 100 femmes) après avoir atteint 1.82% en 1985.

Si «frémissement» il y a – c'est le terme employé par les spécialistes – en matière de natalité, il n'en va pas de même pour la nuptialité. Comme le mariage, les naissances légitimes n'ont guère le vent en poupe. Sur ce point, l'I.N.S.E.E. est formel: la progression du nombre d'enfants est essentiellement due aux naissances hors mariage. Elles ont augmenté de 50% en quatre ans et représentaient 22% du total des naissances en 1986. Plus d'une sur cinq!

Côté mariage, en effet, c'est toujours la crise: 416 000 couples sont passés devant monsieur le maire en 1972. Ils n'étaient plus que 226 000 en 1986. La marée basse, quoi!

Dans le même temps, l'union libre a connu un développement spectaculaire. Aujourd'hui, un million de couples vivent sous le même toit sans être unis par les liens du

Pour être heureux et avoir des enfants, pas besoin de se marier, pensent beaucoup de couples...

mariage. Ils étaient à peine 300 000 en 1968.

Le phénomène, bien sûr, ne touche pas toutes les régions de la même manière. On trouve beaucoup plus d'enfants hors mariage dans les grandes agglomérations urbaines que dans les zones rurales; un sur quatre à Paris et en Ile-de-France contre un sur six en Bretagne ou en Corse.

De là à conclure à la disparition inévitable de la famille tradition-nelle, il y a un pas qu'il vaut mieux ne pas franchir trop rapidement. Outre les M.S.T. et le Sida qui sont en train de tordre le cou à certaines habitudes de vie «post-soixante-huitardes», rien ne dit que les générations montantes suivront la voie ouverte par leurs parents. Il paraît même que le grand amour et le mariage à l'église sont en passe de reconquérir leurs lettres de noblesse...

Jean-Marc Plantade, *Le Parisien*

Exercices

1 *Trouvez dans le texte l'expression ou le mot qui correspond:*
1 à cause de
2 ont de bonnes raisons pour
3 malgré
4 en ce qui concerne
5 c'est une autre affaire
6 n'augmentent pas
7 quant à
8 se sont mariés
9 concerne
10 villes
11 sans compter
12 en train de

2 *Répondez aux questions suivantes:*
1 Expliquez la satisfaction des «fabricants de biberons».
2 Qu'est-ce que les chiffres de l'I.N.S.E.E. viennent de révéler?

3 Pourquoi parle-t-on de «frémissement» en matière de natalité?
4 Quelles différences signale-t-on entre la natalité et la nuptialité récentes?
5 Qu'entendez-vous par «union libre»?
6 Comment est-ce que Paris diffère de la Bretagne dans ce domaine?
7 Pourquoi parle-t-on de «Soixante-huit»?
8 Quelle précaution est conseillée à la fin du texte?

Discussion

On parle dans le texte de «la disparition inévitable de la famille». En divisant la classe en deux groupes, préparez des arguments pour et contre l'institution du mariage et l'existence de la famille traditionnelle.
Entre autres choses vous pourriez considérer:
La possibilité de la vie commune avant le mariage
La sécurité du mariage pour le couple et pour les enfants.

Le bonheur de ceux qui s'aiment

Louis Aragon,

Que serais-je sans toi. . .

Que serais-je sans toi qui vins à ma rencontre
Que serais-je sans toi qu'un cœur au bois dormant
Que cette heure arrêtée au cadran de la montre
Que serais-je sans toi que ce balbutiement

J'ai tout appris de toi sur les choses humaines
Et j'ai vu désormais le monde à ta façon
J'ai tout appris de toi comme on boit aux fontaines
Comme on lit dans le ciel les étoiles lointaines
Comme au passant qui chante on reprend sa chanson
J'ai tout appris de toi jusqu'au sens du frisson

Que serais-je sans toi. . .

J'ai tout appris de toi pour ce qui me concerne
Qu'il fait jour à midi qu'un ciel peut être bleu
Que le bonheur n'est pas un quinquet de taverne
Tu m'as pris par la main dans cet enfer moderne
Où l'homme ne sait plus ce que c'est qu'être deux
Tu m'as pris par la main comme un amant heureux

Que serais-je sans toi. . .

Qui parle de bonheur a souvent les yeux tristes
N'est-ce pas un sanglot de la déconvenue
Une corde brisée aux doigts du guitariste
Et pourtant je vous dis que le bonheur existe
Ailleurs que dans le rêve ailleurs que dans les nues
Terre terre voici ses rades inconnues

Que serais-je sans toi. . .

Le Roman inachevé
Extrait de 'Prose du bonheur et d'Elsa'

Vocabulaire

Cette montre a un **cadran** lumineux.   *(Voir dictionnaire)*
Il **balbutiait** de nervosité.   *articulait mal, avec hésitation*   le balbutiement
(balbutier)
Tout changera **désormais**.   **à partir de maintenant**
Un frisson d'angoisse m'envahissait.   *mouvement qui accompagne une émotion (agréable ou non)*

un quinquet   *ancienne lampe à huile*
Il passait toutes ses soirées à **la taverne**.   *un café*
Il a **éclaté en sanglots**.   *Il s'est mis à pleurer bruyamment.*   sangloter
(le sanglot)
Il voulait cacher **sa déconvenue** aux autres   **sa déception**
les nues (f. pl.)   **le ciel** *(poétique)*
Le bateau est entré en **rade**.   *bassin naturel où les bateaux peuvent*
(la rade)   *entrer*

Avant le premier contact avec le texte

1 *aller*
  marcher } à la rencontre de quelqu'un
  venir
  = faire un bout de chemin pour être plus vite auprès de quelqu'un qui vient vers vous.
  Dites avec cette expression:
  1 J'irai vers toi.
  2 Il est venu vers moi.
  3 Ils ont marché vers eux.
  4 Il est allé vers elle.
  5 Elle est allée vers lui.
  6 Ils viendront vers nous.
2 *La belle au bois dormant*
  Conte de Perrault. Une fée oubliée au baptême d'une princesse condamne celle-ci à dormir cent ans. Réveillée, puis épousée par un beau prince, elle en a deux enfants: *Aurore* et *Jour*.
3 *Que* signifie *si ce n'est, sinon,* dans des phrases comme: «Personne ne le méprise, *que* les dévotes» (Stendhal) «Rien n'est beau *que* le vrai» (Boileau)

Analyse

A REFRAIN
Dites avec les paroles du poème:
Que serais-je sans toi qui vins *vers moi*
– *sinon un cœur resté endormi;*
– *sinon cet être freiné dans son développement;*
– *sinon ce poète parlant mal.*

STROPHE 1
Complétez:
J'ai tout appris de toi
– comme on boit. . . ;
– comme on lit. . . ;
– comme. . . on reprend. . . .

STROPHE 2
Dites avec les paroles du poème:
J'ai appris de toi
– *à voir vraiment des choses évidentes;*
– *que le bonheur est quelque chose de formidable.*
Tu m'as pris par la main dans *ce monde* moderne.

STROPHE 3
Remplacez par les paroles du poème:
Qui parle de bonheur a *toujours* les yeux *gais*
N'est-ce pas un *sourire du contentement*
Une corde *chantant* aux doigts du guitariste
Et pourtant je vous dis que le bonheur existe
Ailleurs que dans les rêves ailleurs que dans *le ciel.*

B REFRAIN
1 Quelles images l'auteur emploie-t-il pour dire qu'il n'est rien sans celle qu'il aime?
  Expliquez-les.

2 Expliquez la différence entre *toi qui vins à ma rencontre* et p. ex. *toi qui vins vers moi* ou *toi que j'ai rencontrée.*

STROPHES 1 ET 2
1 *a* Quels sont, dans les strophes 1 et 2, les compléments d'objet direct de *apprendre* et de *voir*? Faites la liste.
  b Qu'est-ce que l'auteur a donc *vu* et *appris*? (Interprétez les images.)
  c *Désormais*, à partir de quand est-ce?
2 *a* Comment l'auteur exprime-t-il, dans les mêmes strophes, la façon dont il a appris cela? Faites la liste des images employées.
  b Qu'est-ce que ces images nous disent sur sa façon d'apprendre?
  c Quelles critiques trouve-t-on dans les vers 4 et 5 de la troisième strophe?
  d Que dit l'auteur sur l'importance d'une liaison comme la leur?

STROPHE 3
1 Comment le poète explique-t-il lui-même le paradoxe du vers 1?
2 Quel est le contraste souligné par *pourtant*?
3 Quels rapports y a-t-il entre la troisième strophe et les deux strophes précédentes?

C
1 Quelle est l'émotion fondamentale que l'auteur a voulu communiquer?
2 Quels moyens a-t-il mis en œuvre pour y arriver?
3 Quelle sorte de vers a-t-il employé?

Rédactions

1 Le mari idéal, l'épouse idéale (sujet à traiter éventuellement avec humour – excellent sujet aussi pour un exercice d'élocution).
2 Que signifient pour vous les mots «amour» et «bonheur»?

«Au lieu de dire: Je t'épouse parce que je t'aime, il faudrait dire: Je t'épouse pour t'aimer.»

(Fêtes et Saisons)

Les premiers écrits de Louis Aragon (né en 1897) s'inscrivent dans l'histoire de Dada et du surréalisme. Devenu communiste, Aragon publie ensuite des poèmes engagés. Pendant la seconde guerre mondiale, il renoue avec la poésie traditionnelle. Elsa (Triolet), la femme du poète, et la France sont les deux thèmes essentiels de sa poésie.
Aragon a également écrit des romans, des essais et des articles critiques. Bien de ses poèmes, mis en musique par Ferré, Ferrat, etc., sont devenus des chansons appréciées. Écoutez, s'il est possible, l'interprétation par Jean Ferrat de «Que serais-je sans toi. . .»

Intermède

Annonces matrimoniales

Marquise, très grande, yeux bleu vert changeants, cheveux blond naturel, bien faite, jolie femme, très élég., très disting., bijoux, épous. M. bel homme, genre américain.

Vicomte, fils unique, 27 ans, filiation noblesse sur actes authentiques jus qu'au XVe siècle, ne possédant pour le moment aucune fortune personnelle mais grosses espérances directes et prochaines, parfait sous tous rapports, épous, personne avec très grosse fortune, religion et âge indifférents, dont parents auraient occupation pour gendre.

H. De Montherlant, *Les jeunes filles*

1 Relevez les éléments cocasses dans ces annonces imaginées par l'auteur.
2 *a* Découpez des annonces matrimoniales réelles d'un journal. Déchiffrez-les.
   b Y a-t-il aussi des éléments cocasses?
   c A quoi les hommes semblent-ils attacher le plus d'importance? Et les femmes?
3 Rédigez vous-même une annonce matrimoniale.

DOSSIER 9: L'Homme devant son existence

mon aventure

Il fait très froid ce soir rue Saint-André-des-Arts. Les cinémas crachent leurs premiers spectateurs: foule anonyme de gens qui se croisent et ne se rencontrent pas. Ce soir, j'ai vingt ans et je les fête avec des amis.

Les mains dans mon jean, la tête enfouie dans ma 'moumoute', je marche vers Saint-Michel où m'attendent des amis. Je croise un attroupement autour d'un joueur d'orgue de barbarie [. . .] Je marche. J'accélère à cause des amis qui m'attendent.

Un homme se dirige vers moi, droit sur moi. Pourquoi ce type me regarde-t-il ainsi? 'T'as pas cent balles?' J'en ai vraiment assez de tous ces quémandeurs qui se font de l'argent sur le dos des naïfs de mon espèce. Je vais le prendre de court. Je vais tendre la main en lui disant: 'T'as pas cent balles?' Avant qu'il ait le temps d'ouvrir la bouche. Ce serait le comble s'il me les donnait! Pourquoi s'arrête-t-il au milieu de la rue, immobile devant moi justement quand il n'y a plus personne autour? Il est saoul certainement, à moins qu'il soit drogué? Et si c'était un sadique? Je ne suis pourtant guère attirante ce soir, même pas en jupe et mal coiffée! Ce type n'a pas l'air d'un maniaque, il est trop jeune, d'ailleurs un sadique porte toujours un imperméable et lui a une grande veste à carreaux, un peu clown. S'il ne bouge pas, je le bouscule? Je vais le contourner. Il se remet devant mon chemin. Il m'inquiète ce type: qu'est-ce que je fais? je cours? Il lève la main vers moi. Ce n'est pas possible, je rêve. Mais il porte une arme on dirait?

Il faut que je crie et je n'y arrive pas. 'S'il te plaît, me dit-il en posant la main sur mon bras, s'il te plaît, peux-tu m'accorder un quart d'heure?'

Je suis crispée, pourquoi donnerai-je un quart d'heure à cet homme que je ne connais pas? Un quart d'heure pour quoi faire d'ailleurs? 'Tu as une façon de draguer les filles plutôt originale', lui dis-je d'une voix enjouée qui sonne faux.

'Non, tu te trompes', me répond-il sourdement. Au risque de te décevoir, je veux seulement parler avec toi, parce que je ne te connais pas (silence) que tu ne me connais pas (silence) et que tu ne me jugeras pas.'

Qu'est-ce que c'est que cette histoire? Que vient-il me chanter? Et mes amis qui m'attendent. Il n'y a qu'à moi qu'il arrive des choses pareilles! Je dégage mon bras et m'entends répondre d'un ton sévère: 'Je regrette, mais j'ai rendez-vous avec des amis et je n'ai pas de temps à perdre.'

Le jeune homme détourne de moi son regard, baisse la tête et marmonne: 'J'ai compris. Te dérange pas pour moi.' Il s'éloigne voûté.

Je sens alors la colère monter en moi. Je m'en veux, je réalise combien sont ridicules mes appréhensions. On ne se défait pas si facilement d'une bonne éducation! Ce type est à bout et il a besoin qu'on l'écoute. Je me retourne, je fouille du regard les passants bruyants. Personne! Pas de veste à carreaux. Où est-il parti? Je m'en veux. Je cours, je regarde à l'intérieur des cafés. Peut-être est-il au bord du suicide? Et si c'était bien une arme que j'ai cru voir tout à l'heure? Peut-être est-il trop tard? Le voilà. Je l'accoste, inquiète, et lui propose d'aller boire quelque chose. Tant pis pour mes amis. Il me regarde étonné, les sourcils froncés, comme s'il cherchait à me reconnaître: 'Merci d'être revenue, je te remercie. Je préfère marcher avec toi, pour parler c'est plus facile.'

'Je suis seul, complètement seul. Tu ne sais pas ce que c'est que de toucher le fond? J'en ai marre. Je veux crever, mais même ça, je n'y arrive pas. Mes parents? Je les ai plaqués. Ils ne s'entendent pas. J'en avais assez des scènes. Ils n'ont pas apprécié que j'arrête mes études de droit. Ils m'ont coupé les points. C'est mieux ainsi. Je m'en fous.

Je ne vis que pour une chose: ma musique. Personne ne veut le comprendre. Tout le monde me prend pour un minable, ils ont peut-être raison? J'ai pris des cours de composition. Tu as déjà écrit de la musique? Le plus difficile, c'est de savoir si ce que tu écris tient le coup. Il n'y a que moi qui puisse le décider. Et je ne suis jamais sûr de moi. Je piétine. Depuis six mois, je n'ai rien composé de nouveau. Je suis vide, complètement creux.

Ce que je fais pour vivre est sans intérêt et ça me bouffe trop de temps. Je prends n'importe quoi. Il y a quinze jours, je travaillais comme barman dans une boîte de nuit. C'est sans importance. Je me suis fait vider une fois de plus. Ma tête ne revient pas à tout le monde. Il n'y a qu'une fille que j'aime, j'étais sûr qu'elle croyait en moi, qu'elle marchait avec moi, même elle... (silence), même Laure m'a laissé... Comme un minable. Dis-moi, c'est vrai que je suis un minable? Ça se lit sur ma figure? Ne te fatigue pas. T'es gentille de faire un effort pour me remonter, t'es gentille. Ne me dis rien. Il n'y a que moi qui pourrais m'en sortir. Je le sais, il n'y a que moi.'...

Il parlait d'une voix monocorde, parfois c'était comme un cri. J'osais à peine interrompre son monologue qui devenait par moments confus, avec le mot 'minable' en leitmotiv. Je savais que mes paroles de réconfort ne servaient à rien. Il ne voulait pas les écouter.

Je sentais à quel point il était malheureux. Je lui proposai de le revoir, de lui présenter des amis, de l'inviter à la maison. Brusquement, il me quitta en s'excusant de m'avoir dérangée, il pleurait. Il dit: 'Il y a longtemps que je n'ai pas pleuré.' Je compris qu'il allait mieux. Je ne l'ai jamais revu. Mes amis, las de m'attendre, allèrent sans moi au cinéma.

C'est vraiment sans importance.

Reine-Marguerite Bayle

Vocabulaire

Sur la tête, elle avait mis **une 'moumoute'** (*familier*)	**une perruque**	
Elle avait la tête **enfouie** dans un bonnet jusqu'aux oreilles.	**enfoncée**	(s')enfouir
Sur la place, il y a souvent un joueur d'**orgue de barbarie**. (**un orgue**)	*orgue mécanique dont on joue au moyen d'une manivelle*	
les orgues (f. pl.) d'une église		
Je n'aime pas les **quémandeurs**. **un quémandeur**)	**mendiants**	quémander
Je crois qu'il veut m'embrasser. Je vais le **prendre de court**.	*ne pas lui laisser le temps d'agir*	
S'il me donne mille francs, ce serait **le comble**.	**trop fort**	de fond en comble combler
Elle est **au comble de la joie**.	**extrêmement joyeuse**	
Il a bu trop, il est **saoul** (*populaire*) (**saoule**)	**ivre**	se saouler
Les spectateurs **se bousculent** devant l'entrée.	**se poussent brutalement**	une bousculade
Je vais le **contourner**.	*éviter en faisant un petit détour*	
Le froid **crispe** la peau. (**crisper**)	**contracte**	crispant la crispation
Je suis **crispé(e)**.	**irrité(e)**	
On va **draguer** la rivière.	*nettoyer le fond de*	un dragueur
Il **drague** des jeunes filles sur le boulevard. (*populaire*)	**recherche; cherche à attirer**	
Sa voix était **enjouée**.	**aimable**	l'enjouement (m.)
Je ne veux pas te **décevoir**.	**désillusionner**	déçu la déception
Je n'ai pas compris. Tu ne fais que **marmonner**.	**murmurer entre les dents**	
Il a le dos **voûté**.	**courbé**	la voûte
Je **m'en veux** d'avoir accepté. (**en vouloir à quelqu'un**)	**me reproche**	
J'ai trop travaillé, je suis **à bout**.	*au bout de mes forces*	
La police a **fouillé** le voleur.	*cherché s'il n'avait rien sur lui*	
Elle **fouille** la foule **du regard**.	*examine... en regardant à droite et à gauche*	
Le jeune homme **m'a accostée** dans la rue.	*est venu près de moi pour me parler*	
D'abord il a ouvert de grands yeux, puis il a **froncé les sourcils**.	*(voir dictionnaire)*	
Je veux **crever**. (*populaire*)	**mourir**	être crevé (fam. pour très fatigué) une crevaison crever un pneu
Elle a envie de **plaquer** son mari. (*populaire*)	**abandonner**	
Mes parents **m'ont coupé les ponts**.	*ne veulent plus de moi*	
Je m'en **fous**. (**se foutre de**) (*vulgaire*)	**moque, fiche**	
C'est un spectacle **minable**. (*familier*)	**lamentable; très misérable**	
On me considère comme un **minable**.	*qui a peu de capacités*	
Il s'agit de **tenir le coup**.	**ne pas abandonner**	

Cette musique ne va pas **tenir le coup**. *avoir longtemps du succès*

L'enfant se met à **piétiner** d'impatience. *frapper des pieds* un piéton

Cet auteur **piétine**. *ne fait aucun progrès*

Un tonneau **creux** **vide** le creux de la main

Je suis **creux (creuse)**. **sans inspiration** creuser

J'ai faim, je vais **bouffer**. *(populaire)* **manger**

Ça me **bouffe** trop de temps. *(populaire)* **prend**

Je me suis fait **vider**. *(familier)* **chasser** (le) vide

Ma tête ne semble pas **revenir à** tout le monde. **plaire à**

Comment **m'en sortir?** *sortir de cette situation pénible*

Il parle d'une voix **monocorde**. **monotone**

Son discours était **confus. (confuse)** **peu clair** confondre
la confusion

Il adressait des paroles **de réconfort** au malheureux. *qui donnent du courage, de l'espoir* réconforter
réconfortant
(le réconfort)

Questionnaire

A   *Après une première écoute*
Quels sont les personnages?
Que savez-vous de la jeune fille?
Que savez-vous du jeune homme?
Où se rencontrent-ils la première fois?
Comment se rencontrent-ils une deuxième fois?
De quoi parlent-ils?
Comment se termine l'entrevue?

B   *Après une deuxième écoute*
1   Quand se passe l'histoire?
Où va la jeune fille?
Pourquoi est-elle pressée?
Que pense-t-elle lorsque le type se dirige vers elle?
Comment espère-t-elle se défaire de lui?
Le jeune homme ne lui semble pas un sadique. Pourquoi?
Comment essaie-t-elle de l'éviter?
2   Le jeune homme l'arrête. Comment? Que veut-il d'elle?
Comment réagit-elle?
Le jeune homme insiste-t-il?
3   Pourquoi la jeune fille va-t-elle à la recherche du jeune homme?
Où le cherche-t-elle?
Où le trouve-t-elle?
S'asseyent-ils quelque part pour parler?
4   Le jeune homme veut lui parler. Pourquoi?
Pourquoi a-t-il quitté ses parents?
Ses parents ne veulent plus de lui. Pourquoi?
Est-ce qu'il étudie encore?
Que fait-il comme occupation?
Est-ce facile?

Comment gagne-t-il sa vie?
Qui est Laure?
Laure l'a quitté. Pourquoi?
Est-ce que la jeune fille essaie de le réconforter?
Pourquoi pas?
Comment se quittent-ils?
Pourquoi le jeune homme se sent-il mieux?
5   Où va la jeune fille après cette rencontre!

C   *Après une lecture attentive (synthèse)*
1   Où se passe l'histoire? Comment le savez-vous?
2   Que savez-vous de la jeune fille?
– Comment est-elle habillée?
– Quel âge a-t-elle?
– D'où vient-elle?
– Travaille-t-elle ou est-elle étudiante?
– Que savez-vous de ses parents?
– Essayez de décrire son caractère.
3   Que savez-vous du jeune homme?
– Comment est-il habillé?
– Quel âge a-t-il?
– D'où vient-il?
– Essayez de décrire son caractère.

D   *Au-delà du texte*
1   Que fera le jeune homme après l'entrevue, croyez-vous?
2   Imaginez qu'un soir vous allez à une fête avec des amis. Dans la rue, un jeune homme (une jeune fille) inconnu(e) se dirige vers vous et vous demande de lui accorder un quart d'heure. Que feriez-vous?
3   Que faites-vous lorsque vous connaissez des moments de faiblesse, lorsque la vie vous semble vide de sens? Comment arrivez-vous à vous en sortir?

13 millions de Français sont concernés par la solitude. 7,6 millions de célibataires parmi les 20 ans et plus, 1,5 millions de divorcés, 4 millions de veufs, dont 80 % de femmes.

Les cironstances de la vie quotidienne favorisent de moins en moins le dialogue.

Exercices

1 *Micro-conversation*
A1 Il a l'air d'*un quémandeur*. Je vais le prendre de court.
B1 Comment?
A2 Avant qu'il ait le temps d'*ouvrir la bouche*, je vais lui *demander cent francs*.
B2 Ce serait le comble s'il *te les donnait*.

Clés:

A1	A2	B2
1 un sadique	**1** me toucher – donner une gifle	**1** remercier
2 un gangster	**2** me prendre en otage – crier de lever les mains	**2** faire
3 un voleur	**3** forcer la porte – donner la clé	**3** s'en aller
4 un bandit	**4** tirer son revolver – bousculer	**4** s'enfuir
5 un pickpocket	**5** voler mon portefeuille – donner	**5** rendre

2 *Micro-conversation*
A1 Je n'ai rien *composé* de nouveau au risque de *crever de faim*.
B1 Qu'est-ce qui n'allait pas?
A2 Tu ne peux pas comprendre ce que c'est que de *toucher le fond*.
B2 Il n'y a qu'à toi qu'il arrive des choses pareilles.

Clés:

A1	A2
1 écrire – me voir congédié	**1** être à bout
2 raconter – ennuyer son auditoire	**2** avoir le trac
3 essayer – perdre sa position	**3** avoir perdu toute ambition
4 inventer – décevoir ses patrons	**4** être dégoûté par son travail
5 proposer – faire rater les négociations	**5** être à bout de patience

3 *La jeune fille ne connaît pas encore le type qui s'avance vers elle. Elle a peur et ses réactions sont plutôt négatives.*

Exemple:
S'il ne bouge pas, elle le contournera.
S'il se dirige droit sur elle, elle le bousculera.
Comment réagira-t-elle aux situations suivantes maintenant qu'elle le connaît mieux?
1 S'il s'éloigne.
2 S'il l'embrasse.
3 S'il veut la revoir.
4 S'il demande de venir avec lui.
5 S'il est saoul ou drogué.
6 S'il lui demande de l'argent.
7 Si elle le rencontre de nouveau.

4 *(A préparer par écrit)*
Modèle:
– J'en ai vraiment assez de tous ces *menteurs*.
– *Je vais leur dire la vérité.*

Complétez librement.
1 J'en ai vraiment assez de tous ces quémandeurs.
2 J'en ai vraiment assez de tous ces tricheurs.
3 J'en ai vraiment assez de tous ces snobs.
4 J'en ai vraiment assez de tous ces avares.
5 J'en ai vraiment assez de tous ces pessimistes.
6 J'en ai vraiment assez de tous ces flatteurs.

5 *Modèle:*
– Veut-il (elle) *me prêter de l'argent?*
– Il (elle) n'est pourtant guère *fortuné(e)*.

Complétez librement.
1 Veut-il (elle) battre le record ce soir?
   Il (elle) n'est pourtant guère. . .
2 Veut-il (elle) faire rire le public?
   Il (elle) n'est pourtant guère. . .
3 Veut-il (elle) me demander en mariage?
   Il (elle) n'est pourtant guère. . .
4 Veut-il (elle) faire carrière?
   Il (elle) n'est pourtant guère. . .
5 Veut-il (elle) être aimé(e) de tout le monde?
   Il (elle) n'est pourtant guère. . .
6 Veut-il (elle) prendre ce risque?
   Il (elle) n'est pourtant guère. . .

hymne de l'univers

Pierre Teilhard de Chardin

1

Le progrès de l'Univers, et spécialement de l'Univers humain, n'est pas une concurrence faite à Dieu [...] Plus l'Homme sera grand, plus l'Humanité sera unie, consciente et maîtresse de sa force, – plus aussi la Création sera belle, [...] plus le Christ trouvera [...] un corps digne de résurrection. [...]

2

Pourquoi donc, hommes de peu de foi, craindre ou bouder les progrès du Monde? Pourquoi multiplier imprudemment les prophéties et les défenses: 'N'allez pas... n'essayez pas... tout est connu: la Terre est vide et vieille: il n'y a plus rien à trouver...'

3

Tout essayer pour le Christ! Tout espérer pour le Christ! 'Nihil intentatum'! Voilà, juste au contraire, la véritable attitude chrétienne. Diviniser n'est pas détruire, mais surcréer. Nous ne saurons jamais tout ce que l'Incarnation attend encore des puissances du Monde. Nous n'espérerons jamais assez de l'unité humaine croissante.

4

Lève la tête, Jérusalem. Regarde la foule immense de ceux qui construisent et de ceux qui cherchent. Dans les laboratoires, dans les studios, dans les déserts, dans les usines, dans l'énorme creuset social, les vois-tu, tous ces hommes qui peinent? Eh bien! Tout ce qui fermente par eux, d'art, de science, de pensée, tout cela c'est pour toi [...]

5

La tentation du Monde trop grand, la séduction du Monde trop beau, où est-elle maintenant?
Il n'y en a plus.

6

La Terre peut bien cette fois, me saisir de ses bras géants. Elle peut me gonfler de sa vie ou me reprendre dans sa poussière. Elle peut se parer à mes yeux de tous les charmes, de toutes les horreurs, de tous les mystères. Elle peut me griser par son parfum de tangibilité et d'unité. Elle peut me jeter à genoux dans l'attente de ce qui mûrit dans son sein.

7

Ses ensorcellements ne sauraient plus me nuire, depuis qu'elle est devenue pour moi, par delà elle-même, le Corps de Celui qui est et de Celui qui vient! Le Milieu Divin.

Qui est Teilhard de Chardin et quelle est sa théorie?

Ce jésuite français, né en 1881, avait commencé par s'imposer dans les milieux scientifiques comme géologue et comme paléontologue avant d'étonner le monde théologique par une interprétation religieuse de l'Évolution, pour le moins révolutionnaire.

Contrairement aux méthodes en vogue à cette époqe, tant en théologie qu'en philosophie, il part des faits concrets. Et ainsi, il découvre que l'Évolution a un sens, un avenir, qu'elle suit une direction précise. Il constate en effet une complexification croissant dans l'histoire de l'univers; d'abord il y avait *la matière* qui en devenant de plus en plus complexe a donné lieu à un moment donné de l'histoire à quelque chose de tout à fait nouveau: *la vie*. La vie a évolué à son tour jusqu'à l'apparition, inattendue également, de ce que Teilhard appelle *'le phénomène humain'*.

Or, l'homme n'est pas la fin mais une étape provisoire de l'Évolution. Par le phénomène de socialisation (la multiplication des relations sociales), l'humanité s'unifie de plus en plus en un être collectif. Ainsi, elle tend vers un *point Oméga*, où elle atteindra un état supérieur, une sorte d'au-delà de l'humain. Pour Teilhard, ce point Oméga, par lequel l'humanité et tout l'Univers sont attirés, c'est *le Christ*.

La Terre, l'Univers, tout s'unifiera dans le Christ.

Teilhard de Chardin est mort en 1955, le jour de Pâques. *'Le phénomène humain'* est sans doute son livre le plus accessible et qui résume le mieux ses idées.

le milieu divin

Vocabulaire

L'enfant commence à **bouder**.	*montrer du mécontentement par toute son attitude*	la bouderie
Je ne cesserai de **le bouder** tant qu'il ne m'a pas pardonné.	*lui montrer du mécontentement par toute mon attitude*	boudeur, -euse
bouder le progrès	**être contre**	
diviniser le monde	*lui donner la nature de Dieu*	divin(e)
		la divinité
Il est **l'incarnation** du mal.	*le mal a pris corps en lui; il représente le mal; il est l'image du mal*	incarné(e)
	(voir dictionnaire)	
fondre des métaux dans **un creuset**.	*lieu où les différentes tendances qui vivent dans une société se confondent, se mêlent*	
Le théâtre est un **creuset** de civilisations. (V. Hugo)		
Voilà quelqu'un qui **peine**. (**peiner**)	**se fatigue, fait des efforts**	la peine
		se donner de la peine
		sans peine

une idée **qui ferment**	*qui se prépare, est en train de paître*	
gonfler un ballon	**remplir d'air**	
parer une femme de bijoux	*l'orner, la rendre belle avec des bijoux*	
se parer de bijoux		
L'alcool m'a **grisé. (griser)**	**rendu ivre**	
On peut être **grisé** par le succès, la gloire, etc.		
Ce fruit est **mûr**.	*on peut le manger*	
Le soleil **mûrit** les fruits. (comme **finir**)	*rendre mûr*	
Les fruits **mûrissent** sous l'influence du soleil.	*deviennent mûrs*	
le sein d'une femme (vieilli ou littér. dans ce sens)	*partie du corps où elle porte l'enfant*	**au sein de**
le sein de la terre (littér.)	*la partie intérieure*	
les seins d'une femme	**la poitrine**	
la mère **donne le sein** à l'enfant nouveau-né	*lui donne le lait maternel*	
les ensorcellements de la terre	*les choses sur terre qui nous attirent mystérieusement et nous détournent de Dieu*	un(e) sorcier (-ière) ensorceler ensorceleur, -euse la sorcellerie
La terre est devenue **par-delà elle-même** le corps du Christ.	*en plus d'elle-même, en se dépassant*	

Analyse

A *Le contenu*

1 Nous avons expliqué le mot «incarnation» dans le vocabulaire. Quel est le sens précis de l'Incarnation dont parle ici Teilhard de Chardin? Cherchez dans le texte les passages où il fait allusion à cette Incarnation.

2 Qu'est-ce que Teilhard de Chardin entend par le «milieu divin»?

3 «Celui qui est et Celui qui vient». Qu'est-ce que cela signifie?

4 Dans l'introduction, nous avons parlé de l'Evolution qui se dirige vers le point Oméga. Retrouvez-vous cette théorie ici? Où?

5 A qui pense-t-il dans le 2e paragraphe, quand il parle aux «hommes de peu de foi»? Dans quels passages fait-il encore allusion à leur attitude?

6 Quelle est la véritable attitude chrétienne? Pourquoi?

7 «Diviniser n'est pas détruire, mais *surcréer*» *Surcréer* est un néologisme. Qu'est-ce qu'il signifierait?

8 Dans les prophéties d'Isaïe sur Jérusalem, nous trouvons le passage suivant:
'Lève-toi, sois radieuse, voici ta lumière.
Et la gloire du Seigneur se lève sur toi.
Vois, la nuit couvre la terre et l'obscurité les peuples,
Mais sur toi se lève le Seigneur, et sa glore t'illumine.
Les nations vont s'acheminer vers ta lumière, ...
Lève les yeux et regarde autour de toi:
Tout le monde se rassemble pour venir à toi...'
(*Isaïe, 60*)
Pourquoi Teilhard de Chardin y aurait-il fait allusion?

9 Qu'est-ce que «l'espoir» pour Teilhard de Chardin?

10 Où dans l'Evolution est-ce que Teilhard de Chardin situe l'homme du 20e siècle?

11 Expliquez que ni *les charmes*, ni *les horreurs*, ni *les mystères* de la terre ne sauraient faire douter Teilhard de Chardin.

B *Le style*

1 Nous sommes habitués à écrire Dieu avec une majuscule. Teilhard de Chardin a étendu l'emploi de la majuscule à d'autres mots. Lesquels? Pourquoi aurait-il fait cela?

2 Si nous admettons qu'au premier paragraphe Teilhard de Chardin adopte le style affirmatif – on pourrait même dire objectif – de l'exposé, est-ce encore le cas dans le n° 2? Quelle est la différence avec le n° 1?

3 Montrez que dans le n° 3 il se passionne encore plus pour son sujet.

4 A quoi est-ce que le style du paragraphe n° 4 nous fait penser? Pourquoi?

5 Comment appelle-t-on la question dans le n° 5?

6 A partir du n° 6, le style devient lyrique. A quoi le voyez-vous?

7 Est-ce que Teilhard de Chardin a écrit ce texte en tant qu'homme de science? Justifiez votre réponse.

Réflexion

1 Trouvez-vous dans le monde actuel des signes qui confirment la thèse de Teilhard de Chardin? En trouvez-vous d'autres qui semblent la nier?

2 Quelle est votre opinion personnelle sur la théorie?

Interview de Haroun Tazieff:

l'existence n'a pas de sens

Pourquoi les hommes acceptent-ils de vivre? En cette fin du XXe siècle, la vieille question retrouve une actualité toute nouvelle. Pour les savants d'aujourd'hui, en effet, l'homme est simultanément le produit de l'évolution et du hasard. Et pour beaucoup d'humains, les dieux sont morts. L'espoir d'une vie éternelle ne les aide donc plus à affronter le travail, l'ennui, les maladies quotidiennes. Alors pourquoi vivre? Georges Suffert a interrogé sur le 'sens de la vie' Haroun Tazieff, le célèbre volcanologue, qu'il a rencontré lors d'un voyage en avion.

Suffert: *Je me rends compte du caractère baroque et inactuel des questions que je vais vous poser. Les hommes existent sans trop se poser de questions. Personnellement, la grande affaire du sens de la vie ne m'a jamais laissé indifférent. Et vous?*

Tazieff: Votre question n'est pas de celles auxquelles il est simple de répondre. Aux alentours de ma quinzième année, je me souviens vaguement de m'être interrogé sur ce que l'on appelle, je crois, des problèmes métaphysiques. Et très vite, j'ai balayé tout cela. Pour moi l'existence n'a pas de sens, pas de finalité. Ce qui ne l'empêche pas d'être passionnante. La vérité me paraît être scientifiquement la suivante: le monde vivant tel que nous le connaissons est relativement éphémère, donc condamné. Il finira demain ou après-demain. Demain, si une guerre atomique éclate. Après-demain, lorsque le soleil se refroidira. L'aventure de l'homme sera terminée.

Suffert: *L'homme ne vous paraît pas quelque peu miraculeux?*

Tazieff: D'une certaine manière, bien sûr. Nous ne sommes pas dans cet avion tellement au-dessus du sol. Et pourtant, d'ici, la terre nous paraît déjà vide. Tout simplement parce qu'elle l'est. La vie, ce sont des plantes minuscules, des bêtes fugitives. Et, contemplant le spectacle, un animal, lui aussi minuscule et éphémère, mais prodigieux: l'homme. Perdu sur une immensité de désert et d'eau, il feint d'ignorer sa solitude en se regroupant avec ses frères dans les villes. Mais ces flaques de lumière ne sont que de minuscules étoiles dans une immensité noire.

Et si vous quittez la notion d'espace pour celle de temps, le caractère dérisoire de l'existence humaine est encore plus manifeste. Comparez la durée de la vie humaine à celle de la Vie avec un grand V, comparez la durée totale de la Vie sous toutes ses formes à celle de la planète: comparez la durée du système solaire à celle du cosmos. Et vous mesurez d'un seul coup que l'homme n'est rigoureusement rien.

Suffert: *Vous aussi, vous tordez le cou à tout anthropomorphiste?*

Tazieff: Oui et non. Oui, puisque l'homme n'est rien. Non, puisqu'il est le seul être vivant à en avoir pris conscience.

C'est bien là où je ne récuse pas le terme de miracle. Mais pour moi il ne s'agit que du miracle des chiffres, du miracle des coïncidences multiples de la sélection. Rien de plus.

Suffert: *Donc l'histoire de l'homme vous paraît terminée?*

Tazieff: Son histoire au sens banal du mot, non. Personne n'est capable de fixer avec une précision convenable quelle sera la durée de l'espèce. Mais je crains que l'humanité n'aille pas tellement plus loin.

Suffert: *Que voulez-vous dire?*

Tazieff: Je vais vous répondre. Il y a eu une époque de ma vie – aux alentours des années cinquante – où je me suis demandé après avoir trouvé – formulée d'une façon qui m'avait séduit dans 'Le phénomène humain'[1] – une réponse sentimentalement plaisante, scientifiquement acceptable et en fait fort proche de celle à laquelle j'arrivais également à l'époque: n'y aurait-il pas, en perspective, un étage de la vie supérieur à l'homme? Le fameux point oméga. L'apparition progressive d'un être collectif, d'une espèce de conscience supérieure qui prendrait le relais de la singularité des individus? Aujourd'hui, je n'en suis plus très sûr. Parce que ce développement ultime, cette étape nouvelle,

1 *de Teilhard de Chardin, paru en 1955*

théoriquement concevable, se heurte à un obstacle considérable: ce que l'on a dénommé la pollution. La Terre n'est rien d'autre qu'un vaisseau planétaire. Si nous vidons les cales, nous entrerons en décadence. Et ça ira vite . . .

Suffert: *Comme volcanologue, vous faites des recherches, vous prenez même des risques. Pourquoi?*

Tazieff: Pourquoi grimpe-t-on sur une montagne? Comme avait répondu, je crois, Mummery: 'Parce qu'elle est là'. Pourquoi va-t-on sur la Lune? Parce qu'elle se moque de nous dans le ciel. Pourquoi fait-on exploser des bombes H dans le Nevada ou en Polynésie? Croyez-vous que ce soit uniquement pour la défense ou pour faire faire des bénéfices à l'industrie? Mais vous sentez bien que c'est surtout parce que l'homme est dévoré d'une insatiable curiosité. Plus nous sommes convaincus qu'il n'y a rien, finalement, rien à comprendre au sens de la vie du moins, plus nous nous obstinons. Les bêtes se contentent de chercher leur nourriture, de se reproduire et de dormir. Nous sommes, nous, des animaux dénaturés, comme a dit Vercors, des bêtes intelligentes qui supportent mal le spectacle de l'univers et la certitude de la mort. Alors nous cherchons à repousser quelque peu ce que vous appelez le mystère. Et c'est une aventure assez passionnante.

Suffert: *Mais c'est un film dont vous ne connaîtrez pas la fin.*

Tazieff: Voilà. C'est très regrettable. Chacun d'entre nous aimerait assez, à l'instant de sa mort, non pas revoir le cours de sa vie, mais connaître, en un éblouissement, quelle sera la fin de l'histoire humaine, à défaut de sa signification. Et cette grâce ne nous sera pas donnée.

Georges Suffert dans *Spécial*

Vocabulaire

aux alentours de ma quinzième année	*quand j'avais à peu près quinze ans*	
(**les alentours**, m. pl.)		
les alentours de la ville	**les environs**	
une mouche **éphémère**	*qui ne vit qu'un jour*	
un succès **éphémère**	*qui ne dure que peu de temps*	
Le temps commence à **se refroidir**.	*redevenir froid*	un refroidissement
une plante **minuscule**	**très petite**	
une bête **fugitive**	*qui fuit*	un fugitif
(**fugitif**)		fuire
		la fuite
L'homme est un animal **prodigieux**.	**extraordinaire**	un prodige
(**f. prodigieuse**)		un enfant prodige
Il feint de ne se souvenir de rien.	**il fait semblant de;**	une feinte
(**feindre**)	*il fait comme s'il ne se souvenait de rien*	
une flaque d'eau	*trou plutôt petit dans la terre, rempli*	
	d'eau	
une réponse **dérisoire**	**ridicule**	la dérision
s'en tenir **rigoureusement** au règlement	**strictement**	rigoureux
		la rigueur
L'homme n'est **rigoureusement** rien.	**absolument**	
Je vais **lui tordre le cou**.	*le tuer (voir dictionnaire)*	une torsion
		un tordu
l'anthropomorphisme (m.)	*doctrine qui présente Dieu à l'image de*	
	l'homme	
un anthropomorphiste	*partisan de l'anthropomorphisme*	
récuser un témoin	*refuser d'accepter quelqu'un comme*	la récusation
(terme de droit)	*témoin*	
Je ne **récuse** pas le terme de miracle.	**repousse, rejette**	
On était en train de parler d'elle et voilà		coïncident, -e
qu'elle arrive.		coïncider
J'ai **pris le relais de** mon camarade.	**succédé à, remplacé**	une course de relais
(**prendre le relais**)		
la singularité de tout individu	*ce qui le rend unique*	singulier
Cette solution est très **concevable**.	*on peut bien l'imaginer*	concevoir
		la conception
un vaisseau	*un bateau d'une certaine importance*	
	(vieilli dans ce sens)	
un vaisseau spatial	*véhicule des astronautes*	
La Terre est un **vaisseau planétaire**.		
la cale d'un navire	*espace où on met les marchandises*	
Il **s'obstine** à chercher une solution.	*s'efforce malgré tout*	obstiné, -e
(**s'obstiner** à)		une obstination
un éblouissement	*trouble momentané de la vue causé par*	éblouir
	l'éclat d'une trop vive lumière	éblouissant, -e
Il a vu en **un éblouissement** la fin de	**un éclair**, *un bref instant de clarté*	
l'histoire humaine.		
A défaut de bière, nous boirons de l'eau.	*Comme nous n'avons pas de;* **faute de**	

Exploitation

A *Après une première audition*
1 Quel est le sujet de cette discussion?
2 Quel est le point de vue adopté par Haroun Tazieff?
3 Est-ce que la vie le dégoûte?

B *Après une deuxième audition*
1 Quand Haroun Tazieff a-t-il réfléchi pour la première fois à des problèmes métaphysiques?
2 Quelle réponse a-t-il trouvée?
3 Sur quoi se base-t-il pour donner cette réponse?
4 Comment voit-il l'homme dans l'espace? Comment le voit-il dans le temps?

5 Quelle conclusion en tire-t-il pour l'homme?
6 Comment est-ce que l'homme essaie d'oublier sa solitude?
7 Qu'y a-t-il pourtant de miraculeux à l'homme?
8 Comment Haroun Tazieff présente-t-il les villes?
9 Qu'entend-il par miracle?
10 L'histoire de l'homme est-elle donc terminée?
11 Qu'entend-il par le fameux point oméga? A quelle théorie fait-il allusion?
12 Quel obstacle voit-il à la réalisation de cette théorie?
13 Nous sommes des animaux dénaturés, des bêtes intelligentes. Pourquoi?
14 Pourquoi aller sur la Lune, pourquoi faire des essais nucléaires?
15 Qu'est-ce qu'il regrette de ne pas connaître?

C *Synthèse*

1 Haroun Tazieff parle de l'homme en tant que volcanologue. Qu'est-ce que cela signifie?

2 Quelles conclusions est-ce que cela lui permet de tirer?

3 Qu'est-ce qui rend la vie malgré tout passionnante d'après lui?

Exercices

1 *(A préparer par écrit)*
Modèle:
– Le monde finira.
– Il finira demain *si* une guerre atomique écla*te*.
– Il finira après-demain *lorsque* le soleil se refroidi*ra*.
(Faites pour chaque exemple une phrase avec *si* et une autre avec *lorsque*. Attention aux *temps!*)

1 Je quitterai l'école.
2 Je cesserai mes recherches.
3 Je me mettrai au travail.
4 Je lui demanderai des explications.
5 J'irai chercher de l'aide.
6 Je le dirai à mes parents.

2 *Modèle:*
Votre question n'est pas de *celles auxquelles* il est facile de *répondre*.

1 cette vérité (croire)
2 ce problème (résoudre)
3 votre femme (discuter)
4 votre directeur (convaincre)
5 mon père (demander conseil)
6 cette aventure (raconter)

3 *Micro-conversation*

A1 Vous ne vous êtes jamais posé de questions sur *des problèmes métaphysiques?*

B1 Si, je me suis déjà interrogé sur ce qu'on appelle *des problèmes métaphysiques.*

A2 Et quelles sont vos conclusions?

B2 Pour moi, *l'existence n'a pas de sens.* Ce qui ne l'empêche pas d'être *passionnante.*

Clés:

A1/B1	B2
1 la théorie du point oméga	**1** cette théorie se heurte au phénomène de la pollution. . . théoriquement concevable
2 la planète Terre	**2** la Terre est vide. . . l'objet de nombreuses recherches scientifiques
3 le phénomène humain	**3** l'homme est un être minuscule et éphémère. . . prodigieux
4 la curiosité de l'homme	**4** elle est insatiable. . . vaine
5 la bombe H	**5** on n'osera jamais l'utiliser. . . rentable pour l'industrie

4 *Micro-conversation*

A Pourquoi l'homme *fait-il exploser des bombes H? Croyez-vous que ce soit uniquement pour sa défense?*

B C'est surtout pour *faire faire des bénéfices à l'industrie.*

Clés:

A	B
1 faire des recherches scientifiques par curiosité	**1** trouver un sens à la vie
2 vivre dans des villes pour avoir plus de confort	**2** oublier sa solitude
3 construire des maisons pour se protéger contre le froid	**3** avoir un chez-soi
4 faire la guerre pour se défendre	**4** conquérir de nouveaux territoires
5 vouloir faire carrière pour gagner plus d'argent	**5** satisfaire son ambition

A PROPOS DE L'EXISTENTIALISME: MISE AU POINT

Jean-Paul Sartre

En termes philosophiques, tout objet a une essence et une existence. Une essence, c'est-à-dire un ensemble constant de propriétés; une existence, c'est-à-dire une certaine présence effective dans le monde. Beaucoup de personnes croient que l'essence vient d'abord et l'existence ensuite: que les petits pois, par exemple, poussent et s'arrondissent conformément à l'idée de petits pois et que les cornichons sont cornichons parce qu'ils participent à l'essence de cornichon. Cette idée a son origine dans la pensée religieuse: par le fait, celui qui veut faire une maison, il faut qu'il sache au juste quel genre d'objet il va créer: l'essence précède l'existence; et pour ceux qui croient que Dieu créa les hommes, il faut bien qu'il l'ait fait en se référant à l'idée qu'il avait d'eux.

Mais ceux mêmes qui n'ont pas la foi ont conservé cette opinion traditionnelle que l'objet n'existait jamais qu'en conformité avec son essence, et le XVIIIe siècle tout entier a pensé qu'il y avait une essence commune à tous les hommes, que l'on nommait nature humaine. L'existentialiste tient, au contraire, que chez l'homme – et chez l'homme seul – l'existence précède l'essence. Ceci signifie tout simplement que l'homme est d'abord et qu'ensuite seulement il est ceci ou cela. En un mot, l'homme doit se créer sa propre essence; c'est en se jetant dans le monde, en y souffrant, en y luttant qu'il se définit peu à peu; et la définition demeure toujours ouverte; on ne peut point dire ce qu'est cet homme avant sa mort, ni l'humanité avant qu'elle ait disparu. Après cela, l'existentialisme est-il fasciste, conservateur, communiste ou démocrate? La question est absurde: à ce degré de généralité, l'existentialisme n'est rien du tout sinon une certaine manière d'envisager les questions humaines en refusant de donner à l'homme une nature fixée pour toujours. Il allait de pair, autrefois, chez Kierkegaard, avec la foi religieuse. Aujourd'hui, l'existentialisme français tend à s'accompagner d'une déclaration d'athéisme, mais cela n'est pas absolument nécessaire. Tout ce que je puis dire – et sans vouloir trop insister sur les ressemblances – c'est qu'il ne s'éloigne pas beaucoup de la conception de l'homme qu'on trouverait chez Marx. Marx n'accepterait-il pas, en effet, cette devise de l'homme qui est la nôtre: faire et en faisant se faire et n'être rien que ce qu'il s'est fait?

Si l'existentialisme définit l'homme par l'action, il va de soi que cette philosophie n'est pas un quiétisme.

En fait, l'homme ne peut qu'agir; ses pensées sont des projets et des engagements, ses sentiments des entreprises; il n'est rien d'autre que sa vie et sa vie est l'unité de ses conduites. Mais l'angoisse, dira-t-on? Eh bien! ce mot un peu solennel recouvre une réalité fort simple et quotidienne.

Si l'homme n'est pas mais se fait et si en se faisant il assume la responsabilité de l'espèce entière, s'il n'y a pas de valeur ni de morale qui soient données à priori, mais si, en chaque cas, nous devons décider seuls, sans point d'appui, sans guides et cependant pour tous, comment pourrions-nous ne pas nous sentir anxieux lorsqu'il nous faut agir? Chacun de nos actes met en jeu le sens du monde et la place de l'homme dans l'univers; par

chacun d'eux, quand bien même nous ne le voudrions pas, nous constituons une échelle de valeurs universelles et l'on voudrait que nous ne soyons pas saisis de crainte devant une responsabilité si entière? Ponge[1], dans un très beau texte, a dit que l'homme est l'avenir de l'homme. Cet avenir n'est pas encore fait, il n'est pas décidé: c'est nous qui le ferons, chacun de nos gestes contribue à le dessiner: il faudrait beaucoup de pharisaïsme pour ne pas sentir dans l'angoisse la mission redoutable qui est donnée à chacun de nous. Mais vous, pour nous réfuter plus sûrement, vous avez fait exprès de confondre l'angoisse avec la neurasthénie; cette inquiétude virile dont parle l'existentialiste vous en avez fait je ne sais quelle terreur pathologique. Puisqu'il faut mettre les points sur les i, je dirai donc que l'angoisse, loin d'être un obstacle à l'action, en est la condition même et qu'elle ne fait qu'un avec le sens de cette écrasante responsabilité de tous devant tous qui fait notre tourment et notre grandeur. Quant au désespoir, il faut s'entendre: il est vrai que l'homme aurait tort d'espérer. Mais qu'est-ce à dire sinon que l'espoir est la pire entrave à l'action. Faut-il espérer que la guerre se terminera toute seule et sans nous, que les nazis nous tendront la main, que les privilégiés de la société capitaliste abandonneront

leurs privilèges dans la joie d'une nouvelle 'nuit du 4 août'[2]? Si nous espérons tout cela, nous n'avons plus qu'à attendre en nous croisant les bras. L'homme ne peut vouloir que s'il a d'abord compris qu'il ne peut compter sur rien d'autre que sur lui-même, qu'il est seul, délaissé sur la terre au milieu de ses responsabilités infinies, sans aide ni secours, sans autre but que celui qu'il se donnera à lui-même, sans autre destin que celui qu'il se forgera sur cette terre. Cette certitude, cette connaissance intuitive de sa situation, voilà ce que nous nommons désespoir: ce n'est pas un bel égarement romantique, on le voit, mais la conscience sèche et lucide de la condition humaine. De même que l'angoisse ne se distingue pas du sens de ses responsabilités, le désespoir ne fait qu'un avec la volonté; avec le désespoir commence le véritable optimisme: celui de l'homme qui n'attend rien, qui sait qu'il n'a aucun droit et que rien ne lui est dû, qui se réjouit de compter sur soi seul et d'agir seul pour le bien de tous.

M. Contat, M. Rybalka, *Les écrits de Sartre*

1 *Francis Ponge (°1899) considéré dans la littérature contemporaine comme un 'inventeur', signalé pour la première fois au public par un article de Sartre.*

2 *Nuit du 4 août 1789, nuit pendant laquelle l'Assemblée constituante abolit les privilèges féodaux.*

~~~~~~

Vocabulaire

Il habite **une** merveilleuse **propriété** en Provence.	*une grande maison qui est à lui*	propre
Voilà une **de ses propriétés**.	*des qualités qui font partie de son caractère*	un propriétaire
La propriété, c'est un vol d'après Marx.	*posséder quelque chose*	
un cornichon	*(Voir dictionnaire)*	
Il a agi **conformément à (en conformité avec)** la volonté de son père.	**selon, obéissant à**	conforme
		conformer
		le conformisme
		(le) conformiste
La question **demeure** ouverte.	**reste**	au demeurant
(demeurer)		une demeure
L'existentialisme peut **aller de pair** avec la foi religieuse.	*aller ensemble*	
'Liberté, Égalité, Fraternité', voilà **la devise** de la Révolution Française.	paroles exprimant les idéals	
Cela va de soi.	**C'est évident.**	
le quiétisme	*doctrine mystique (± 17ème siècle) selon laquelle l'amour de Dieu et l'inaction de l'âme sont la perfection chrétienne*	la quiétude
		s'inquiéter
		inquiet (inquiète)
		l'inquiétude (f.)
Ses gestes étaient **solennels**.	**graves, cérémonieux**	la solennité
(solennel, solennelle)		solennellement
Ce mot solennel **recouvre** une réalité simple.	**cache, masque**	
(recouvrir)		

quand bien même nous ne le **voudrions** pas	**même si. . . voulions**	
Il est monté sur **une échelle** pour peindre le plafond.	*(voir dictionnaire)*	
constituer **une échelle de valeurs**		
réfuter une théorie	*prouver qu'elle est fausse*	une réfutation
réfuter quelqu'un	*montrer que ce qu'il dit est faux*	
une inquiétude **virile (viril)**	**propre à l'homme adulte**	la virilité
Pour lui, **les maths** sont **un** véritable **tourment**.	*il souffre beaucoup au cours de mathématiques, il ne les aime pas du tout*	tourmenter tourmenté
L'espoir est **une entrave à l'action**.	*ce qui nous empêche d'agir*	entraver entravé
Il se sent **délaissé**. **(délaisser)**	**abandonné, sans secours**	
forger le fer	*(voir dictionnaire)*	le forgeron la forge
C'est en forgeant qu'on devient forgeron.	*C'est en s'exerçant à quelque chose qu'on y devient adroit.*	
Il **s'était égaré**. **(s'égarer)**	**Il avait perdu le chemin.**	
Un **égarement** romantique *(littéraire)*	*une image qui ne correspond pas à la réalité*	
Il **se réjouit** de sa situation. **(se réjouir de,** *comme finir*)	**est très content de**	la réjouissance réjouissant

Exploitation

A   *Avant la lecture*
Faites une phrase avec chacun des mots suivants et dites quel sens vous lui donnez:
être – essence – exister – existence – angoisse – désespoir – faire – la nature humaine.
Mettez les phrases que vous avez notées devant vous pendant l'analyse du texte et examinez si Sartre les emploie comme vous.

B   *Analyse du texte*
1 Quel est le sens que Sartre donne aux mots *essence* et *existence*?
2 En quoi l'existentialisme diffère-t-il de la pensée religieuse?
3 Qu'est-ce qui caractérise la pensée du 18ème siècle?
4 Dans la théorie existentialiste l'homme occupe une place à part. Expliquez.
5 «L'homme est d'abord, ce n'est qu'ensuite qu'il est ceci ou cela.» Qu'est-ce que Sartre veut dire?
6 L'existentialisme, a-t-il une dimension politique ou religieuse?
7 Quelle est la portée du mot *faire* chez Sartre?
8 On peut dire que, par définition, l'existentialisme n'est pas un quiétisme. Pourquoi?
9 Quel est le rôle que jouent les pensées, les sentiments, chez Sartre?
10 Comment explique-t-il l'angoisse de l'homme?
11 Sartre se défend ici. Contre qui? Trouvez-vous d'autres passages dans ce texte où il se défend plutôt que d'expliquer sa théorie?
12 Comment voit-il l'espoir? Et le désespoir?
13 Y a-t-il une contradiction entre l'angoisse et le désespoir d'un côté et l'action de l'autre?

14 A quelle époque ce texte aurait-il été écrit? Justifiez votre réponse.
15 Le texte se termine par quelques paradoxes. Expliquez-les.

Jean-Paul Sartre (1905–1980)
Avec Albert Camus, il est sans doute l'auteur qui a dominé la vie littéraire de l'après-guerre. Sous l'influence de Kierkegaard et de quelques philosophes allemands dont Heidegger, il a expliqué dans des ouvrages philosophiques (*L'Etre et le Néant*, 1943) et illustré dans des romans (*La Nausée*, 1938) et des pièces de théâtre (*Huis Clos*, 1944) une théorie de l'existence que les journalistes et le grand public ont appelée «existentialisme».
A partir des années '40, il se lance dans une activité politique, voire même révolutionnaire, où la violence joue un rôle de premier ordre; sa littérature devient de plus en plus engagée (*La P. . . respectueuse*, 1946 – *Les Mains Sales*, 1948).
Retenons de lui encore *Le Mur* (1939), un excellent recueil de nouvelles, et un de ses derniers ouvrages, une sorte d'autobiographie, *Les Mots*, paru en 1964, année où il a refusé le prix Nobel.

Roger Martin du Gard

vivre, c'est agir

C'est le 19 juillet 1914.
Antoine, qui est médecin, a eu une entrevue avec son frère Jacques,
qui s'est lancé dans la politique. Ils ont parlé longuement de la
politique extérieure et de la guerre imminente. Jacques est allé
prendre un bain et Antoine reste seul.

Il s'allongea de nouveau, alluma une cigarette, et s'immobilisa parmi les coussins.

Il réfléchissait. Non pas à la guerre, ni à Jacques, ni même à Anne[1]: à lui-même.

'Je suis terriblement esclave de ma profession, voilà la vérité' songeait-il. 'Je n'ai plus jamais le temps de réfléchir... Réfléchir. Ça n'est pas penser à mes malades, ni même à la médecine; réfléchir, ce devrait être: méditer sur le monde... Je n'en ai pas le loisir... Je croirais voler du temps à mon travail... Ai-je raison? Est-ce que mon existence professionnelle est vraiment toute la vie? Est-ce même toute ma vie?... Pas sûr... Sous le docteur Thibault, je sens bien qu'il y a quelqu'un d'autre: moi... Et ce quelqu'un-là, il est étouffé... Depuis longtemps... Depuis que j'ai passé mon premier examen, peut-être... Ce jour-là, crac! la ratière s'est refermée... L'homme que j'étais, l'homme qui préexistait au médecin – l'homme que je suis encore, après tout – c'est comme un germe enseveli, qui ne se développe plus, depuis longtemps... Oui, depuis le premier examen... Et tous mes confrères sont comme moi... Tous les hommes occupés, peut-être, sont comme moi... Les meilleurs, justement... Car ce sont toujours les meilleurs qui font le sacrifice d'eux-mêmes, qui acceptent l'exigence dévorante du travail professionnel... Nous sommes un peu comme des hommes libres qui se seraient vendus...'

Sa main, au fond de la poche, jouait avec le petit agenda qu'il portait toujours sur lui. Machinalement, il le sortit et parcourut d'un regard distrait la page du lendemain 20 juillet, qui était chargée de noms et de signes.

'Pas de blague', se dit-il brusquement: 'c'est demain que j'ai promis à Thérivier d'aller voir sa gosse, à Sceaux... Et j'ai ma consultation à deux heures...'

Il écrasa sa cigarette dans le cendrier, et s'étira.

'Voilà le docteur Thibault qui reparaît', fit-il en souriant. 'Eh bien! Vivre c'est agir, après tout! Ça n'est pas philosopher... Méditer sur la vie? A quoi bon? La vie, on sait bien ce que c'est: un amalgame saugrenu de moments merveilleux et d'emmerdements! La cause est entendue, une fois pour toutes. Vivre, ça n'est pas remettre toujours tout en question...'

1 *Son amie*

Il se souleva d'un énergique coup de reins, sauta sur ses pieds, et fit quelques pas qui le conduisirent à la fenêtre. 'Vivre, c'est agir...', répéta-t-il, en promenant un regard distrait sur la rue déserte, les façades mortes, la pente des toits où le soleil couchait l'ombre des cheminées. Il continuait à tripoter l'agenda au fond de sa poche...

'Et quoi!' fit-il brusquement, en laissant retomber le rideau de vitrage. 'Faire son travail proprement, est-ce que ça n'est pas déjà quelque chose?... Et laisser la vie courir!...'

Il revint au milieu de la pièce et alluma une autre cigarette. Amusé par la consonance, il s'était remis à chantonner, comme un refrain: 'Laissez la vie courir... Et Jacques discourir... Laissez la vie courir...'.

Les Thibault, Tome III, L'Été 1914

Vocabulaire

Il **s'allonge** sur le lit.	s'étend de tout son long	
(s'allonger)		
Les **coussins** d'un fauteuil.		
(un coussin)		
Je n'en ai pas **le loisir**.	**le temps**	les loisirs
Il lui serre le cou pour l'**étouffer**.	*arrêter sa respiration*	un chaleur étouffante
On attrape les rats avec **une ratière**.		
L'homme **préexistait au** médecin.	**existait avant le**	
(préexister)		
Les **germes** des pommes de terre commencent à pousser. **(un germe)**	*(voir dictionnaire)*	germer
Les grains sont **ensevelis (ensevelir,** *comme finir*)	**recouverts de terre**	
Il prend des notes dans son **agenda**.	*carnet pour écrire jour par jour ce qu'on doit faire*	
Il aime raconter des **blagues**.	*histoires amusantes*	
(une blague)		
Pas de blague.	*Soyons sérieux.*	
Le gosse sort de l'école.	**le petit garçon**	
La gosse	**la petite fille**	
Il se réveille et **s'étire**.	*étend ses membres*	
(s'étirer)		
Dans ce tableau, il y a **un amalgame** de couleurs	**un mélange bizarre**	
C'est une question **saugrenue**.	**bizarre**	
(saugrenu)		
Ça t'attirera **des emmerdements**.	**des ennuis**	emmerder quelqu'un
(un emmerdement) *(populaire)*		un film emmerdant
La cause est entendue.	*Mon opinion est faite.*	
On lui a greffé **un rein**.	(Voir *dictionnaire*)	
Il a **les reins** souples.	la partie inférieure du dos	
(un rein)		
Cette route a **une pente** de vingt pour cent.	*(voir dictionnaire)*	
Il **tripote** sa montre.	*touche sans cesse*	
(tripoter) *(familier)*		
Le rideau **de vitrage**.	**devant la vitre**	
(le vitrage)		
L'italien est une langue aux **consonances harmonieuses**.	**sons harmonieux**	
Il **chantonne** sans cesse.	**chante, à mi-voix**	
(chantonner)		

Exploitation

Après un premier contact avec le texte.
Qui est Antoine? Où se trouve-t-il? Que fait-il? A quoi réfléchit-il? A quelle conclusion arrive-t-il?

A *Après une lecture plus approfondie*
1 Il n'arrive pas souvent à Antoine de penser à lui-même. Pourquoi pas?

2 Réfléchir, qu'est-ce que c'est pour lui?
3 Il se sent comme un rat dans une ratière. Expliquez.
4 Il n'y a que lui qui est dans ce cas?
5 Comment le travail pourrait-il constituer un sacrifice?
6 Qu'est-ce qui lui fait interrompre ses réflexions?
7 Vivre, qu'est-ce que c'est pour lui?

B *Sujets de développement*
1 Connaissez-vous des esclaves de leur profession dans votre entourage? Décrivez-les.

2 L'existence professionnelle, est-ce vraiment toute la vie? Qu'est-ce qu'il y a d'autre?

3 Agir *ou* réfléchir, est-ce une alternative?

4 «Vivre, ça n'est pas remettre toujours tout en question.» Qu'en pensez-vous?

5 «Faire son travail proprement et laisser la vie courir.» Est-ce aussi votre devise?

6 Quel rapport y a-t-il entre le point de vue existentialiste de Sartre et celui d'Antoine?

2 Certaines gens croient avoir déjà vu des soucoupes. . .

3 Son occupation lui prend trop de temps, elle est vraiment. . .

4 Ses charmes me semblent trop. . .

5 Je n'aime pas mes voisins. Je les trouve. . .

6 Payer des impôts, c'est une obligation. . .

7 Ce que tu manges n'est pas assez. . .

8 Hier la chaleur était supportable. Aujourd'hui elle est. . .

Rédaction

- *Il faut cultiver son jardin?*
- *Eloge de la paresse*
- *Une chienne de vie*

Exercices

1 *Complétez librement.*
Exemple:
Vivre, *ce n'est pas philosopher, mais agir.*

1 Réfléchir, ce n'est pas. . . , mais. . .

2 Exister. . .

3 Se distraire. . .

4 Aimer. . .

5 Réussir dans la vie. . .

6 Faire du sport. . .

7 Étudier. . .

8 Être libre. . .

2 *Voici des participes présents. Utilisez-les dans les phrases suivantes.*
dévorant – étouffant – emmerdant – nourrissant – pendant – volant – contraignant – séduisant

1 On n'arrive pas à trouver une solution à cette question. . .

Roger Martin du Gard (1881–1958)
Après avoir découvert la littérature russe et surtout *Guerre et Paix* de Tolstoï, Roger Martin du Gard a conçu l'idée d'écrire un *roman-fleuve*, qui s'intitule *Les Thibault* et qui se compose de 8 volumes (1922–1940). Son intention a été de brosser une vaste fresque historique et sociale où il fait vivre une famille avec ses individus nettement typés. Son style objectif et précis ne manque pourtant pas de sensibilité. En 1937, il a recu le Prix Nobel de Littérature.